俞一荣一根 丛书主编

陈一鹏一飞 著

亲情与亲权

礼法传统中的『容隐』制度

礼一法一传一统一与一现一代一法一治一丛一书 第三辑

孔學堂書局

2022 年度国家出版基金资助

2021 年度贵州省出版传媒事业发展专项资金资助

2022 年度河南省高等学校哲学社会科学基础研究重大项目资助

图书在版编目（CIP）数据

亲情与亲权：礼法传统中的"容隐"制度 / 陈鹏飞

著 . —— 贵阳 : 孔学堂书局 , 2025. 5. —— (礼法传统与

现代法治丛书 / 俞荣根主编). —— ISBN 978-7-80770-

698-4

Ⅰ . D90-053

中国国家版本馆 CIP 数据核字第 20243213T5 号

礼法传统与现代法治丛书（第三辑）　俞荣根　主编

亲情与亲权：礼法传统中的"容隐"制度　陈鹏飞　著

QINQING YU QINQUAN: LIFA CHUANTONG ZHONG DE "RONGYIN" ZHIDU

责任编辑：黄　艳　周亿豪

责任印制：张　莹　刘思妤

出版发行：贵州日报当代融媒体集团
　　　　　孔学堂书局

地　　址：贵阳市乌当区大坡路 26 号

印　　制：深圳市新联美术印刷有限公司

开　　本：889mm×1230mm　1/32

字　　数：196 千字

印　　张：9.5

版　　次：2025 年 5 月第 1 版

印　　次：2025 年 5 月第 1 次印刷

书　　号：ISBN 978-7-80770-698-4

定　　价：88.00 元

|总 序|

俞荣根

　　百多年前，中国的法学、法制在摆脱民族危亡中艰难转型。模范欧美，称引宪制，废旧立新，变法修律，以图汇入民主法治大潮流。其进步和成就可以用一句话概括：从此迈入了现代阶段。但她毕竟很年轻，还不成熟。年轻时代犯错总是难免的。一个人如是，一种学术和制度亦如是。其中之一，是这一领域几乎成了域外法学理论和法制模式的试验地，西洋的、东洋的、苏俄的，一度照搬他们的理论和法条，缺乏民族自信力和创造力。流弊所至，菲薄传统，厚诬古贤，陷入对中国古代法误读、误解、误判的"三误"境地。有一个显证：都说中华传统文化源远流长、博大精深，但涉及其中的古代法和法制，给世人的印象无非"法自君出""严刑峻法"，似乎一无是处。虽说年轻时犯的错应当原谅，但必须记取，加以改正。

　　重新认识中国古代法和中华法系，寻求其固有结构体制和价值，以及内在的法文化遗传密码，是本丛书的初衷。

　　追寻对中国古代法和中华法系的"三误"源流，我们发现，"律令法"之说难脱其干系。"律令法"说亦称"律令体制"说，长期主导着中国法律史学术领域。这一学说也确曾推进了历代律令制度的研究。但"律令法"说，无法真正理解古代"礼乐政刑""德礼政刑"的治国方略，难以领悟"无讼""亲亲相隐""复仇""存留养亲"、家产制，州县对"细故"纠纷的"调解和息"等制度和原则的合理内核。循守"律令法"之说，难免得出中国古代"诸法合体""民刑不分""民法缺位""用刑罚手段审理民事案件""卡迪司法"等结论。

自古以来，人们描述古代中国，惯用"礼法制度""礼法社会""礼法之治"等词语。此"礼法"，不是"礼"与"法"的合称，也不是"礼法合一""礼法融合"的意思。"礼法"就是"礼法"，是中国古代法的实存样态，是一个双音节的法律词汇，一个双音节的法哲学范畴。中国古代法是"礼法"之法，是一种"礼法体制"，而不应归结为单纯的"律令法"或"律令体制"。律令是礼法统率下的律令，是礼法中偏重于刑事和政令的那些法律和法制部门。正是"礼法"，维系着古代中华帝国政治法制的合法性论证，包摄有超越工具法层面的法上法、理想法、正义法层级，秘藏了古代法文化的遗传密码。它肯定烙有历代统治集团阶级偏私的严重印痕，也避免不了时代的种种局限，但掩盖不住所蕴含的"良法善治"智慧和经验。"礼法"，是古代中国人长期选择的法律样式和法律制度。

中国古代法是"礼法体制"，中华法系是"礼法法系"。这是本丛书的基本思路。

鉴于此，本丛书的架构，不能不从反思"律令法"说起始，继而对礼法和礼法制度的内在结构、功能价值进行必要的法学和法哲学原理上的阐释与探索，进而沿波讨源，追寻其生成、发达、消解的过程，并力图说明这一过程的内外联系。丛书有诸多分册横向展现古代礼法和礼法制度的某一层面或部分，它们是实现丛书宗旨的坚实支撑。

牢牢把握学术性是丛书立足之本。立论有据，考析翔实，引证规范，观点平实，不搞吸引眼球的噱头，不搞戏说、穿越、梦幻。但这套丛书毕竟不同于诸如《中国古代礼法制度史》《中国古代礼法思想史》之类的学术著作，通俗、可读是她应有的风采。结构不厌精巧，运思力求缜密，文通句顺，语言清新，笔端情丰韵盈，多以案例、故事说礼法，以收引人入胜之效。诚然，通俗性不得损害学术性。寓学术性于通俗性之中，是本丛书学术团队的自觉追求。

本丛书的发起人和倡导者是孔学堂书局管理高层。他们也是推动丛书策划和运作的原动力。

2015 年 4 月 10 日上午，贵阳孔学堂主办第一场学术论辩大会，论题为"现代法治与礼法传统"。我有幸以六位嘉宾之一的身份参与。论辩会前后，孔学堂书局副总编辑张忠兰女士几度表示，想组编一套以"礼法传统与现代法治"命名的丛书，希望我出任主编。我自知年岁不饶人，难当重任，恭谢而婉拒之。第二天下午，贵州省人民检察院邀我去做个学术讲座。孔学堂书局和孔学堂杂志社总编辑李筑先生和张忠兰女士等闻讯赶过去旁听。讲座结束后，李筑总编辑说，我以"礼法传统"分析中国古代"良法善治"的诸多问题，他都同意。两位再次希望支持他们做好这套丛书。书局领导如此敬业执着，再拒就不恭了。

丛书的第一批书目和作者确定后，李筑总编辑写信予以肯定和鼓励。这是一篇见解深邃、雅语迭出的美文，将本丛书的宗旨、价值、特色表达得一清二楚，谨录之与读者共享。

礼法作为整个农耕时代维系中国社会运行的制度基础，几千年来植入人心，早已成为中国人信仰的重要组成部分，沉淀为中国人的文化基因，在伦常日用中外化为中国人温良恭俭让、长幼尊卑有序的行为习惯。儒家的核心价值是求仁，从孔孟处发源的

"仁者爱人"，在宋明以后更发展为"民胞物与""万物一体"之仁，今天看来，这当是人类最高明的价值观。而依循礼法，乃是致仁的根本路径、不二法门。中华民族历数千载而愈发茁壮，礼法文化堪称制度枢纽，功莫大焉。体验过百多年来欧美典章和苏俄制度交相试验的得失成败，并通过近四十年穷追猛打般的工业化狂飙初步取得器物层面自信的中国，要在精神上真正站起来，建立良善和谐、充满活力的新中原，必须回到对仁的追求，自然也就必须从礼法文化中寻求社会发展和社会治理返本开新的资源！

…………

丛书选题的规划，以原始察终、承弊易变、汇通中外的史学方法为经，以现代法学的分科观照路径为纬，案理结合、深入浅出发挥中华礼法文化的宏微之意，定会在国学复兴的热潮中别树一帜。而丛书各卷溯本清源阐发之礼法精华，更会在返本中开掘出礼法文化源源不断的崭新当代价值：信仰价值、制度价值、道德价值、文化价值……展现中华法文化"周虽旧邦，其命维新"的灿烂光华，于普及教化中启发治国为政者的制度创新智慧！

…………

礼法文化是一座宝库，我们正在开启它！因此，我们对这套丛书充满期待！

对这套丛书，总编期待！书局期待！作者期待！

更值得作者和编者共同期待的是，愿她能满足读者的期待！并得到读者"上帝"的回音，尤其是批评和指教性的回音。

2017 年 11 月 5 日

目 录

绪 论

　　容隐又称"亲亲得相首匿"或"同居相为隐"，通俗说来就是家庭成员之间隐瞒、庇护而不泄露犯罪的行为。在儒家传统文化中，违法犯罪对于家庭而言绝对被视为家丑，而家丑不可外扬却又是绝大多数中国人至今都秉承的家风遗训，旨在保护家庭和睦发展。然而对于触及国法的"家丑"，可能导致亲情与国法的冲突。亲人违法犯罪这种"家丑"能否"隐"而"不扬"？允许相隐，在是否会破坏国家法律的尊严这一观点上，目前民众及实务界多持肯定观点；禁止相隐，甚至强制揭发亲属犯罪，易致亲情撕裂，甚至泯灭亲情。可见亲属容隐问题不仅涉及惩治具体犯罪行为或家庭和睦，更事关乡里与社会和谐、国家治理有序等重大问题。

　　华夏容隐观念在春秋时期已经存在，但由于战国秦和西汉武帝时代分别制定了灭族法和首匿之科，经过强力推广，亲属之间相互检举违法犯罪行为已然成为各级刑案官员，乃至民间社会普遍认可的心理倾向。这给两汉禁止亲属连坐提出的"亲亲得相首匿"[1]

1　汉宣帝地节四年（公元前66年）的"亲亲得相首匿"是否代表着容隐制度的确立，学界尚存争议。多数观点认为这就是容隐制度的确立，但也有学者认为这是针对汉武帝"首匿之科"而做出的诏令，并且进行了详细论证。参见魏道明：《中国古代容隐制度的流变》，《青海社会科学》2020年第3期。笔者认为，从严格的学术观点看，该诏将传统的容隐观念确立为原则，并且用以指导司法实践，尚未达到规范制度要求。

带来挑战。在两汉礼法融合的大趋势下，亲属相为容隐在司法中出现和推广。唐代容隐制度发展成熟并且律典化，为此后历代王朝效法和完善，成为中国古代司法制度的亮点，也为中国传统亲情社会的和谐稳定发挥了重要作用。

然而，亲属容隐基本上被当代中国法律所拒斥，就连不学法不懂法者也认为容隐易导致亲属窝赃、包庇家人犯罪，不利于打击犯罪分子。事实上，法学学术界及实务界都发现，强制亲属作证及检举亲属犯罪的规定很难严格执行。在实践中，往往出现犯罪嫌疑人的亲属以各种方式拒绝进行有罪作证，有明示或暗示涉案亲属躲避司法追查等现象，甚至在追捕或审判犯罪人员时与侦查人员或司法人员发生矛盾冲突。由此引发社会公众产生对国家司法机关不满甚至怨恨的现象，甚至还引发网络舆情或局部社会不稳。在推动马克思主义法学理论和中华优秀传统文化相结合的时代背景下，一个能够撬动社会稳定，也足以推动我国法治文明建设的制度支点——亲情容隐，已经成为一个亟待解决的重要学术问题与社会问题。

基于上述选题背景，本书努力向读者阐明两个问题。一是通过追溯历史故事及案例，让读者清楚我国古代容隐制度的发展及其发挥的重要作用。二是分析容隐制度产生与发展的理论基础，同时探索传统容隐制度的创造性转化和创新性发展，以便提升我国依法治理水平，推动中国当代法治文明的新发展。为使广大读者能够读懂读明白，本书尽量采用通俗易懂的语言，并把引用的文言文尽量以现代汉语进行解读。下面对上述两个问题先给读者作简要介绍，便于读者阅读和理解。

一、我国古代容隐制度的发展及实践效果

容隐制度贯穿了两千多年儒家政治治理过程始终，而且发挥着很好的亲情教化和缓和社会矛盾作用。其产生和发展线索如下。

汉初统治者深知秦酷刑连坐导致的危害，因而吸取教训，反对亲属连坐。但在立国之初，捃摭（采集）秦法而草创的汉法《九章律》以及在《九章律》基础上制定的《二年律令》，依然有不少亲属连坐规定[1]，这就为司法审判中落实"孝治政治"带来困难，因为律条规定亲属连坐意味着亲属容隐被禁止，司法判决要限制亲属连坐就缺乏法律依据。不过汉初孝治理念的贯彻为司法裁判中推行容隐提供了依据，最为典型的是汉武帝时期，董仲舒以儒学经典作为司法判决依据，史称"引经决狱"。根据唐人杜佑的《通典》记载，西汉时有这样一个疑难案件：某甲在路上捡到一个被抛弃的婴儿乙，便抱回家抚养；乙长大后犯罪杀人，作为养父的甲便把乙藏匿。后乙被抓，如何处置其养父甲成为案件的焦点和难点。倘若该案发生在秦朝，并非难以判决，可直接按秦律杀人偿命，隐匿者连坐处置。但在推行孝治的西汉，审案官员却不能按

---

[1] 通过对《张家山汉墓竹简》中《二年律令》的详细梳理，发现汉初律条中亲属连坐律条仍然存在。具体是贼律1条、盗律2条、具律3条、亡律2条、收律3条、钱律3条、户律1条，共15条。

秦律规定断案。令法官犯难的是，杀人犯乙的养父甲知道其杀人的事，又把他藏匿起来。如果将甲连坐处理，与秦朝律法有何区别呢？困惑之下，审理该案的司法官便请教董仲舒。董仲舒依据《诗经》中"螟蛉有子，蜾蠃负之"[1]的记载，解读其中蕴含的天道，认为螟蛉的孩子是蜾蠃把他背来抚养长大，这是自然界中存在的一种"善道"，这种"善道"非常值得人类效法，于是比附判决此案，认为父亲因儿子犯罪而隐匿的行为不属于犯罪。

于是天道法则便成为判决亲属容隐的法律依据[2]。西汉昭帝始元六年（公元前81年），贤良文学在盐铁会上指出了首匿相坐法律的祸害，要求将"亲亲相隐"作为法律制度予以普及实施。西汉宣帝地节四年（公元前66年）五月，皇帝颁布"亲亲得相首匿"的诏令，第一次将容隐观念确立为一项司法原则。诏书强调，儿子及未出嫁女儿隐藏包庇父母、妻子隐藏包庇丈夫、孙子隐藏包庇祖父母都不应该连坐；而父母隐藏包庇儿子及未出嫁女儿、丈夫隐藏包庇妻子、祖父母隐藏包庇孙子，即便犯殊死之罪都可以上请廷尉，听候发落。该诏书在限制对亲属使用首匿定罪的同时，将先秦儒家的容隐思想原则化。容隐思想通过教化和司法实践在

---

1 《诗经·小雅·小宛》记载："螟蛉有子，蜾蠃负之。教诲尔子，式穀似之。"〔汉〕毛亨传，〔汉〕郑玄笺，〔唐〕孔颖达疏，李学勤主编：《毛诗正义》，北京大学出版社1999年版，第744页。

2 此案属于容隐还是属于禁止亲情之间使用首匿之科，可能在学术上还有争议，但汉武帝时重首匿之科，从当时办案人员难以定案及董仲舒以养育之情作为办案依据看，此案明显受亲情影响，不再使用首匿之科，蕴含着容隐司法精神。

民间得以广泛传播，它与儒家教化思想融为一体，成为家庭、家族亲情和睦的主要纽带，无论在当时的社会治理实践还是在理论上都取得了突出成就。概括而言，它彻底否定了法家夷族连坐观念，为贯彻《春秋公羊传》"恶恶止其身"思想开辟了切实可行的司法依据和路径，也使皇权及国家公权在一定范围内得以谦让，以便更好地保障民众利益，稳定社会秩序，为汉代礼法秩序重构奠定了坚实基础。

经过两汉及魏晋南北朝七百多年儒法持续融合，汉代"亲亲得相首匿"诏终于在唐代成为明确的法律制度和条文，也标志着容隐制度法律化步入成熟发展时期。《唐律疏议》的《名例律》把"同居相为隐"作为基本法律原则。该原则把汉宣帝诏令中的容隐范围进行了扩大，堂兄弟、出嫁姑母、姊妹、女儿、侄女、伯叔父母、外祖父母、外孙、丈夫的祖父母等汉代不允许容隐的亲属在唐代都允许容隐。不仅如此，哪怕没有血缘或婚姻等亲情服制关系，只要同吃、同住、同劳动的人员，都属于容隐范围。同时，对于可以容隐的罪行也更加明确，只要不是谋反、谋大逆、谋叛的犯罪，均可容隐。此外，在《唐律疏议》其他篇中还就亲属容隐作了具体说明或补充。其中，《贼盗律》规定劫囚与盗囚两种行为不在容隐之列；《斗讼律》禁止告祖父母及嫡父母、继父母、慈父母、养父母，禁止告或诬告期亲以下尊长，禁止告或诬告丝麻以上卑幼亲属，违者可能被处徒刑或杖刑；《捕亡律》对有亲属关系的犯罪者进行藏匿、隐瞒如何处理等问题进行详细规定;《断狱律》明确禁止官员强迫嫌犯亲属作证。唐律的这些规定使容隐制度达至成熟。唐代的容隐制度在司法实践中也得到较好实施,对于推行礼义教化、保护和体恤亲情,甚至实现调解息讼、促进社会和谐都做出了突出贡献。

宋明以降,历代律典都将唐律的容隐规定予以承袭,并有不同程度的发展。《宋刑统》所规定的亲属容隐基本是唐律内容的翻版,只不过条目有些变化。以游牧起家的元朝,入主中原后接纳了儒家文化和礼法制度,容隐制度被其律典沿袭。虽然元代对该制度进行了修改,但没有超出唐代确立的"同居"范围。明代容隐制度在承袭唐律的基础上又进行细化。在《大明律》的《名例律》篇目中确立了"亲属相为容隐"的基本原则,《诉讼律》篇目中又以"干名犯义"从亲属相告角度进一步维护亲亲相隐,《贼盗律》《断狱律》等篇目也对容隐制度进行细化规定,以辅助容隐基本原则的实施。除《大明律》外,《大明令》和《问刑条例》中也有容隐制度的相关规定,这使明代容隐制度的立法更加完善。清代容隐制度在《大清律集解附例》《大清律例》《大清新刑律》三部法典中得以体现,将汉唐时代不在容隐之列的岳父岳母、女婿纳入容隐范围,使得亲属容隐范围扩大。在同居范围方面,清代结合少数民族习惯进行修改,但整体上依然类似于唐代同居之规定范围。

从文化视角看,两宋以降出现过华夏大民族中的蒙古族和满族入主中原,他们接受了儒家文化以及以儒家经学为底蕴的律典制度。元代和清代对容隐制度的承袭、发展及应用，对于推行儒家政治理念，促进蒙古族、满族与汉族文化及生活的融合，稳定整个社会秩序，增强中华民族共同体的认同感和凝聚力，都起着推动作用。明王朝虽然以重典治国、整治吏治，但为保障社会稳定，缓和社会矛盾，仍然采用了"轻其轻罪，重其重罪"的原则。对事关风俗教化的犯罪采用比唐代处罚还轻的刑罚，也有助于纲常教化，纯化民风。同时，明代还专门立法强调民间基层组织的调解，注重家庭、家族和睦和谐。

　　总之，容隐问题从汉代诏令颁布到唐代律典的法制化，再到宋元明清历代承袭并细化完善，两千余年该制度一直被承袭发展和应用，既有利于人性在亲情中的温馨体现，又以国家法律方式予以规定和实施，实现了其亲情教化功能，有效缓和了社会矛盾，还推动着华夏多民族的融合及文化价值的认同感。这是当代考察研究该制度不可否认的历史事实及功能价值所在。

二、容隐制度合理性与必要性的理论支撑

　　"亲亲得相首匿"虽然只是一个法律原则和司法制度，但它以血缘、婚姻等丧服礼制为纽带，把不同的家庭及成员纳进不同的服叙圈中，这些服叙圈又依据亲等关系交叉关联，将整个社会结成一个庞大的亲情服叙网。当一个家庭的亲情关系受到伤害时，不仅会导致这个家庭的不和谐乃至破裂，还会引发家族及地方社

会中与这个家庭成员相关的多个服叙网格震动，甚至有可能引发局部网格撕裂、社会震动。尤其是公权以不合适的方式对家庭亲情造成伤害时，会引发社会局部爆点和社会共鸣式愤怒，这不仅是秦代亲属连坐导致速亡的根源所在，也是汉代以降"亲属相为容隐"原则持续对公权适度调节的原因所在。

容隐制度在中国近代法制改革时被废止，此后新中国法制建设未能对其合理性进行吸收。学界在研究该制度并探寻其合理性时，多考证中国古代及域外古今都存在该制度，尤其近代以来两大法系诸多国家都存在不得强迫亲属举证等涉及容隐的法律规定，并以此呼吁我国在刑事法律及刑事诉讼中作出容隐规定。这样的呼吁效果并不理想：一方面，民众很容易将我国古代社会视为特权等级的皇权政治社会，并将之与现代法治社会明确对立，认为容隐就是袒护和包庇犯罪，不利于打击犯罪，保障国家、社会和个人权利不受犯罪分子的侵犯；另一方面，即便国外法律有类似规定，两大法系国家也都是资本主义法制，他们认为社会主义法制理念优于资本主义法制理念，不应将资本主义法制中"落后"的制度进行借鉴。故而至今人们基本不认可我国古代的容隐制度，也未看好该制度的改造和创新应用。

一个人类文明史中普遍被采用和传承的制度为何难以被我国当下继承和转化应用？原因可能有多方面，但比较重要的恐怕是没搞清楚该制度与当前的刑事法律是否存在根本冲突。如果两者不存在根本冲突并且能够协调共存，那么协调的依据是什么，又怎样协调？这才是真正研究容隐制度必须回答的问题。本书在现有研究基础上，尝试由浅入深地从三个层面探索容隐制度合理性与必要性的理论支撑。

第一，从法律观念层面对亲情容隐权利与国家公权协调性进行理论探讨。学界已经对禁止亲属相告的"干名犯义"和亲属相互隐讳的"容隐"进行了比较，前者是亲属之间的义务要求，后者是亲属之间的权利授予，两者又都是公权力基于社会秩序稳定而作出的规定。就权利与权力而言，两者都是现代法治的基本范畴。按照权利与权力通说概念的界定，如果从主体视角看，二者有着既对立又统一的复杂关系。权利以物质或精神利益为客体，具有私权性质，而超越个体或群体的强制性权力则意味着以权利为客体，具有公权性质。这样，作为个体或群体追求利益的私权利与超越个体与群体的强制性公权力具有明显对立性。但权力以权利为客体又意味着公权力与私权利具有密切的关系。权力意志虽然指向权利，但它仍以利益为主要内容，区别在于保障谁的利益。如果保障全体公民利益，那么公权力与私权利整体上具有一致性，权力与权利的协调就是必然的。如果权力只是保障少数人的利益，那也需要两个基本前提，即利益需要从劳动者那里取得，劳动者基本生存和发展所需利益必须得到权力的保障，劳动者生产利益的社会也必须是稳定的，这也决定着公权力必须保障和协调劳动者的利益。因此，虽然公权力在私权利之上，但它具有服务权利和调节权利的义务。

在理解权利与权力关系的基础上，不难看出，亲情容隐作为一种维护家庭亲情和睦的自由权利或免遭打扰的人格权利与惩处犯罪的国家公权绝非简单的对立关系。司法机关有服务和保障家庭亲情和睦的天然责任和使命，而个人对于容隐权利的行使也正是为了确保亲情和睦，两者具有目标的一致性。因此，容隐原则和制度从性质上讲具有适度对抗公权力的作用。从权力来源角度看，古今都将保障民众权利和利益视为拥有统治权的真正来源。对于有着亲情纽带的家庭成员而言，相互容隐，既能保障亲情和睦，也体现了对亲人的权利保护。因此，国家法律应该在一定范围内允许并保障亲人之间的容隐权利。

第二，从伦理道德层面对亲情伦理与国家伦理的协调性进行考察。容隐制度首先是一个亲情伦理问题，它从伦理层面上升到法律原则并且规范化，是由于制度背后有着伦理道德的支撑。受到批评的我国古代容隐制度并非在于伦理道德问题，而是其中的宗法伦理强调等差有序，令人感到家庭成员之间的不平等，因而有悖于现代人格平等的公平法律，有悖于普遍正义的伦理精神。我们研究容隐制度，呼吁当代法律制度对古代容隐制度进行创造性改造并且予以体现，就必须让学界、实务界、官方甚至所有普通民众理解，容隐制度背后的伦理基础不仅在古代是合理且必须的，它既能满足家庭亲情和睦，又能与国家层面的伦理相协调，更重要的是在时代变迁之后，今天的亲情伦理和国家伦理依然需要该制度来维护和睦家庭、和谐社会。也就是说，必须阐明容隐所蕴含的国家伦理要求。这是今天该制度创造性恢复不可忽视却又很容易被忽视的理论依据。

伦理是为过善的生活要求人际关系和谐和睦的德性。伦理不仅限于家庭关系，也涉及各种团体关系和复杂的社会关系。伦理所强调的美德是各民族和国家从族群生活时代就形成的一种共同认知，这些认知或是基于对自然规律的体悟，或基于人类对生活常识的总结，以观念或约定形式表达，成为处理人际往来的准则。遵守这些准则能够确保家庭和睦、保障族群稳定有序、增强不同族群之间的认同感，因而这些准则被视为处理人类关系的伦理道德准则或合乎某种规律的公平正义法则。

伦理道德也是各民族或地区早期文化形成的关键，甚至成为那些文化的核心内容。早期各文明的伦理文化形态有所不同：华夏文明是世俗的宗法伦理文化；古巴比伦文明较早成为世俗的法制文化，人伦道德涵摄于法律规范之中；古希腊城邦追求的正义观念既是个人幸福生活的伦理目标，也是城邦民主的伦理目标；希伯来和印度文化都以宗教方式表达了个体及民族国家对伦理道德的诉求，但二者又有着不同的形态，前者将伦理道德作为人神及人人约定的内容，后者则将伦理道德作为灵魂善业增减的尺度和标准。早期文化中的个体伦理与集体伦理有机结合，维系着家庭、家族与团体的和谐有序，可见文化的本质实际上是个人与团体两种伦理至善的高度统一。而作为整体文化性的伦理，无论在教化还是在评价方面都需要表现为一种国家和社会整体的标准。华夏伦理就是将家庭与"族邑"逐步一体化，最后形成共同认可的家国一体化伦理。具有西方民主摇篮的古希腊文化中，柏拉图在探索正义论时同样将个人正义和国家正义同时提出并进行比较。

在以马克思主义理论为指导的当代中国，容隐制度本应被继承和发展，然而受阶级分析论影响，一些人以国家是统治阶级镇压被统治阶级的暴力工具为理由，将犯罪简单化为阶级对立，进而要严厉制裁犯罪者。甚至片面认为，容隐制度在马克思主义理论中自然就没有理论根基。持该观点的人忽视了无产阶级国家是为绝大多数人民谋福利，不清楚国家"没有任何同整个无产阶级的利益不同的利益"[1]。无产阶级国家旨在实现全体人民追求的正义价值和利益，这是无产阶级国家伦理的基本观点，这样的国家是为人民的幸福而谋福利。在今天中国的全过程人民民主政治中，这种幸福生活要求公民个人和家庭应参与到具体的生活管理中。个体的犯罪涉及国家也涉及家庭和所在团体，需要几方共同教育，使犯罪者及早回归社会，这是中国传统宗法文化的宗旨，同样也是马克思主义理论在社会主要矛盾不再是阶级斗争的情况下改造犯罪的宗旨。

伦理道德不仅是法律形成的基础，也是法律实施的基础；反过来，法律的目的是保障伦理道德目标的实现，也是为了个体、家庭、集体乃至国家善德的实现。虽然国家善德与个体或家庭善

1　中共中央马克思恩格斯列宁斯大林著作编译局编译：《马克思恩格斯选集》（第1卷），人民出版社 2012 年版，第 413 页。

德并非绝对一致，但如果两种善德发生冲突，国家善德不能简单否定个体或家庭的善德，而应寻求二者的最大公约数，在国家和家庭追求善德的一致范围内，确保家庭善德的实现。家庭成员犯罪时只要没有危及国家伦理，就应该照顾家庭的亲情伦理关系，容许亲人之间对一定范围的犯罪容隐，不能强制亲人之间举证，更不能给予连坐性质的粗暴处罚。

第三，从理论的最高维度——哲学层面对容隐制度的合理性进行探讨。哲学是探索人类智慧的学问，古今中外，社会治理无不建立在政治哲学基础之上。但凡稳定繁荣的社会，一定是所依据的政治哲学智慧在制度和政策层面得到了有效的发挥。

哲学旨在探索宇宙和人类社会的规律和真知，并为人类造福，正是在这个基础上，哲学才被定义为探索人类智慧的学问。容隐制度追求的是家庭、家族及社会的和睦与和谐，必然有其哲学理论根基，即在追求和实现家庭和睦、乡邻和谐过程中体现和积淀的智慧、方法以及所体现的魅力。研究古代容隐制度缺少这一层面的探索，既有研究不到位的缺憾，也是难以说服官方或部分民众接受容隐理念的根本原因。

古希腊哲学所言的"爱智慧"，其根本目的是让城邦及公民过幸福生活、过有善德的生活。古希腊七贤之一的梭伦在世袭贵族与平民矛盾一触即发时，提出了协调性改革理论，其理论正是受大自然冷热空气对流导致电闪雷鸣及暴风雨所启发。希腊哲学就是通过追求知识、运用知识蕴含的智慧来寻求好的方法，实现个人和集体的幸福安宁。不仅如此，在个人、家庭与社会集体的关系方面，哲学发挥着同样的作用。古希腊和古罗马哲学将人视为自然的一部分，无论是斯多亚学派提出的自然神论，还是伊壁鸠鲁学派提出的原子自然凝聚力，都强调人要相互团结、相互亲近，这是自然法则。尤其亲人之间更不可有离心离德之恶行，古希腊和古罗马均从哲学高度将父子相讼或举证父亲有罪行为视为恶行和轻慢神的行为，因为这些行为违背了自然法则和神灵意志。古希腊哲学思想中阐发出禁止城邦亲人之间的诸种恶行，又以禁止亲人相讼或作有罪证明等具体制度确保家庭与城邦和睦和谐的行为准则，就是哲学的智慧和魅力所在。

中国古代哲学在此方面也不逊色。华夏自商周或更早时期便开始将日月天地运行、昼夜寒暑交替的现象和规律抽象概括为阴阳相合之道，并将其作为指导社会管理的智慧，《周易》是这方面最早的哲学智慧结晶。《周易》将早期人们认识到的天（乾）、地（坤）、山（艮）、泽（兑）、水（坎）、火（离）、风（巽）、雷（震）的知识综合应用到生产、生活及社会治理方面。其中六十四卦中的家人卦和讼卦明显体现了亲属容隐的哲理。家人卦的爻辞和卦辞强调家人要相亲相爱，家庭成员若有过错，要帮助改正。讼卦将讼视为"天水相离"，其爻辞和卦辞要求有德行的"大人"公正断案，若证据不足，一定要化解对立，以和为贵，不然耗时耗财伤感情。家人卦和讼卦为亲属容隐提供了充分且坚实的中国早期哲学依据。春秋战国时期，儒、墨、道各家学派的哲学思想均强调尊老爱幼的教化，反对公权力采取任何形式的逼供酷刑，当然包括禁止亲属检举导致的亲情撕裂。这也是在汉代儒、墨、道、法诸家学派融合背景下，容隐观念能够原则化的深层学理根源。

近代中国法制是在国际及国内极为复杂的环境中转型，法治现代化又在中西方政治哲学对立冲突中艰难地借鉴、移植和自我探索。以近代西方法制为主导的话语体系和法律概念难免影响我国现代法治的学理沉淀与自我生成，造成移植与借鉴的法律制度在司法实践中多有不适。同时，很多自主创制的法律制度由于制定过程中缺乏本土深厚的学理基础，立法者对诸多西法东渐的概念及规范理解都存在歧义，使法律实效难以达到立法目的，包括容隐制度在内的许多古代合理的法律制度受到盲目排斥也就不足为怪。

当代中国法学需要通过实践和学理探索，对已有的制度进行法哲学层面的反思。对于容隐制度，同样需要将中国传统哲学中的天人合一思想、中庸智慧与马克思主义唯物论、辩证法智慧互通相融，从哲学理论层面考察其思想基石，方可让实务界乃至更多民众真正重视和接受现代容隐理念。

三、我国当代亲情与亲权相融性制度的建构

容隐制度长期存在于诸多民族、国家和社会之中，而且几乎少见哪个民族明文取消该制度，足见该制度在族群治理中不可或

缺。再从亲情权利与国家权力关系、个人伦理与国家伦理关系、人类智慧探索与哲学思想关系等学理维度辩证看待，容隐制度具有存在的合理性和必要性。亲情容隐不仅基于亲情血缘与心理纽带关系，它还是一种权利，没有了这种制度意味着对个人权利的一种剥夺。尤其是在现代文明社会，权利与义务具有统一性和对等性，如果禁止容隐，意味着法治的缺失，还意味着一个社会对权利的剥夺具有随意性。

当然，人类文明进步并非一蹴而就，在文明社会的某个阶段，局部短暂缺失该制度可能不会造成根本的社会问题，但若长期拒绝该制度，迫使犯罪嫌疑人的亲人作证，无视犯罪嫌疑人的亲人合乎人情的沉默，恐怕会带来不必要的矛盾或冲突。故而，当下恢复和重构容隐制度已是立法和司法不可回避的问题。

我国现行《刑事诉讼法》和《刑法》的一些规定，也蕴含着迫使亲属检举告发的立法意图。在现实生活中，某些刑事侦查人员在办理具体案件时会以亲属庇护行为[1]为由，强制嫌疑人亲属揭露犯罪事实、供出其藏身之处或赃物。他们自认为在为国执法、为民除害。动辄将亲属不主动交代嫌疑人去向斥责为包庇、窝赃，导致民众厌恶办案的侦查人员和司法人员，轻则逃避漠视侦查和司法人员，重则与其发生直接对抗冲突，甚至导致犯罪者亲属触犯妨害公务罪、阻碍司法工作人员执行职务等罪名。

立法之所以禁止容隐，主要是我国立法中对无产阶级专政思

---

[1] 实际为亲属不知情的庇护行为。

想的片面理解所致。我国是社会主义国家，无产阶级专政是社会主义国家的本质，所以刑事立法必须以实现无产阶级专政为宗旨。问题在于，这一立法宗旨如何很好体现在刑事立法方面，如果将其涵摄于每一条刑事立法之中，未必能够很好实现立法者所要达到的意图。因为立法宗旨实际要实现两个目标：一是保障人民掌权和政权稳定；二是实现社会稳定和发展，最终以实现人们的物质和精神生活提升及幸福为目标。由此看来，社会主义国家的人民民主专政在刑事司法中的核心体现在于，确保国家基本制度和政权稳定。而我国刑法分则第一章以十二个条文规定了"危害国家安全罪"的 21 个罪名，第十章"军人违反职责罪"多个罪名涉及国家军事利益，这两个大类立法恰恰集中体现了这一核心立法宗旨[1]。其他有关犯罪的立法基本以处理人民内部矛盾为要务，尤其是一些涉及财产的一般性盗窃、抢劫，涉及人身伤害的一般斗殴，都可能是因为贫穷、贪财、报复、情绪冲动等因素导致的激情犯罪。但是由于新中国法制不健全，加之阶级斗争扩大化，对无产阶级专政产生狭隘认知，以至于在相当长一个时期内将一般犯罪与敌对性社会犯罪简单等同，剥夺阶级敌人自由自然也顾不上亲情关系，忽视了亲情容隐的权利。该事实体现在刑事案件侦查及审判中，则是机械地使用法条，凡是犯罪就视同阶级敌人。这使得立法和司法呈现出普遍禁止亲属相为容隐的状况。

1　当然，这一立法宗旨也不同程度散见于其他维护国家安全和人民生命财产的刑事立法之中。

20世纪80年代以来，随着我国经济建设和改革开放的不断推进，阶级矛盾不再被认为是社会主要矛盾，人民物质文化生活水平的不断提高成为党和国家的重要任务，依法保障公民的合法权益成为国家治理现代化的重要标志。在此背景下，容隐问题受到学界的关注，废止现行法律对亲情沉默权的限制规定势在必行。

现阶段，我国容隐制度的创造性传承可从现代法治观念切入，将亲情之间的伦理关怀视为法律上的自由权利，由此逐步从学理和司法实践方面进行宣传，形成一种法治关爱亲情的文化。目前可以基于以下几项原则展开。

第一，传承中华传统礼法文化。中国传统礼法文化中蕴含着公平正义、诚信仁爱、和合有序的良法善治基因，在弘扬中华优秀传统法律文化过程中，一定要认真对待容隐制度，不能轻易否定该制度。容隐制度是传统中华礼法文化中的优秀制度，该制度通过和睦亲情，对国家公权进行适度限制，实现亲情和睦、邦国有序。这一功能理应在当代法治社会得以传承和弘扬。

第二，树立科学的刑罚观念。法治社会一定要有科学的刑罚观念和理论。阶级斗争论中的刑罚观念认为，刑罚就是惩罚犯罪、与犯罪分子作斗争，这一理解显然缺乏科学性，至少忽视了两个基本问题：一是刑罚不仅旨在惩罚犯罪，还旨在改造和教育犯罪者，使之回归社会，成为正常及有用的人。这一观念在我国古代司法体系中已经具备，可惜在我国被动的法制近代化中没有得到保留。二是刑罚的最根本目的是保护人民权利不受特权非法侵犯。

至于阶级斗争扩大化提出的刑罚及与犯罪分子作斗争，如果主要是尽力还原真实过程，求得证据，揭露犯罪，进而促其改过自新，这种"斗争"就比较科学；如果将所有犯罪处罚都以阶级斗争摧残精神方式进行，就失去了基本的科学性，也与法治文明的进步背道而驰。

早在自由资本主义时期，刑事古典学派便以自然权利观念解释刑罚目的，认为刑罚旨在引导审判者保护人民的人身和财产安全，防止审判者对被审判者权利的侵害。尽管当时学者们提出了刑罚报应性惩罚的理论，但同时还提出了人道主义原则。此后，刑事社会学派明确提出了教育教化刑事政策，旨在让犯罪者及早回归社会。为此还提倡一些轻微犯罪者与受害人及其家人的和解。至此，中西法文化中以教化为主的刑罚观念都得以确立和普遍实践。

无产阶级专政背景下的刑罚，除事关国家政权之类的特殊犯罪外，其他犯罪处置首先都要符合传统刑罚观念，本着人道、教育教化的思想对犯罪人员进行改造。秉持了科学的教育刑罚观念，就可以理解和接受容隐制度中蕴含的科学刑罚理念。容隐不仅有利于亲情和睦，在犯罪事实面前更有利于协调犯罪者亲属，共同教育感化犯罪者，也有利于犯罪者亲属与受害者家庭达成和解和谅解。中国古代的"保辜制度"为了促成加害者家庭与受害者家庭和解，保障受害者得到及时治疗，甚至明确在受害者康复之前不对加害者定罪量刑。保辜制度与容隐制度属于不同的司法制度，但二者有着明显的教育刑罚观念。

第三，秉承一般容隐与特殊禁止相结合的原则。基于对科学刑罚观的认知，创造性改造容隐制度旨在发挥其和睦亲情及家国联动的教育教化功能，但也不是泛化地强调容隐，对于蓄意破坏国家安全、影响国家主权和领土完整之类的犯罪并不适合容隐。事实上，中国古代的容隐制度并非所有犯罪都可以容隐，《唐律》在规定容隐制度时明确"犯谋叛以上者，不用此律"，以当时"十恶"规定，谋叛以上当指谋反、大逆及谋叛等罪，都是涉及谋危社稷，毁宗庙、山陵及宫阙，背国从伪等重大国事罪。因此，当代立法和司法在考虑亲情容隐权利时，要秉承一般容隐与特殊禁止相结合的原则。

第四，具体容隐权利的界定。从当代司法角度看，容隐实质上包括两个层面的内涵：一是案发前亲属不知情的留容及知情的隐藏行为；二是案发后亲属不予检举的沉默行为。由此可以看出容隐权利的内容也包括这两方面。在司法实践中，实现第二个方面的内容基本没有阻力，这属于程序方面的权利。从现行司法实践看，实际上亲属一般也不会出庭举证，司法机关强制亲属出庭举证也会面临引发矛盾冲突的风险，多数情况下不会发生强制亲属出庭举证的现象。第一个方面的内容多属于实体法刑法规定的范畴，不知情的留容与知情的隐藏多会被视为故意窝赃或包庇，由此引发的矛盾冲突也比较多。虽然相关立法修改目前可能还不成熟，但是建议在司法实践中多引导犯罪嫌疑人亲属，从教育改造的目的出发引导他们配合调查，并建议与自首政策关联，营造既照顾亲情容隐权利，又关心嫌疑人悔过自新的和谐侦查氛围。

第一章

先秦礼治孕育的容隐观念

　　容隐问题是我国古代礼法治理中的一个司法问题，自《唐律》详细规定容隐制度，此后为历代法典承袭。该制度在司法中广泛使用，为我国古代社会的和谐稳定发挥了应有的作用。研究容隐制度需要从文化根源进行探索，挖掘其观念、制度变迁及曾经发挥的社会作用和价值，唯有如此方可对该制度蕴含的良法善治精神发扬光大。本章通过考察以西周为代表的先秦礼治模式，挖掘礼治中蕴含的为亲属讳[1]和睦思想，同时从春秋战国治理价值冲突考察中彰显容隐观念的治国理政价值。

　　武王克纣，周为盟主。周初统治者对夏商以来的天命观进行反思，得出天命靡常的结论。他们从历史经验中得出结论，天虽然能授命君权，但只有有德的人才配享天命。那么，何为德？《尚书·蔡仲之命》中周成王的告诫曰："皇天无亲，惟德是辅。民心无常，惟惠之怀。"可见，敬天保民就是有德。西周敬天同时顾及了人，并将民心向背视为统治的根本，汉代人孔安国对"民心无常，惟惠之怀"作传时指出："民之于上，无有常主，惟爱己者则归之。"[2]这就开启了中国历史上以民为本的治理革命，礼法教化成为民本政治的重要内容。《礼记·表记》记载："周人

1　参见下文"亲亲和睦的隐讳之道"中的详细阐释。

2　〔汉〕孔安国传，〔唐〕孔颖达疏，李学勤主编：《尚书正义》，北京大学出版社1999年版，第453页。

尊礼尚施，事鬼敬神而远之。"[1] 周人尊礼并且建立了一套比较完备的礼制。就像《礼记·明堂位》中记："武王崩，成王幼弱，周公践天子之位以治天下。六年，诸侯朝于明堂，制礼作乐，颁度量而天下大服。七年，致政于成王。"[2] 可见，周王室希望通过礼乐途径来实现"成王教，一天下"的政治雄心。西周开启了以礼为主导的综合治理模式，礼上升为国家根本大法，并以刑作为补充，组成了一个庞大的体系，规范着社会的方方面面，并且在运行过程中，形成了一种自我协同控制的秩序。在这种秩序中，人们各安其事，各行其礼，以图达到国家久安的目的。《左传·昭公二十六年》记载："礼之可以为国久矣，与天地并，君令、臣恭，父慈、子孝，兄爱、弟敬，夫和、妻柔，姑慈、妇听，礼也。"[3] 就是说，礼能够让国家长治久安，与天地并存，因为礼能够使人们恪守本分。可见强调伦常有序的"彝伦攸叙"正是礼治的重要目标，宗法制亦成为礼治思想的核心原则，而维护家庭伦理、促进宗族和睦的容隐观念自此得以孕育。

1　〔汉〕郑玄注，〔唐〕孔颖达疏，李学勤主编：《礼记正义》，北京大学出版社1999年版，第1486页。

2　同上，第934页。

3　〔周〕左丘明传，〔晋〕杜预注，〔唐〕孔颖达正义，李学勤主编：《春秋左传正义》，北京大学出版社1999年版，第1479页。

一、 先秦礼治模式的考察

周人尊礼，开启了礼乐治道的时代，亦开创了礼乐政刑综合为用的治理模式。"礼"在此种模式下始终居于核心地位。周王室建构了一套调整宗法人伦、政治、经济等一切关系的制度和行为规范体系，使得尊礼的政治格局正式奠定。其中，最为重要的制度便是宗法制、分封制与嫡长子继承制。它们在协和万邦、维系家国一体及亲睦宗族方面均发挥了极大作用。探索宗法礼治模式及其中央照顾地方礼俗达致的治权平衡，为亲情容隐观念的产生奠定了坚实的社会发生学基础。

（一）周礼："家国一体"的治理规范

周的"礼治"是以维护"君君、臣臣、父父、子子"的秩序为依归。由是"宗法伦理"成为"礼治"最根本的原则，其基本精神可概括为"亲亲"与"尊尊"。"亲亲"即指家族内部的成员必须亲爱自己的亲属，讲究长幼有序，要求做到"父慈、子孝，兄爱、弟敬，夫和、妻柔，姑慈、妇听"。"亲亲"的核心是"父权"。"父亲"为一家之长，尤其强调对"父亲"的孝敬和顺从，不可违背，故而说"亲亲父为首"。值得注意的是，此处的"父权"是抽象意义上的，实际上它所指代的是家主的权力，因为这个权力通常是由父亲担当，所以称之为"父权"。而"尊尊"是指在国家中确立人们在政治上的尊卑贵贱等级，要求"君令臣恭""君仁臣忠"，臣民必须服从天子。"尊尊"的核心是"君权"，故而说"尊尊君为首"。"亲亲"和"尊尊"紧密地结合在一起,"亲亲"重孝,"尊尊"重忠,"尊尊"以"亲亲"为基础,"亲亲"以"尊尊"为归宿。由是宗法制与分封制得以建构,家国一体的秩序得以生成,周代社会亦变成了一个家国一体的宗法社会。整个国家按照与周天子血缘关系的远近来划分等级,与天子的血缘关系愈近,地位愈加尊贵,在家族中的地位决定了在政治上的等级。如此,从家的层面来看,天子为大宗,是天下最大的"父",诸侯为小宗,小宗须要服从大宗。从国的层面来看,天子为君,诸侯为臣,臣子须要服从君主。天子同时拥有君权与父权,在国家之内形成尊卑有序、等级有别、亲疏有序的整体格局。

为了维护此种格局,同时与宗法制、分封制相适应,周代确立了"嫡长子继承制",而"嫡长子继承制"又是以"一夫一妻制"为基础的。《礼记·昏义》记载:"昏礼者,将合二姓之好,上以事宗庙,而下以继后世也。故君子重之。"[1]即婚礼将两家联姻,传宗接代以事宗庙。这表明在注重宗法伦理的周代,婚姻至关重要,为此还形成了比较完备的婚姻制度。其基本形式便是一夫一妻(多妾)制。通常来讲,普通的庶民百姓是一夫一妻的真正实践者,也即"匹夫匹妇"。而贵族除了正妻之外,还会允许有妾室,根据礼的规定,级别不同,妾室数目、名分各不相同。如《礼记·曲礼下》中记载:"天子有后,有夫人,有世妇,有嫔,有妻,有

---

1 〔汉〕郑玄注,〔唐〕孔颖达疏,李学勤主编:《礼记正义》,第 1618 页。

妾。"[1]公侯有夫人，有世妇，有妻，有妾。卿大夫、士依次递减。区分嫡庶对宗法制下的身份继承及家国一体秩序的稳定十分重要，所以正妻只有一位，天子的正妻是王后，诸侯的正妻是君夫人。嫡长子也只有一位，即正妻所生之长子，又称"宗子"。《左传》及《诗经》中都有宗子之称。嫡长子地位尊显，高于其他诸子，是君位田邑的继承者，且一系相承，百世不迁，能承继大统，称为大宗。而其他诸子为小宗，其相对于大宗，有事宗之道，但对于自己的子孙而言，又是受封的始祖，爵位与封地将由他自己的嫡长子继承。嫡长子继承制的确立保证了权力、身份交接的平稳有序，对于实行宗法制与分封制的周代意义重大[2]。

由上可知，在礼制完备的周代，其建立的是"封建亲戚，以蕃屏周"的宗法社会。天子居于尊位，同时扮演君、父两重角色，

1　〔汉〕郑玄注，〔唐〕孔颖达疏，李学勤主编：《礼记正义》，第128页。

2　瞿同祖先生在《中国封建社会》中提到："以嫡庶为中心的宗法制度，是用以维持封建制度的方法，是我们所不可忽略的。亨利·梅因研究西欧封建社会的结果，和我们研究中国封建社会的结论，关于承继一点，是相合的。可以互相佐证，他说封建土地法，必须使财产永远在指定的一系上传继下去。一系相承的承继法，各地习惯不同，或以最长子，或以最幼之子为承继者。综之，这种承继制度，传布的原因是封建的，封建的领主为了较易于获得兵役，他情愿一人承继的制度，而不喜欢诸子共分的方法。他以印度虽然是实行均分制的，但政府机关或政权的承继，仍只限于最长子为例，而结论云，当父权不仅为家庭的，而且施于政治上时，其承继便不是由兄弟均分，而是由最长子的出生权了。我国的制度所不同者，便是方法更趋繁密，不仅仅如以最长子为承继者那样的简单，决不仅以年龄为标准，而须顾及到嫡庶的问题，所谓宗法制度者是。"参见瞿同祖：《中国封建社会》，商务印书馆2015年版，第106页。

各封地内部以家族血缘关系紧密地结合在一起，在政治上权力获得的多寡取决于在家族中地位的高低，在任人方面真正做到了"任人唯亲"。这很难说不与中国古代国家形成过程中的特殊性有所关联，其表现为，在经济、文字相对滞后的情况下，大一统国家的萌芽已经开始，这与世界其他地区在铁器、文字出现后方形成的情况有所不同。众所周知，夏代是中国历史上唯一至今没有见到文字记载、没有见到铁器的朝代，只有少量的青铜器，而且大多是用来铸造公族祭祀的礼器，只有极少数制作成工具使用。也就是说在氏族制度基础上，却建立起了"公族国家"，并且维护改造原有的血缘组织使其服务于国家。发展至周代，便是宗法制度，周人以此为基石，便构建了家国一体的秩序格局，这种格局对于后世亦有十分深远的影响，当礼制崩坏之后，旧有的秩序被打破，人们仍然习惯于家内秩序原理在政治世界的同质延伸，将君臣关系拟制为父子关系，将对君主的忠等同于对父亲的孝。在这一点上，儒家的理论构建功不可没。譬如《论语·学而》中说："其为人也孝弟，而好犯上者鲜矣，不好犯上而好作乱者，未之有也。"[1]便将孝与忠联系在一起。而《孝经·广扬名》中言："君子之事亲孝，故忠可移于君；事兄悌，故顺可移于长；居家理，故治可移于官。是以行成于内，而名立于后世矣。"[2]更是进一步提出"移

---

1 〔魏〕何晏等注，〔宋〕邢昺疏，李学勤主编：《论语注疏》，北京大学出版社1999年版，第3页。

2 〔唐〕李隆基注，〔宋〕邢昺疏，李学勤主编：《孝经注疏》，北京大学出版社1999年版，第46页。

孝作忠"的理论。可见，孝是忠的基础，忠是孝的延伸，儒家的"国家"观念也正是建立在孝、忠、友爱这样的理论基础上。所以在国与家、忠与孝的联结上，构成了一体两面的共存结构，甚至不存在对立与矛盾[1]。

（二）西周礼治中周王室与地方封国治理权的平衡

西周尚未实现大一统，天下是由周王室与地方封国协同平衡治理。先来看一段西周早期地方不同治理方式的比较。早先周公封于鲁，但仍需留在年幼的成王身边辅弼朝政，故令长子伯禽赴任鲁国，开设宗庙。伯禽去了鲁国一直杳无音信，三年之后才遣人报政于周公。而在此之前，与鲁国相邻的齐国，即太公姜尚的封地，仅仅用了五个月便来报政了。既然地理接壤，又同处东部临海的地域，民风不至于有天壤之差，为何治理速度却有快慢之别呢？连周公都不禁心生疑问："何迟也？""何疾也？"究其原因，伯禽"变其俗，革其礼，丧三年然后除之，故迟"，姜太公则"简其君臣之礼，从其俗为也"[2]。

伯禽与姜尚采取了不同的治理模式。伯禽到鲁国，变革当地的旧俗，将周人的整套礼仪制度移植于此，三年才毕其功业。而太公治理齐人，则在原来的旧俗上因势利导，很快就使民心归附，

1　参见徐复观：《中国孝道思想的形成、演变及其在历史中的诸问题》，《中国思想史论集》，上海书店出版社 2004 年版，第 137 页。

2　〔汉〕司马迁撰，〔南朝宋〕裴骃集解，〔唐〕司马贞索引，〔唐〕张守节正义：《史记》，中华书局 1959 年版，第 1524 页。

达到治理的目的。

据《史记·鲁周公世家》记载，周公当时曾感叹道："鲁后世其北面事齐矣！夫政不简不易，民不有近，平易近民，民必归之。"[1]即鲁国后世将北面事齐，且鲁国国力在后世确实远逊于齐国，但却因完整地保留了周礼而溢美于青史。《左传·昭公二年》中记载："二年春，晋侯使韩宣子来聘，且告为政而来见，礼也。观书于大史氏，见《易》《象》与《鲁春秋》，曰：'周礼尽在鲁矣。吾乃今知周公之德，与周之所以王也。'"[2]周礼在鲁也是后世较为认可的事实，但真相可能与此有一些差距。

周原本是商的诸侯封国，故周人自己也将周称为小邦或者旧邦。譬如《尚书·大诰》记载："天休于宁王，兴我小邦周！"[3]即上天庇佑文王，使小的邦国周兴旺。还有《诗经·大雅·文王》中也说："文王在上，于昭于天。周虽旧邦，其命维新。"[4]都讲的是上天庇佑。武王伐纣，殷周革鼎之后，周人首先面临的便是统治合法性与正当性的证明问题。在此之前，商部族早已将上天崇拜与祖先崇拜结合起来，并宣扬"天命玄鸟，降而生商"的神话，且在日常祭祀中，对上天十分虔诚。故《礼记·表记》中言："殷

1　〔汉〕司马迁撰，〔南朝宋〕裴骃集解，〔唐〕司马贞索隐，〔唐〕张守节正义：《史记》，第 1524 页。

2　〔周〕左丘明传，〔晋〕杜预注，〔唐〕孔颖达正义，李学勤主编：《春秋左传正义》，第 1172—1173 页。

3　〔汉〕孔安国传，〔唐〕孔颖达疏，李学勤主编：《尚书正义》，第 347 页。

4　〔汉〕毛亨传，〔汉〕郑玄笺，〔唐〕孔颖达疏，李学勤主编：《毛诗正义》，第 956 页。

人尊神，率民以事神，先鬼而后礼，先罚而后赏，尊而不亲。"[1]
与之相配套的还有无处不在的占卜，大小事务皆听从神的旨意。
从文献的记载来看，敬天（上帝）、敬鬼神（祖先）是商代政治
中最重要的事。既然商人受命于天，又将对天地鬼神的崇拜发扬
到极致，那么作为小邦或者旧邦的周取代大邦商统治又该怎样证
明自己的合法性与正当性呢？为了解决这个问题，周人从理论上
对旧有的天命思想进行了改造。

　　首先，周人承认王权天授，即王的权力来源于上天，神权是
王权的后盾。比较有意思的是，仿照玄鸟生商的神话，周人也创
造出了自己祖先出生的神迹。据《史记·周本纪》记载："周后
稷，名弃。其母有邰氏女，曰姜原。姜原为帝喾元妃。姜原出野，
见巨人迹，心忻然说，欲践之，践之而身动如孕者。居期而生子，
以为不祥，弃之隘巷，马牛过者皆辟不践；徙置之林中，适会山
林多人，迁之；而弃渠中冰上，飞鸟以其翼覆荐之。姜原以为神，
遂收养长之。初欲弃之，因名曰弃。"[2]即帝喾元妃姜原履巨人足
印而生弃之事，如此周部族同商部族一样笼罩了一层神秘的光辉。
虽然这并不能作为取代商的依据，却为其之后的统治奠定了基础。

　　其次，周人提出了"以德配天"的理论。周人认为天是最为
公正的，与任何人都没有血缘关系，以此斩断上天与商部族的联系，

1　〔汉〕郑玄注，〔唐〕孔颖达疏，李学勤主编：《礼记正义》，第 1485 页。

2　〔汉〕司马迁撰，〔南朝宋〕裴骃集解，〔唐〕司马贞索隐，〔唐〕张守节正义：《周
　　本纪》，《史记》卷四，第 111 页。

否定玄鸟生商的合理性，尽管此前他们自己也宣扬祖先出生的神迹。因此，天是天下人共有的保护者，为众共有。"天命"不会专属于某一部族或者某一人，而是会发生变化或者转移，即"天命靡常"。然而，这种天命的转移是有依据的，这种依据便是"德"，即"皇天无亲，惟德是辅"。商的祖先原本有德，故而成为"天之元子"配享天命，代天牧民，成为天下之主。但是商的子孙败坏德行，上天便断绝其命，使其失去统治天下的权力，也失去"天之元子"的地位，即"改厥元子，兹大国殷之命"[1]。而周文王有德，上天便选中他成为"天之元子"，故而周人取得统治天下的权力。因此，在周人看来，王权来源于上天，也源于统治者自身的德行，要想拥有代天牧民的权力，单靠对上天、祖先的崇敬是不够的，还要自身有"德"，以德配天。那么这种德的核心便是"敬天保民"。譬如《尚书·康诰》中说："王曰：'呜呼！封，有叙时，乃大明服，惟民其敕懋和，若有疾，惟民其毕弃咎，若保赤子，惟民其康乂。'"[2]又如《尚书·洪范》中言："天子作民父母，以为天下王。"[3]对民的爱护与重视是德性的要求，也是拥有天命的重要条件。在中国古代政治中，对于"民"的重视亦自此肇始。

　　尽管从思想上解决了统治的合法性与正当性问题，但是在实践上如何实现治理确实是更加复杂的难题。周王室希望通过建立

1　〔汉〕孔安国传，〔唐〕孔颖达疏，李学勤主编：《尚书正义》，第394页。

2　同上，第364页。

3　同上，第312页。

统一的礼乐制度达到"成王教，一天下"的政治雄心，《诗经·大雅·文王》中即言："上天之载，无声无臭。仪刑文王，万邦作孚。"[1] 按照文王的法度来统治万邦在当时看来是十分困难的事情。西周治理天下，分封诸侯，万邦之中，既有同姓封邦，又有异族之邦，地理位置远近不一，而民风各异，他们虽都从属于周，但实际具有较大的独立性。再加上交通不便，若都只靠复制周人的礼制来治理，在那样的时代难以想象。故而在诸侯国之中，产生了不同的施政特色，《诗经》中的国风便是最重要的佐证。譬如《礼记·王制》中记："命大师陈诗，以观民风，命市纳贾，以观民之所好恶。"[2] 即让各封邦的太师到京都演唱当地的民歌民谣，帮助周王朝了解各地的民风习俗；命令各封邦管理市场的官员呈交物价统计表，帮助周王朝了解百姓喜欢什么物品，讨厌什么物品。又如《汉书·艺文志》中写："《书》曰：'诗言志，歌咏言。'故哀乐之心感而歌咏之声发。诵其言谓之诗，咏其声谓之歌。故古有采诗之官，王者所以观风俗，知得失，自考正也。"[3] 此处言天子采诗的目的是观察民风，晓知为政得失，故"王者不出牖户尽知天下所苦，不下堂而知四方"[4]。但也清楚地传达出一个信息，即各地的民风各不相同，施政治理的方法也不一样，故而才能入

1　〔汉〕毛亨传，〔汉〕郑玄笺，〔唐〕孔颖达疏，李学勤主编：《毛诗正义》，第965页。

2　〔汉〕郑玄注，〔唐〕孔颖达疏，李学勤主编：《礼记正义》，第363页。

3　〔汉〕班固撰，〔唐〕颜师古注：《汉书》，中华书局1962年版，第1708页。

4　〔战国〕公羊高，〔汉〕何休解诂，〔唐〕徐彦疏，李学勤主编：《春秋公羊传注疏》，北京大学出版社1999年版，第361页。

其国、观其风、知其政。恰如孔子所言："入其国，其教可知也。"[1]
因此，《诗经》中的十五国风中反映的各国施政风格迥异，譬如《周南》《召南》与《郑风》《卫风》读来的感觉便是十分不同，《齐风》《秦风》的差距也更加分明，而南方的楚国根本不在采风之列，盖是其政治、文化完全独立于中原诸国之外的缘故。

以当时的地理环境来看，周部族的领地原先在西方地区，到了文王时期才向东扩展至丰镐一带，并在此建都。即便如此，距离中原华夏文明核心商都的朝歌仍然很远。在此情境下发展出的周人政治文明定然带有鲜明的地域特征。在殷周革鼎之际，周人的东进实际上十分艰难，武王伐纣时，从关中到洛阳孟津，需二十五天才至，其间的函谷一带，山谷深邃，不见天日，两方交通，几乎隔绝。商朝覆亡，周人并没有将朝歌改易为都城，而是引军西还，返回故地，这对其日后的统治又加上了一重新的困境。因为他们的都城位置实在偏僻，尽管后来又营建东都洛邑，但这对于东方诸封邦譬如齐鲁仍稍显偏西，故而在实现治理时不得不进行平衡与协调。

在本节的开头提到，伯禽在鲁国变革旧俗，尽施周礼，显然是完全将周人的礼制移植在这个远离故地的东方之国，以至后世感叹："周礼尽在鲁矣。"但根据出土的青铜器铭文来看，事实与此有一定的出入，那些铭文与传世文献组合起来传递给我们的信息是，分封于东方的周人邦国将其故土的礼法制度带到新占领

1　〔汉〕郑玄注，〔唐〕孔颖达疏，李学勤主编：《礼记正义》，第1368页。

的区域，但周人并不固守祖宗旧制，即便在古文献中以遵从周文化"原教旨"而闻名的鲁、滕诸国，仍然尊重商人旧制，甚至请商人来协助自己制定法度、管理国家。从铭文中可以看出，当周王室统治东方时，对初建社会规范的基本态度，既有"以夷制夷"，亦有"夷法周用"。在确保周人统治的基础上，尊重甚至吸收土著制度者皆有之。在一定程度上，将"立法权限"下放给邦国族属，这是西周王朝的显著特征 [1]。而在更远的南方，情况可能更加复杂一些，此地同样有周王室的同姓诸侯国，他们分布在汉水一带，与南部蛮夷毗邻，与楚人、噩人交互杂处。他们将从故土带来的礼仪法度仅仅施用于南迁的周人内部，对于当地风俗习惯仍然予以尊重和保留。而在此地的异姓邦国，虽然并不被强制推行周人的制度，但或多或少受到周制影响，周人法律制度的引入亦有迹可循，但对于文化习俗而言他们或许更加独立，譬如楚国，其文化与中原诸国相较，到底是不同的。在周王室的近畿地区，周人礼仪制度的影响深入而广泛。周王天下，对于近畿地区邦国的控制无疑更加严格，故而在此地能够形成更加紧密的统治秩序。在具体的治理上，却仍然保留了一定的空间与限度。对于这些生活在周人周边的古老国族，社会关系与势力结合紧密，各阶层通过盟誓来完成联结，而这些誓约都带有法律规范的性质，也是秩序构建的依据。为维护地方的稳定，周王朝采取了认可的态度，

---

[1] 参见王沛：《刑书与道术：大变局下的早期中国法》，法律出版社 2018 年版，第 6—13 页。

也即是说，在立法层面给予了他们自由的权限。而真正彰显王室控制力量的是司法，王室司法力量可以直接渗入这些邦国内部，当秩序遭到破坏之时，周王室就会通过审判的方式，调解纷争，甚至动用王室的威严来荡涤不太恭顺的力量，最终将秩序恢复达到原来状态，从而实现统治的稳固。

综上可知，尽管周王室制礼作乐，欲凭此统一天下，但面对如此广阔的土地，如此复杂的环境时，仍然向地方邦国进行了一定妥协，在"仪刑文王""法则周公"的大背景下，仍然允许各地保留旧俗，遵守旧制，且在地方治理上准许诸侯国有着极大的自由与独立性。这为后世中央与地方、官方与民间治理权平衡奠定了社会发生学的基础，民间亲情容隐观念能够得到认可，正是这种平衡的结果。

（三）礼治中蕴含的"为亲者讳"思想

先秦礼治属于宗法伦理之治，"亲亲"是宗法伦理的基本要义，它贯穿于尊卑有序的所有人伦之间。在生活过程中又形成了为尊者讳敌、为亲者讳败的观念，这也是尊尊亲亲的大义。

1. 礼治的基本精神——"亲亲"

"亲亲"是西周礼治宗法伦理原则的基本精神所在，在此基础上，以血缘为纽带、家国一体的宗法社会才得以形成，家族和睦、彝伦攸叙亦成为礼治所追求的重要目标。如《尚书·康诰》中言："天惟与我民彝大泯乱，曰：'乃其速由文王作罚，刑兹无赦。'"

孔传中云："天与我民五常，使父义、母慈、兄友、弟恭、子孝。"[1]
由此可见，其十分强调家庭和睦的重要性。由于"亲亲父为首"，
家庭人物的关系通常围绕"父"来展开，从而衍生出三对较为重
要的对应关系，而且在这些关系中，按照"亲亲"的原则，每个
角色都有自己的行为标准，以睦家族、序人伦。

　　第一，"父慈子孝"。"父权"即是"亲亲"维护的核心所在，
如此便强调子女对父亲的顺从与孝敬。母亲作为父亲的妻子，亦
享有父权衍生而来的权力，故而同时也要求事母如事父一般。在
《礼记·内则》中，便常将父母并列，并详细地规定了子女应尽
的孝敬义务。譬如"子事父母，鸡初鸣，咸盥漱，栉縰笄总，拂
髦冠緌缨，端韠绅，搢笏"，"妇事舅姑，如事父母"，"在父
母姑舅之所，有命之，应唯敬对"[2]。当然，因为"父权"是一个
抽象的概念，通常指代家长权，一般家庭中的这个权力由父亲掌握，
故而称"父权"，倘若父亲去世，嫡子便从父亲手中接过此项权力，
成为新一代的"父"，地位当有所变化。譬如《礼记·内则》中言：
"父母在，朝夕恒食，子妇佐馂，既食恒馂。父没母存，冢子御食，
群子妇佐馂如初，旨甘柔滑，孺子馂。"[3]便生动地展现了此种变化。

　　第二，兄友弟恭。兄弟之间的关系亦是家庭关系中较为重要
的一对，若为家庭和睦计，兄长应该友爱弟弟，弟弟则应恭敬兄长。

1　〔汉〕孔安国传，〔唐〕孔颖达疏，李学勤主编：《尚书正义》，第367页。
2　〔汉〕郑玄注，〔唐〕孔颖达疏，李学勤主编：《礼记正义》，第829—835页。
3　同上，第835页。

在周人的观念里，常将孝与友并列，甚至将"不孝不友"的行为看作十分重要的犯罪，而"孝悌"也经常连用，"悌"即为恭敬兄长。《论语·学而》中有："其为人也孝弟，而好犯上者鲜矣。"朱熹集注曰："善事父母为孝，善事兄长为弟。"[1]此处"弟"与"悌"实为同义。《孟子·梁惠王上》中亦有："谨庠序之教，申之以孝悌之义。"可见，"友"与"悌"（或者"恭"）与"孝"一样，皆是家庭内部重要的行为标准。

《诗经·小雅·常棣》[2]将天然多簇的常棣花比作彼此相依而生的兄弟，从生活中的死丧、急难到外御，都展现出兄弟之间的血胤天伦亲情，尽管兄弟可能有矛盾，但遇到外侮也会不假思索一致对外。这种兄弟之情不仅仅局限于家庭中，在当时的宗法社会以及家国一体的统治秩序中，亦具有十分重要的意义。故而孔颖达正义中曰："作《常棣》诗者，言燕兄弟也。谓王者以兄弟至亲，宜加恩惠，以时燕而乐之。周公述其事，而作此诗焉。兄弟者，共父之亲，推而广之，同姓宗族皆是也……故作此《常棣》之诗，言兄弟不可不亲，以敦天下之俗焉。'"[3]可见此诗从兄弟

1　〔宋〕朱熹：《四书章句集注》，中华书局1983年版，第48页。
2　《诗经·小雅·常棣》中写："常棣之华，鄂不韡韡。凡今之人，莫如兄弟。死丧之威，兄弟孔怀。原隰裒矣，兄弟求矣。脊令在原，兄弟急难。每有良朋，况也永叹。兄弟阋于墙，外御其务。每有良朋，烝也无戎。丧乱既平，既安且宁。虽有兄弟，不如友生？傧尔笾豆，饮酒之饫。兄弟既具，和乐且孺。妻子好合，如鼓瑟琴。兄弟既翕，和乐且湛。宜尔室家，乐尔妻帑。是究是图，亶其然乎？"参见〔汉〕毛亨传，〔汉〕郑玄笺，〔唐〕孔颖达疏，李学勤主编：《毛诗正义》，第569—575页。
3　同上，第568页。

关系的讨论延伸至宗族之上，诗中有"兄弟既具，和乐且孺"之句，毛传曰："九族会曰和。孺，属也。王与亲戚燕则尚毛。"郑笺云："九族，从己上至高祖、下至玄孙之亲也。属者，以昭穆相次序。"[1] 强调的正是和睦宗族之意。故而兄弟的关系之所以重要，是因为他们是维系宗族的重要纽带，若论宗庙五世则迁，无数小宗从大宗分离出去，兄弟之间的行为准则"友"与"恭"，就成为和睦宗族的重要方法和体现。

第三，夫义妇顺，夫和妻柔。夫妻关系实际上是家庭中最为核心的关系，《周礼·地官·小司徒》中言："有夫有妇，然后为家。"[2] 夫妻关系通过婚姻而缔结正是一个家庭的肇始，随后才能绵延子嗣，事宗庙，继后世。夫妻和睦是家庭和睦的重要的一环。作为家庭成员，夫妻之间并没有血缘关系的羁绊，故而对于他们的行为准则更多的是在强调义务。夫对妻须要有义，妻对夫则要顺，在日常相处中，丈夫要保持和悦的状态，妻子则要柔婉。或者说，此间对妻子义务的强调更加多一些。譬如《诗经·周南·桃夭》便包含了对妻子"宜其室家""宜其家人"的期待[3]。对于此诗，毛传曰："蓁蓁，至盛貌，有色有德，形体至盛也。一家之人，

1　〔汉〕毛亨传，〔汉〕郑玄笺，〔唐〕孔颖达疏，李学勤主编：《毛诗正义》，第573页。

2　〔汉〕郑玄注，〔唐〕贾公彦疏，李学勤主编：《周礼注疏》，北京大学出版社1999年版，第277页。

3　原文为："桃之夭夭，灼灼其华，之子于归，宜其室家。桃之夭夭，有蕡其实。之子于归，宜其家室。桃之夭夭，其叶蓁蓁。之子于归，宜其家人。"参见〔汉〕毛亨传，〔汉〕郑玄笺，〔唐〕孔颖达疏，李学勤主编：《毛诗正义》，第47页。

尽以为宜。"[1]王先谦《诗三家义集疏》中言:"《大学》引'之子于归,宜其家人',申之曰:'宜其家人,而后可以教国人。'……上言'宜家室',但谓安其居止,此言'宜家人',则能安一家之人,故以'家人''国人'对待言之。惟自安其室家,然后其家之人皆安之也。"[2]而妻子通过自身所具备的美好的品德,对丈夫恭顺,对家人温和柔婉,做到使家室和睦的状态。而在《诗经·郑风·女曰鸡鸣》[3]描写夫妇相处之道,言及夫妇和睦,即"宜言饮酒,与子偕老。琴瑟在御,莫不静好"。同样强调妻子的恭顺:"知子之顺之,杂佩以问之。"郑笺云:"顺,谓与己和顺。"[4]可见,妻子的恭顺在维持夫妻和睦时发挥了重要的作用。

2. 亲亲和睦的隐讳之道

在家国一体的大背景下,周天子统治要维持的实际上是"君君、臣臣、父父、子子、夫夫、妇妇"的秩序。只有室家和睦,才能宗族和睦,最终以"亲亲"达至天下之和的状态。而为了维持此种和睦状态,"为亲者讳"的思想逐渐形成。

西周至春秋,对于亲者或尊者不能言明之事常常以讳相隐。《春秋公羊传·闵公元年》中言:"《春秋》为尊者讳,为亲者讳,

1　〔汉〕毛亨传,〔汉〕郑玄笺,〔唐〕孔颖达疏,李学勤主编:《毛诗正义》,第47页。

2　〔清〕王先谦撰,吴格点校:《诗三家义集疏》,中华书局1987年版,第43页。

3　具体内容为:"女曰鸡鸣,士曰昧旦。子兴视夜,明星有烂。将翱将翔,弋凫与雁。弋言加之,与子宜之。宜言饮酒,与子偕老。琴瑟在御,莫不静好。知子之来之,杂佩以赠之。知子之顺之,杂佩以问之。知子之好之,杂佩以报之。"

4　〔汉〕毛亨传,〔汉〕郑玄笺,〔唐〕孔颖达疏,李学勤主编:《毛诗正义》,第295页。

为贤者讳。"[1]苏舆《春秋繁露义证》引孔广森言云："闻之，有
虞氏贵德，夏后氏贵爵，殷周贵亲。《春秋》监四代之令模，建
百王之通轨。尊尊、亲亲而贤其贤。尊者有过，是不敢讥；亲者
有过，是不可讥；贤者有过，是不忍讥。爱变其文而为之讳，讳
犹讥也。"[2]故而为尊者讳、为亲者讳、为贤者讳被称为大义，而
这正是建立在"尊尊""亲亲""尚贤"的基础上的。重视血缘
亲情，维护家庭和睦成为稳定宗法制社会秩序的重要方法。

史书对于为亲者讳也多有记载。《春秋公羊传·庄公元年》
记载：

> 三月，夫人孙于齐。孙者何？孙犹孙也。内讳奔谓之孙。夫
> 人固在齐矣，其言孙于齐何？念母也。正月以存君，念母以首事。
> 夫人何以不称姜氏？贬。曷为贬？与弑公也。其与弑公奈何？夫
> 人谮公于齐侯，公曰："同非吾子，齐侯之子也。"齐侯怒，与
> 之饮酒。于其出焉，使公子彭生送之。于其乘焉，搚干而杀之。
> 念母者所善也，则曷为于念其母焉贬？不与念母也。[3]

此段意指鲁桓夫人文姜与其兄齐襄公私通，并进谮言污蔑自
己的丈夫，以致齐襄公杀了鲁桓公，文姜从此留在齐国不再返鲁。
文姜虽然参与了弑杀桓公事件，但又是鲁国新任国君庄公的母亲，

---

1 〔战国〕公羊高，〔汉〕何休解诂，〔唐〕徐彦疏，李学勤主编：《春秋公羊传注疏》，
   第 192 页。

2 〔清〕苏舆撰，钟哲点校：《楚庄王第一》，《春秋繁露义证》卷一，中华书局
   1992 年版，第 13 页。

3 〔战国〕公羊高，〔汉〕何休解诂，〔唐〕徐彦疏，李学勤主编：《春秋公羊传注疏》，
   第 111—113 页。

念在母子亲情，故而史书上书写"夫人孙于齐"，内讳文姜逃藏齐国。可见"为亲者讳"，其正义的基础源于"亲亲"对血缘关系的确认与推崇，为亲者隐过隐罪。而家国一体的宗法社会成为培育它的深厚土壤，最终生成的容隐观念对后世影响非凡。

又庄公三十二年（公元前 662 年），庆父弑君，季子便缓纵之，使其未获罪名。何休曰："庆父季友亲则亲矣，得相首匿，是以舍之。"[1] 作为执法官的季子与庆父为兄弟，为之匿罪，被认为合乎情理。又公元前 623 年，温地会盟，元咺与卫侯发生争讼。晋人便执卫侯归之于京师，请求周天子杀之。周襄王曰："君臣皆狱，父子将狱，是无上下也。"[2] 何休认为，元咺为臣，本当为其诸侯卫侯讳隐，却毫无顾忌，与之争讼，故元咺当狱[3]。卫侯之罪在于杀其弟叔武也。之所以不书叔武，是为贤者隐讳。故周襄王断决元咺与卫侯都有罪。

基于为尊者讳、为亲者讳的大义，当亲者有过甚至犯罪时，则须隐过缓罪，即使不隐其罪也应采取特殊的策略进行处理，即"为亲者讳"。《礼记·坊记》中言："君子弛其亲之过，而敬其美。"[4]

1　〔战国〕公羊高，〔汉〕何休解诂，〔唐〕徐彦疏，李学勤主编：《春秋公羊传注疏》，第 190 页。

2　何休认为元咺诉君，悖君臣之义。见〔周〕左丘明著，尚学锋等译：《国语》，中华书局 2007 年版，第 59 页。

3　参见〔战国〕公羊高，〔汉〕何休解诂，〔唐〕徐彦疏，李学勤主编：《春秋公羊传注疏》，第 262 页。

4　〔汉〕郑玄注，〔唐〕孔颖达疏，李学勤主编：《礼记正义》，第 1408 页。

即言君子应当忘记父母的过错，而要敬重他们的美德。《礼记·檀弓上》中亦言："事亲有隐而无犯。"[1] 即言侍奉父母时，若父母有过，应该为之容隐，委婉地劝谏，不可犯颜指责。《礼记·内则》中则进一步指明了劝谏的方法："父母有过，下气怡色，柔声以谏。谏若不入，起敬起孝，说则复谏，不说，与其得罪于乡党州间，宁孰谏。父母怒不说，而挞之流血，不敢疾怨，起敬起孝。"[2] 即称父母有过，人子应心平气和地柔声劝谏，如劝谏不被采纳，须对父母更加孝敬，趁父母高兴时再行劝谏，与其使父母得罪乡党州间，宁可反复劝谏，即使被父母打得流血也心生出怨恨，反而应该更加恭敬孝顺。

《孝经·谏诤》还将西周至春秋劝谏父母的重要性进行了追述："父有争子，则身不陷于不义，故当不义，则子不可以不争于父。"[3] 即言为了避免父亲陷入不义之中，人子必须劝谏。由此可见，在"亲亲"的基础上，人子当行孝道，在面对父母之过时，不仅应当容隐，而且还要进行劝谏，劝谏的方式也应该是恭敬的、温和的，其目的是不使父母得罪乡里，身陷不义。这个过程均是发生在家庭内部。而在社会层面上，人子对于亲者的过失乃至犯罪皆是不可明说的。

儒家创始人孔子在与叶公讨论了"其父攘羊"事件后，依据讳隐思想提出了"父为子隐、子为父隐，直在其中"[4] 的司法原则。

1　〔汉〕郑玄注，〔唐〕孔颖达疏，李学勤主编：《礼记正义》，第169页。
2　同上，第838页。
3　〔唐〕李隆基注，〔宋〕邢昺疏，李学勤主编：《孝经注疏》，第48页。
4　〔魏〕何晏等注，〔宋〕邢昺疏，李学勤主编：《论语注疏》，第177页。

这里的"直在其中"是指符合服制关系的天理人情，符合了这种天理人情就是"直"，就是正义。孟子继承了孔子关于父子相隐的思想，假设帝舜窃负戴罪之父而逃，视弃天下如弃敝屣，以此思想处理国法与服制亲情的两难关系，既做到了奉法承天，政不可枉，又维护了父子亲情。故让帝舜亡天下而隐其父[1]。

二、　春秋战国治理价值冲突彰显的容隐观念

自周室东迁之后，天子的地位一落千丈，诸侯并起，逐鹿天下。原来的"君君、臣臣、父父、子子"的秩序遭到严重破坏，古老的礼法已经不足以维持周的统治，思想家们开始寻求新的治国道路，如此政治上的争霸与思想上的争鸣交相辉映，历史进入一个动荡大争的时代。在这一时期，礼崩乐坏，大一统君主主义强权思想开始兴起，这与之前地方宗族自治格格不入，为了协调此种冲突，构建新的家国秩序，容隐观念也有了新的发展与实践。

（一）礼崩乐坏与大一统君主强权思想的兴起

春秋时期，诸侯起而争霸，天子政失礼微，所拥有的权力与

1　参见〔汉〕赵岐注，〔宋〕孙奭疏，李学勤主编：《孟子注疏》，北京大学出版社1999年版，第371页。

地位每况愈下。郑庄公小霸[1]开启了诸侯挑战天子权威的先河，古老的奴隶主统治开始被新生的封建势力所代替，周王室代天牧民统治四方的共主地位日渐动摇，而其在此之前累世经营的礼乐之国也随之崩塌，以宗法血缘关系为基础的政治秩序逐渐瓦解，整个社会陷入礼崩乐坏之中。其主要表现可概括为以下两点。

其一，即礼乐征伐自诸侯出。周天子为天下共主，在家国一体的宗法社会里，既为君又为父，故礼乐征伐自天子出，是合乎礼的。然春秋以降，天子昔日的权威不再，遂逐渐演变成礼乐征伐自诸侯出。这主要表现为政由方伯，即诸侯给自己晋爵，不再遵守礼制。譬如晋、齐皆为侯爵，皆僭称公，楚为子爵竟僭称王。

其二，违礼篡杀之事层出不穷。《史记·太史公自序》中言："《春秋》之中，弑君三十六，亡国五十二，诸侯奔走不得保其

1　郑庄公事迹见记于《左传》隐公元年到桓公十一年，其在位 43 年，内安百姓，外攘诸侯，发动多次侵国战争，在桓公五年时，王夺郑伯政，郑伯不朝。秋，王以诸侯伐郑，郑伯御之。王为中军；虢公林父将右军，蔡人、卫人属焉；周公黑肩将左军，陈人属焉。郑子元请为左拒以当蔡人、卫人，为右拒以当陈人，曰："陈乱，民莫有斗心，若先犯之，必奔。王卒顾之，必乱。蔡、卫不枝，固将先奔。既而萃于王卒，可以集事。"从之。曼伯为右拒，祭仲足为左拒，原繁、高渠弥以中军奉公，为鱼丽之陈，先偏后伍，伍承弥缝。战于繻葛，命二拒曰："旝动而鼓。"蔡、卫、陈皆奔，王卒乱。郑师合以攻之，王卒大败。祝聃射王中肩，王亦能军。祝聃请从之。公曰："君子不欲多上人，况敢陵天子乎！苟自救也，社稷无陨，多矣。"此战王师败绩，天子负伤，威信严重受损，自此诸侯不朝、竞相争霸事渐多矣。后世评价郑庄公贬大于褒，南宋黄震《黄氏日抄》中云："郑庄公伐周，射王中肩，春秋第一罪人，而左氏反第一为贤，可怪也。"清代汤鹏《浮邱子·原宗》中言："周之天下，犬戎挠之，始皇亡之，而繻葛一战，则君臣之义废，郑伯先废之矣。"

社稷者，不可胜数。"[1]在这一时期，诸侯反叛天子，卿大夫反叛诸侯，家臣也反叛卿大夫。譬如鲁国季氏的家臣阳虎便是通过控制季氏进而控制国君及鲁国的朝政。原来由礼规定的秩序彻底崩塌，旧有的礼刑已经失去约束力，春秋成为"陪臣执国命"的时代。究其原因亦可概括为二。一是社会生产力的发展与铁器的广泛应用，使得原来千耦其耘的集体劳动方式逐渐被一家一户为生产单位的方式所取代，并且促进了"私田"的产生，催生了地主阶级，使得经济关系和阶级关系都产生了变化。二是经济基础的变化亦导致了上层建筑的变化，周天子天下共主的统治地位的动摇使得诸侯各自为政，各诸侯为了霸权更是展开激烈的兼并战争。传统的礼治秩序被打破，以霸道取代王道，以变革法制富国强兵的时代即将到来。故而《孟子·离娄下》中说："王者之迹熄而《诗》亡，《诗》亡而后《春秋》作。"[2]

当时间进入战国时代，封建社会开篇，天子的地位进一步衰落，诸侯纷纷称王以图天下，大一统君主主义思想得以兴起。"大一统"是先秦诸子的普遍政治追求，诸子的学说大多都是出于对西周"天下一统"的秩序瓦解的不安，于是纷纷提出救世方案，旨在使天下重新归一。最具有代表性的当数儒、法两家。

儒家虽以称颂王道、恪守仁义、坚持礼制而著称，但在国家

1　〔汉〕司马迁撰，〔南朝宋〕裴骃集解，〔唐〕司马贞索隐，〔唐〕张守节正义：《太史公自序》，《史记》卷一百三十，第3297页。

2　〔汉〕赵岐注，〔宋〕孙奭疏，李学勤主编：《孟子注疏》，第226页。

政治上却坚持大一统原则。孔子主张建立"礼乐征伐自天子出"的政治秩序和法律秩序，正表达了他统一的愿望。他非常向往西周初年统一的格局，故而曾说："周监于二代，郁郁乎文哉，吾从周。"[1]也极力称颂管仲相齐桓公而成就的霸业："管仲相齐桓公，霸诸侯，一匡天下，民到于今受其赐。微管仲，吾其被发左衽矣。"[2]孔子显然是从大一统的角度作此评价的。《孟子·万章上》言："孔子曰：'天无二日，民无二王。'"[3]这种思想便被称为"王道大一统"，意指建立中央集权君主政治。又如《孟子·梁惠王上》中记："孟子见梁襄王，出，语人曰：'望之不似人君，就之而不见所谓焉。猝然问曰："天下恶乎定？"吾对曰："定于一。"'"[4]可见，天下一统正是孟子的仁政学说的政治纲领和理论目标，他对梁襄王说，天下定于一，即只有实现统一才能安定，他认为欲统一天下，须施仁政，进一步提出："不嗜杀者能一之……今夫天下之人牧，未有不嗜杀人者也。如有不嗜杀人者，则天下之民皆引领而望之矣。"[5]但当此动荡之世，儒家希冀通过复礼法、施仁政而实现王道一统的理想实在无法实现。

　　而此时主张锐意进取、变法图强的法家思想更加得到了统治者的青睐，各国纷纷利用法家人物进行变法，邹忌、吴起、乐毅、

1　〔魏〕何晏等注，〔宋〕邢昺疏，李学勤主编：《论语注疏》，第 36 页。

2　同上，第 192 页。

3　〔汉〕赵岐注，〔宋〕孙奭疏，李学勤主编：《孟子注疏》，第 253 页。

4　同上，第 17 页。

5　同上。

公仲连、申不害、李悝、商鞅等登上历史舞台，而他们强调的天下一统、君主专制的思想也顺应了时代的潮流，得到认可和接纳，此种主张可概括为"大一统中央集权君主专制主义"。这种大一统的君主专制主义是其任法、重刑的思想基础。我们从以下三点进行分析。

第一，法家主张凭借武力来实现国家的统一。《韩非子·五蠹》中言："上古竞于道德，中世逐于智谋，当今争于气力。"[1]认为儒家"王道大一统"的主张无异于空想，真正能再造统一的是国家的实力与兼并的战争，而后世历史的走向证明了此种观点的正确性。

第二，法家极力主张君主专制，在大一统理论中，将君主置于至高无上的地位。《韩非子·扬权》中言："事在四方，要在中央，圣人执要，四方来效。"[2]则清晰地表明了中央集权君主专制主义的主张。而这与之前的法家观点是一脉相承的。譬如商鞅亦是认为君主当权势独制。《商君书·修权》中说："国之所以治者三：一曰法，二曰信，三曰权。法者，君臣之所共操也；信者，君臣之所共立也；权者，君之所独制也。人主失守则危，君臣释法任私必乱，故立法明分，而不以私害法，则治。权制独断于君，则威。"[3]他所言的"法治"实际上是要维护君主的权势和至尊的地位。在他看

1　〔清〕王先慎集解，钟哲点校：《韩非子集解》，中华书局2013年版，第487页。

2　同上，第47页。

3　蒋礼鸿：《商君书锥指》，中华书局1986年版，第82页。

来，君主的权势和至尊地位乃是推行法治必不可少的前提条件。

在对待权与法的问题上，商鞅已经意识到推行"法治"要以君主的权势为前提，以国家政权为后盾。这种思想为君主专制制度的建立奠定了理论基础，也为后来的法家所继承和发展。而申不害所提倡的"术治"亦是建立在尊君的基础上的，《韩非子·定法》中言："术者，因任而授官，循名而责实，操杀生之柄，课群臣之能者也。此人主之所执也。"[1]尊君之意不言自明。申不害还主张君主还应"藏于无事，窜端匿疏，示天下无为"。即君主应当隐藏自己的好恶、喜怒，以免臣下觉察到君上的意图和虚实。君主只有装作"无为"，才能让臣下感到高深莫测，才能察事实、辨忠奸，不会为臣下蒙蔽和左右，进而做到真正的独视、独听和独断，从而达到专制的目的。

至于慎到的"势治"论更是坚持君主必须"权尊位尊"，并且极力强调君主权势的重要性，《慎子·威德》中言他认为"势"如同龙蛇所驾乘的云雾，失去之后，龙蛇也如蚯蚓一般。尧正是拥有了权势，才能南面而王，令行禁止[2]。正是因为势，贤能的人才会服从不肖的人，这种服从正是权势威慑的缘故。此种观点后来为韩非所继承，形成了"抱法处势"的思想，并进一步形成"法""术""势"相结合的理论。韩非把建立统一的中央集权

1　〔清〕王先慎集解，钟哲点校：《韩非子集解》，第433页。

2　参见原文："故腾蛇游雾，飞龙乘云，云罢雾霁，与蚯蚓同，则失其所乘也。故贤而屈于不肖者，权轻也；不肖而服于贤者，位尊也。尧为匹夫，不能使其邻家，至南面而王，则令行禁止。由此观之，贤不足以服不肖，而势位足以屈贤矣。"

君主专制看作实行法治的政治基础，并且认为君主为了巩固自己的政权和使臣下奉公守法以实行法治，就必须有一套驾驭臣下的术，使得法术紧密地结合起来。《韩非子·定法》中言："君无术，则弊于上，臣无法，则乱于下，此不可一无，皆帝王之具也。"[1]但法之所以能够推行天下，借助术固然重要，但也需因"势"而行，韩非将"势"称作"威势""权势""位势"，是君主的胜众之姿。《韩非子·二柄》中言："夫虎之所以能服狗者，爪牙也。使虎释其爪牙而使狗用之，则虎反服于狗矣。"[2]因此君主不仅应拥有权势，而且应当将权势集中在自己手中，形成专制。切不可与臣下共权，"赏罚下共则威分"，更不可以借人，否则"人主失势重于臣而不可复收也"，故而君主要"独制于四海"。既称"独制四海"，便不可分权与地方，故而君主专制与大一统实是相辅相成的。

第三，法家为"大一统"的实现做了充分的理论与制度设计并付诸实践。商鞅变法之时便建立县制，"集小乡邑聚为县，置令、丞，凡三十一县"[3]。县的长官由中央任命，这为建立大一统中央集权君主专制奠定了制度基础。他又在一国之内，统一法度。《商君书·赏刑》中言："圣人之为国也，壹赏、壹刑、壹教。壹赏则兵无敌，壹刑则令行，壹教则下听上。"[4]壹赏即统一奖赏，重

1　〔清〕王先慎集解，钟哲点校：《韩非子集解》，第 433 页。

2　同上，第 42 页。

3　〔汉〕司马迁撰，〔南朝宋〕裴骃集解，〔唐〕司马贞索引，〔唐〕张守节正义：《商君列传》，《史记》卷六十八，第 2232 页。

4　蒋礼鸿：《商君书锥指》，第 96 页。

点是赏赐奖励耕战，从而驱使百姓为耕战而拼命，以此达到富国强兵的目的。壹刑就是统一刑罚标准，实现王权之下的刑无等级、上下从法。壹教就是统一思想，"燔诗书而明法令"，以法家之学来统一人们的思想言论，此种主张为后世法家所延续，譬如《韩非子·五蠹》中也说："明主之国，无书简之文，以法为教，无先王之语，以吏为师。"[1]

同时，强调法令统一的重要性，"明主之国，令者，言最贵者也，法者，事最适者也。言无二贵，法不两适。"[2]即法令具有绝对的最高权威，且法令一出，无论任何人都必须遵守，故言"法不阿贵，绳不挠曲。法之所加，智者弗能辞，勇者弗敢争。刑过不避大臣，赏善不遗匹夫"[3]。此外"重刑论"即在国家之内推行重刑也为法家共识，譬如商鞅认为："禁奸止过，莫若重刑。"[4]并且主张"先刑而后赏"及"多刑而少赏"。除了那些有功于耕战者及告奸者外，反对滥赏，并将刑罚置于首要位置，其理由是："重罚轻赏，则上爱民，民死上，重赏轻罚，则上不爱民，民不死上。"[5]

韩非继承、发展了商鞅的"重刑"之说，他完全认同商鞅"重刑轻罪"的主张，并进一步提出了"轻刑伤民"的重刑理论。《韩非子·内储说上七术》中言："重罪者，人之所难犯也，而小过者，

1　〔清〕王先慎集解，钟哲点校：《韩非子集解》，第 494 页。

2　同上，第 429 页。

3　同上，第 41 页。

4　蒋礼鸿：《商君书锥指》，第 101 页。

5　同上，第 30 页。

人之所易去也。使人去其所易，无离其所难，此治之道。夫小过不生，大罪不至，是人无罪而乱不生也。"[1]即是主张重刑符合治理之道，它符合人们趋利避害的本性。百姓遇事则权衡利害，如果犯罪利大于刑，人们就会选择犯罪，反之则不敢以身试法，而轻刑正是为人们设下陷阱，是伤民的表现。且重刑是推行法治的重要举措，其意义在于树立法令的权威，扩大法令的影响，提高统治效能，以便达到长治久安的目的。同时也在乱世之中，指出了快速整顿秩序、凝结聚力的途径，但也充满了强权、威慑的色彩。

（二）大一统治理思想中中央与地方的权力关系

在西周之前，夏商代天牧民，中国的国家结构形式实际为部族国家，中央统治权力掌握在最为强大的部族手中，而其他表示臣服的部族则被分封在地方。王室的治理模式主要是中央部族代天牧民，可以垄断宗教祭祀上天之权，处理地方部族之间的纠纷，对不服从统治的部族进行征伐。地方部族则享有高度的自治权力。

周享天下之后，构建起以宗法制、分封制为基础的家国一体的统治秩序。受封的地方诸侯既有与周天子血缘相近的同姓部族，亦有与周协同伐商或者单纯被征服的异姓部族，他们在地方建国筑城，设立宗庙，管理百姓，并严格恪守宗法制度，形成不同等级的宗族组织。譬如《礼记·王制》中言："天子七庙，三昭三穆，与太祖之庙而七。诸侯五庙，二昭二穆，与太祖之庙而五。大夫三庙，

---

1 〔清〕王先慎集解，钟哲点校：《韩非子集解》，第241—242页。

一昭一穆，与太祖之庙而三，士一庙，庶人祭于寝。"[1] 各级宗族组织都以树形的谱系结构分布，大宗小宗层次分明。他们皆以供奉祖先牌位的祖庙为中心，进行本宗族的集会，进行祭祀及其他政治、经济、文化与军事活动。如此一来，宗族组织实际上集血缘组织、经济组织、政治组织和军事组织于一体，并且拥有高度独立的自治权力。《诗经·周颂·良耜》记载了当时宗族的"田家乐图"，春天厚耕份田，妇女儿童送饭的笑脸中也寄托着丰收的希望；烈日炎炎拔草锄禾；秋天打下的谷子装满粮仓，不仅各家欢欣喜庆，族里也宰牛祭天[2]。

汉人郑玄笺注该诗云："百室，一族也。草秽既除而禾稼茂，禾稼茂而谷成熟，谷成熟而积聚多，如墉也，如栉也，以言积之高大，且相比迫也。其已治之，则百家开户纳之，千耦其耘，辈作尚众也。一族同时纳谷，亲亲也。百室者，出必公洫间而耕，入必共族中而居，又有祭酺合醵之欢。"[3] 可见宗族组织实际也作为一个经济共同体存在，既言"百室"，便见族内支系众多。

西周军队征伐出兵亦是以宗族为单位跟从天子，此时宗族组

1　〔汉〕郑玄注，〔唐〕孔颖达疏，李学勤主编：《礼记正义》，第382页。

2　原文为："畟畟良耜，俶载南亩。播厥百谷，实函斯活。或来瞻女，载筐及筥，其饷伊黍。其笠伊纠，其镈斯赵，以薅荼蓼。荼蓼朽止，黍稷茂止。获之挃挃，积之栗栗。其崇如墉，其比如栉。以开百室，百室盈止，妇子宁止。杀时犉牡，有捄其角。以似以续，续古之人。"

3　〔汉〕毛亨传，〔汉〕郑玄笺，〔唐〕孔颖达疏，李学勤主编：《毛诗正义》，第1362页。

织又与军事组织相重合。师旂鼎和明公簋的铭文中[1]，分别记载了师旂不随宗主听从天子的命令出兵征伐事件和天子命令周公之子明保遣周三族伐东夷之事。

此外，在政治与法律上，宗族组织作为一个整体活动。晋国的执政者赵鞅主持而订立的《侯马盟书》，便是晋的各卿大夫各自代表自己的宗族进行盟誓而形成的约信文书，实际上这种盟誓可以视作一种立法活动。而在司法上，宗族亦享有一定的自由。且不说地方诸侯管辖的区域，即便在王畿之地，各宗族的司法独立性都不容小觑。西周的金文显示，宗族通常会设置"三有司"之类的机构处理族内事务。譬如根据西周九年卫鼎铭文记载，即便是在最基层的社会组织，具有血缘关系的农村公社"颜林"，也有"颜有司"作为其管理机构。尽管《周礼》中完整描述了周的司法系统，自中央至地方的垂直延伸清晰可见，譬如按照与国都的距离分县、遂、乡等。事实上，在王畿之地，王朝司法与宗族司法是并行的。不同宗族之间的贵族发生纠纷时，可以通过王朝司法途径进行解决，典型案例如曶鼎、五祀卫鼎的铭文中所记，宗族内部出现纠纷时，则通过宗族内部的司法途径加以解决。譬如西周五年琱生簋、六年琱生簋中所展现的召氏宗族内部诉讼的情景[2]。在王权鼎盛之时，王权可以渗透进宗族内部，作为居中裁

1　师旂鼎的铭文为："唯三月丁卯，师旂众仆不从王征于方，雷吏（使）厥友引以告（伯）懋父。"明公簋的铭文为："王令明公遣三族伐东或（国）。"

2　参见王沛：《琱生诸器与西周宗族内部诉讼》，《上海师范大学学报（哲学社会科学版）》2017 年第 1 期。

判者处理纠纷，然而到了衰微之际，宗族司法力量之影响则日益见炽。譬如传球之事，卫国大夫石碏之子石厚参与州吁之乱，于是"石碏使其宰獳羊肩莅杀石厚于陈"便是宗族司法力量的体现。到了春秋后期，郑国子产在处理公孙楚案件时，仍要征询其族长大叔的意见[1]，这亦是宗族力量的体现。

　　战国之后，大一统中央集权君主专制主义的格局逐渐形成，拥有自治权的宗族组织成了国家集权的阻碍。在法家的变革浪潮中，打破西周以来的"任人唯亲""世卿世禄"的制度，削弱贵族宗族势力成为主要的变法内容之一，取而代之的，是废分封，行县制。吴起变法中，有"贵人实广虚之地"[2]，而商鞅变法时亦有"民有二男以上不分异者，倍其赋"[3]的规定，使得无数小家庭从大的宗族中独立出来，以往宗族同居共财的传统被打破，这些小家庭逐渐成为当时主要的家庭形态，他们获得国家授予的田地，甚至自行开垦田地，相对独立地向国家缴赋税，服徭役、兵役。而在政治法律上，国家统一法度，一国之内"言无二贵，法不两适"，且司法权亦归于各级司法官吏手中。如此，宗族作为经济组织、

1　《左传·昭公元年》中记："五月庚辰，郑放游楚于吴，将行子南，子产咨于大叔。大叔曰：'吉不能亢身，焉能亢宗？彼国政也，非私难也。子图郑国，利则行之，又何疑焉？周公杀管叔而蔡蔡叔，夫岂不爱？王室故也。吉若获戾，子将行之，何有于诸游？'"

2　〔战国〕吕不韦编，张双棣等译注：《吕氏春秋译注》，吉林文史出版社 1986 年版，第 780 页。

3　〔汉〕司马迁撰，〔南朝宋〕裴骃集解，〔唐〕司马贞索引，〔唐〕张守节正义：《商君列传》，《史记》卷六十八，第 2230 页。

军事组织、政治组织的功能皆不复存在，自主权力亦随之大幅度缩减直至消亡。

（三）春秋战国时期容隐观念及实践发展

早期的"为亲属讳"思想在司法实践中已经展现出为亲属容隐的观念，至春秋战国时期，这种容隐观念及其实践有了进一步发展。

首先，"亲亲相隐"作为儒家的重要主张正式出现。《论语·子路》中有记："叶公语孔子曰：'吾党有直躬者，其父攘羊，而子证之。'"孔子曰："吾党之直者异于是。父为子隐，子为父隐，直在其中矣。"此段中有言三次"直"，仔细分析其具体含义略有区别。"直躬"之"直"主要是指刚正、正直，但这种正直未能渗透伦理、情理，"其父攘羊，而子证之"即算此类正直，故不为孔子所喜。"吾党之直"之"直"明显区别于前一种，即孔子赞成的、理想中的正直，是能够兼顾伦理、情理的正直。而"直在其中"之"直"则是孔子理想中的直道具体表现，"父为子隐，子为父隐"是符合这种直道的表现，面对亲人的过错，子女、父母应发乎天性、本能为其隐瞒罪行，而这种真实的、兼顾了伦理和情理的正直就体现在父母、子女相互的容隐之中。

孔子此论是基于亲情的角度出发，来肯定"亲亲相隐"的重要性和合理性，后来成为儒家支持容隐的重要论据。但并不表明孔子肯定"攘羊"行为的合法性，实际上，他是回避了这个问题，而叶公从客观、公平的角度出发，认为"攘羊"的行为必然是要受到惩罚的，故而子证父罪符合整体正义的要求。而孔子虽然对这种行为进行抨击，但他并不否定"攘羊"需要受到惩罚，只是认为这个告发、作证的人不能是此人的儿子。那么，如何弥补因隐匿而造成的对正义的侵害呢？

其次，儒家的容隐思想同时包含着"隐""谏"的内容。前述西周以来的为亲者讳就蕴含"谏"的内容，春秋儒家的容隐思想同样包含着"谏"的内容。在儒家看来，当亲人尤其是父母犯罪或是有过错时，除了"隐"，还有"谏"，它们之间的关系也十分微妙，重要的是其中度的把握。譬如《礼记·檀弓上》中言："事亲有隐而无犯。"[1] 便把"隐"看作是事亲的重要守则，而且强调不可犯颜强谏。但是，作为子女虽然要为父母隐瞒罪行，但并不能完全放任他们的行为，虽然不可强谏，但仍然需要微谏，这就是我们所说的需要把握的度。《论语·里仁》中言："事父母几谏，见志不从，又敬不违，劳而不怨。"[2] 即说若父母有过失，身为子女当委婉地劝谏，如果父母并不接受这样的意见，仍然要保持恭敬的态度，即使劳心烦扰，也不心生怨恨。可见，子女需要对父母的行为进行劝谏，父母能够听从，能够停止对公平正义的侵害自然是好，如果不听，子女也依然要对他们保持恭敬的态度，不能强行阻止。

《大戴礼记·曾子事父母》曰："父母之行若中道，则从；

---

1 〔汉〕郑玄注，〔唐〕孔颖达疏，李学勤主编：《礼记正义》，第 169 页。

2 〔魏〕何晏等注，〔宋〕邢昺疏，李学勤主编：《论语注疏》，第 52 页。

若不中道，则谏；谏而不用，行之如由己。从而不谏，非孝也，谏而不从，亦非孝也。孝子之谏，达善而不敢争辩，争辩者，乱之所由兴也。"[1]上海博物馆馆藏楚竹书有《内礼》篇，其中亦言："君子事父母，亡私乐，亡私忧。父母所乐乐之，父母所忧忧之。善则从之，不善则止之；止之而不可，隐而任之，如从己起。"这两处都表达需对父母的过错提出劝谏，如果不能阻止，就要"隐而任之"，即自己须承担起责任来。如果说"隐"是一种兼顾伦理、情理的正直，是对亲情保护的话，那么"谏"则是一种客观、审慎的思考，是对社会正义的维护。那么是否父母所犯的一切罪过都需要"隐而任之"呢？这个问题则需要区别分析。

再次，容隐并非否定秉公办案。在简帛《五行》篇中提出了两个概念即"简"和"匿"。"简"即指从实情出发，秉公而断，是处理重大犯罪的原则，而"匿"则是从情感出发，隐匿亲近者的过失，是处理轻微不容易被注意的罪行的原则。

> 不简不行；不匿，不察于道，有大罪则大而诛之，简也；有小罪而赦之，匿也。有大罪而弗大诛也，不行也。有小罪而弗赦也，不察于道也，简之为言犹练也，大而显者也，匿之为言犹匿匿也，小而隐者也。

由此可见，论罪不只在血缘亲疏，还在罪过大小。如果父亲所犯之罪是薄罪、小罪诸如"攘羊"之类，那么其子"隐而任之"

1　〔清〕王聘珍撰，王文锦点校：《大戴礼记解诂》，中华书局1983年版，第85页。

是可行的，如果父亲所犯之罪是杀人重罪，其子自然也就无法代为受过了。

关于这个问题，孟子也曾做过一个假设。《孟子·尽心上》中言："桃应问曰：'舜为天子，皋陶为士，瞽瞍杀人，则如之何？'孟子曰：'执之而已矣。''然则舜不禁与？'曰：'夫舜恶得而禁之？夫有所受之也。''然则舜如之何？'曰：'舜视弃天下犹弃敝屣也。窃负而逃，遵海滨而处，终身䜣然，乐而忘天下。'"[1]这个事例有些特殊，倘若瞽瞍杀人，那么他的儿子作为君主的舜又该怎样做呢？此处孟子给出的解决方案亦遵循儒家重视的"亲亲"之道的宗旨，但又顾及舜的特殊地位，故而孟子一方面认为舜应该派皋陶去抓捕瞽瞍，这是作为人君为了维护社会正义应尽的责任。但另一方面，舜也应该弃君位如敝屣，背着父亲逃至海边，终身奉养父亲，欣然而忘天下。这是作为人子为父隐罪，以成孝行的责任，从而也达至一种平衡、折中的方案。这亦可称为一种"隐而任之"的表现，舜虽然没有替代父亲接受杀人之罪的惩罚，但他放弃了君主位置，未尝不是另外一种替父受过的方式。孟子在做此假设时，仍然留下一个漏洞，即舜虽窃负而逃，终身忘天下，但瞽瞍毕竟杀了人，被杀之人的正义又该如何实现呢？

在孟子的学说中，"仁义"是极其核心的观点，倘若君主之父杀人可通过儿子放弃天下而不被追究罪行，那么"仁义"又该如何实现呢？此处明显存在一对冲突，即孝与法的冲突，其实质

---

1 〔汉〕赵岐注，〔宋〕孙奭疏，李学勤主编：《孟子注疏》，第370—371页。

亦是亲亲之情与社会道义的冲突，孟子在答案中选择了亲情，后世也常引此例认为孝高于法，而值得注意的是，在这种解决方案下，受到损害的社会正义并没有得到恢复。清代袁枚就此评价道："彼海滨者，何地耶？瞍能往，皋亦能往。因其逃而赦之，不可谓执；听其执而逃焉，不可谓孝；执之不终，逃而无益，不可谓智。"[1]如此看来，孟子的主张并不能真正解决问题。

最后，春秋时期典型容隐案例分析。在春秋战国时期，确实存在父亲杀人，而其子"隐而任之"的现实例子。《史记·循吏列传》中记载石奢"废法纵罪"案例[2]。楚昭王时（公元前515—前489年），石奢为楚昭王相，其父杀人，石奢身为人子，并不能亲自拘捕其父，然身在相位，又难以舍弃国家公义，一时陷入两难境地，即"不私其父，非孝子也；不奉主法，非忠臣也"，最后选择了"纵其父而还自系焉"。这是十分典型的"隐而任之"的做法，即便受到楚昭王的恩惠，宽赦其罪，但是石奢仍不愿罔顾公义，最后拔剑自刎，以谢死者，亦弥补了父亲的犯罪行为所造成的侵害，使得亲情恩义与国家公义均得以保全。

1　〔清〕袁枚著，周本淳标校：《小仓山房诗文集》，上海古籍出版社1988年版，第1653页。

2　原文为："石奢者，楚昭王相也。坚直廉正，无所阿避。行县，道有杀人者，相追之，乃其父也。纵其父而还自系焉。使人言之王曰：'杀人者，臣之父也。夫以父立政，不孝也；废法纵罪，非忠也；臣罪当死。'王曰：'追而不及，不当伏罪，子其治事矣。'石奢曰：'不私其父，非孝子也；不奉主法，非忠臣也。王赦其罪，上惠也；伏诛而死，臣职也。'遂不受令，自刎而死。"

当然，春秋战国时期的容隐只是主张小罪可隐，仍然坚持大罪必诛的原则。在实践中也确实依此行事。如《左传·昭公十四年》记载了"叔向遗直"的案例。

> 晋邢侯与雍子争鄐田，久而无成。士景伯如楚，叔鱼摄理，韩宣子命断旧狱，罪在雍子。雍子纳其女于叔鱼，叔鱼蔽罪邢侯。邢侯怒，杀叔鱼与雍子于朝。宣子问其罪于叔向。叔向曰："三人同罪，施生戮死可也。雍子自知其罪而赂以买直，鲋也鬻狱，刑侯专杀，其罪一也。己恶而掠美为昏，贪以败官为墨，杀人不忌为贼。《夏书》曰：'昏、墨、贼，杀。'皋陶之刑也。请从之。"乃施邢侯而尸雍子与叔鱼于市。[1]

在此案中，案件人物的关系比较复杂，但是案情则十分明了。人物关系复杂之处在于，邢侯与雍子是一对亲兄弟，他们的父亲是从楚国奔晋的大夫申公巫臣。兄弟俩的封地相连，因为疆界划分的问题一直争执不休，从另外一个角度可见彼时礼崩乐坏，亲亲之道已难以被遵守，甚至被践踏。叔鱼与叔向也是一对亲兄弟，他们出身于晋国的望族羊舌氏。并且叔向还娶了申公巫臣的女儿，与申公家族实际上存在着姻亲关系。此案的案情明了在于，邢侯与自己的兄长雍子争田，晋国的执政者韩宣子派叔鱼去审理，叔鱼很快便查清楚了案情，认为罪在雍子。雍子为了胜诉，便将自己的女儿送给叔鱼，叔鱼收色贿后，便判决罪在邢侯。邢侯大怒，

1　〔周〕左丘明传，〔晋〕杜预注，〔唐〕孔颖达正义，李学勤主编：《春秋左传正义》，第 1337—1338 页。

当堂杀死了雍子和叔鱼。

为了收拾残局，韩宣子便来征询叔向的意见，尽管自己的弟弟牵涉其中，叔向仍然保持着理性，认为叔鱼贪以败官，犯了墨罪；雍子己恶掠美，犯了昏罪；邢侯杀人不忌，犯了贼罪。这三者皆为死罪，施生戮死即可。

案件处理中，叔向还要求对死去的弟弟叔鱼实施戮尸，这并不符合儒家基于亲亲之道而为亲隐罪的主张，但是此举却得到了孔子的赞扬。他说："叔向，古之遗直也。治国制刑，不隐于亲，三数叔鱼之恶，不为末减。曰义也夫，可谓直矣。平丘之会，数其贿也，以宽卫国，晋不为暴。归鲁季孙，称其诈也，以宽鲁国，晋不为虐。邢侯之狱，言其贪也，以正刑书，晋不为颇。三言而除三恶，加三利，杀亲益荣，犹义也夫！"[1]

孔子称叔向是"古之遗直"，赞扬他"不隐于亲""杀亲益荣"，似与其之前的"亲亲相隐"的主张相左。究其原因，孔子虽推崇亲亲相隐，然并不同意可以为亲人隐瞒所有的罪行，将该案结合孔子与叶公的对话看，孔子讲的相隐的范围应该是一些小罪、薄罪，而对于危害国家的大罪是断然不可隐的。叔鱼为人贪鄙、狡诈，已经到了祸乱国家的地步，叔向三数其恶，为了大义而不为其隐罪，所行正是符合了孔子理想中的直道，即不以小道害大道，故而称叔向为"古之遗直"。

1　〔周〕左丘明传，〔晋〕杜预注，〔唐〕孔颖达正义，李学勤主编：《春秋左传正义》，第1338—1339页。

第二章

汉代孝治政治对容隐原则形成的推动

　　秦统一六国，继续奉行法家思想，告奸之俗风行天下，父子、夫妇之间相互告诉律无绝对禁止，这造成了十分严重的亲情危机与社会动荡。汉立天下，鉴于秦二世而亡的教训，法家思想便不再适合作为治道思想而使用，以至汉代统治者不得不返回先秦的思想宝库，从百家之学中寻找新的理论来治理国家。长久以来战乱频仍及经济的凋敝，使得主张清静无为、轻徭薄税的黄老思想适应了历史潮流，于是便开启了秦汉之际第一次思想大转折。在经历了汉初休养生息之后，汉帝国的国力有了显著提升，甚至出现了"文景之治"的盛世景象。汉武帝时国力强盛，而清静无为的黄老思想并不适应大一统帝国的需求，严重阻碍了汉代经济、社会的发展。于是汉代统治者选择再次更化改制，此时经由董仲舒改造的儒家思想终于得到了皇帝的青睐与接纳。儒家所主张的"孝道""容隐"等观念正式成为国家主流的治道理念，这推动了"容隐"原则的确立并影响着相应的司法裁判。

一、 秦帝国强力推行亲属告奸的悲剧

　　《史记·商君列传》中记载："令民为什伍，而相牧司连坐。不告奸者腰斩，告奸者与斩敌首同赏，匿奸者与降敌同罚。"[1]可知，

1　〔汉〕司马迁撰，〔南朝宋〕裴骃集解，〔唐〕司马贞索隐，〔唐〕张守节正义：《商君列传》，《史记》卷六十八，第 2230 页。

"告奸"是商鞅变法中推行的重要措施，在动荡大争之际，能够有效地整顿国家秩序，将百姓凝聚为一体。然而，"告奸"的种子也从此时在秦国的土壤中生根发芽，至秦一统天下时，已经蔚然成风。秦建帝祚之后，仍然奉法家为正统，告奸之俗遂百年不易，并有愈发见炽的趋势。

（一）法家坚持"趋利避害"的人性论

《商君书·算地》中言："民之性，饥而求食，劳而求佚，苦则索乐，辱则求荣，此民之情也。"[1] 商鞅认为，趋利是人之自然本性，在物质层面"饥而求食"，在精神层面则"辱则求荣"。而"避害"亦是人之本性，故而《商君书·错法》中言："好恶者，赏罚之本也。夫人情好爵禄而恶刑罚，人君设二者以御民之志，而立所欲焉。"[2] 正是因为人们具有趋利避害的本性，在人多物寡的情况下，为满足自己的需求而产生争斗。君主正是根据此种本性设置奖赏、刑罚来治理国家。故而商鞅在变法过程中，推出的"告奸者与斩敌首同赏，匿奸者与降敌同罚"之策，亦具备了合理性。

韩非继承并且发扬了这种观点，把人们"趋利避害"的本性概括为"自为心""计算之心"，人与人之间的关系是纯粹的利害关系，人们对于功过是非取舍的判断都取决于是否对自己有利。譬如《韩非子·六反》中言："父母之于子也，产男则相贺，产

---

1 〔战国〕商鞅撰，石磊译注：《商君书》，中华书局 2009 年版，第 67 页。
2 同上，第 95 页。

女则杀之。此俱出父母之怀祍，然男子受贺，女子杀之者，虑其后便、计之长利也。故父母之于子也，犹用计算之心以相待也，而况无父子之泽乎？"[1] 即说在最为亲近的家庭关系中，父母子女之间也充满了计算，生男则贺，生女则杀，正是父母为了自己长久的利益考虑，从长计议的结果。

连骨肉至亲之间都是此种利害算计，其他社会关系更是如此。《韩非子·难一》中亦言："臣尽死力以与君市，君垂爵禄以与臣市，君臣之际，非父子之亲也，计数之所出也。"[2] 即君主与臣下之间亦是一种计算关系，臣子尽力事君，君主则用爵禄进行交换，君臣之间的利害关系不言自明。并且韩非还认为君主正是利害关系的核心："人主者，利害之轺毂也，射者众，故人主共矣。"[3] 是言君主如同轺毂处于车轮的中心一样，处在利害关系的中心，所有的利害都掌握在君主手中，所以君主是群臣计算利害得失的首要因素，臣子侍奉君主是为有利可图，且畏惧君主的权势。故曰："人臣之情非必能爱其君，为重利之故也。"[4] "人臣之于其君，非有骨肉之亲也，缚于势而不得不事也。"[5] 所以韩非也认为将君主比作臣下与百姓的父母是十分荒谬的，"今学者之说人主也，皆去求利之心，出相爱之道，是求人主之过于父母之亲也，此不熟于

1　〔清〕王先慎集解，钟哲点校：《韩非子集解》，第 455 页。

2　同上，第 383 页。

3　同上，第 335 页。

4　同上，第 45 页。

5　同上，第 122 页。

论恩，诈而诬也，故明主不受也"。[1] 即言当今的学者游说君主时，都请求君主抛开求利之心，而从相爱的角度出发，爱护臣民如同父母爱护子女那般，这种说辞实际上是没有把握人间恩情的论调，不熟悉人与人之间关系的实质，既是奸诈也是欺骗。

在韩非看来，君臣关系不仅是算计关系，还是对立的关系。"君臣之利异，故人臣莫忠，故臣利立而主利灭。"[2] 君臣利害相异，君臣之交则必以"计算之心"相待。故而"故君臣异心，君以计畜臣，臣以计事君，君臣之交，计也。害身而利国，臣弗为也。害国而利臣，君不行也。臣之情，害身无利，君之情，害国无亲，君臣也者，以计合者也"[3]。如此可见，君臣之间的关系完全由利害计算所维系。除却君臣父子关系之外，韩非认为普通的社会关系也是通过利害计算凝结而成。《韩非子·备内》中言："王良爱马，越王勾践爱人，为战与驰。医善吮人之伤，含人之血，非骨肉之亲也，利所加也。故舆人成舆，则欲人之富贵，匠人成棺，则欲人之夭死也。非舆人仁而匠人贼也，人不贵则舆不售，人不死则棺不卖，情非憎人也，利在人之死也。"[4] 通过以上种种描述，韩非做出总结："好利恶害，夫人之所有也。"[5] "喜利畏罪，人莫不然。"[6]

1　〔清〕王先慎集解，钟哲点校：《韩非子集解》，第 455 页。
2　同上，第 259 页。
3　同上，第 137 页。
4　同上，第 123 页。
5　同上，第 402 页。
6　同上。

趋利避害之心成为人们社会交往的基础，从而形成种种利害关系。在此种基础上，欲要使国家富强实现大治，必然要使用刑赏之法驱动人，《韩非子·二柄》中言："明主之所导制其臣者，二柄而已矣。二柄者，刑、德也。杀戮之谓刑，庆赏之谓德。为人臣者畏诛罚而利庆赏，故人主自用其刑德，则群臣畏其威而归其利矣。"[1] 此之谓顺性而治。纵观法家推行的一系列政策，皆是围绕人性而设计的有效制度，让人们在国家的各项活动中都感到有利可图，譬如农人努力耕种以尽地力，士卒努力杀敌以求军功，皆是因性利导而成制的。

　　法家既坚持"趋利避害"的人性之说，对此加以利用，来实现国家的治理。将社会关系都归于利害来维系，那么亲情伦理在其学说中便显得淡薄。《汉书·艺文志》中言："法家者流，盖出于理官，信赏必罚，以辅礼制。《易》曰'先王以明罚饬法'，此其所长也。及刻者为之，则无教化，去仁爱，专任刑法而欲以致治，至于残害至亲，伤恩薄厚。"[2] 在这种情况下，建立于"亲亲"之道基础上的容隐观念便难以为国家容纳，春秋以来的"容隐"实践也就此中断。当然法家也并非一味地不讲亲情，譬如秦时有"公室告"与"非公室告"之分，其中"非公室告"便指子告父母、臣妾告主，国家不予受理，但其针对的仅仅是"子盗父母""主擅杀、刑、髡其子、臣妾"这些行为。故而，告奸在秦能蔚然成风，

1　〔清〕王先慎集解，钟哲点校：《韩非子集解》，第 42 页。
2　〔汉〕班固撰，〔唐〕颜师古注：《艺文志》，《汉书》卷三十，第 1736 页。

与法家所持"趋利避害"的人性之说有莫大关联。

（二）告奸及亲属连坐政策导致的亲情危机与社会动荡

秦推行强制告奸及亲属连坐之策，并且对告诉的主体未作过多限制，以致举国之内，父子、夫妇相告不止，由此引发了严重的亲情危机与社会动荡，自周以来推崇的"亲亲"之道被罔顾，容隐亦失去了其植根的土壤。

首先，父子之间的告诉。秦律中对父子之间的告诉作了双向规定。在睡虎地秦简中，便保留了许多父告子的案例。譬如《封诊式·告子》爰书云：

> 某里士伍甲告曰："甲亲子同里士五丙不孝，谒杀，敢告。"即令令史已往执。令史已爰书：与牢隶臣某执丙，得某室，丞某讯丙，辞曰："甲亲子，诚不孝甲所，毋（无）它坐罪。"[1]

大意是什伍甲状告居于同里的亲子丙不孝，请求官府将其处死，官府予以受理，并派遣令史去拘捕丙，令史与牢隶臣某在某室果然抓到了丙，经过丞的审讯，丙供称自己确系甲之亲子，确有不孝行为，但无其他犯罪。这个案子是比较有意思的，它首先反映出秦律之中确实允许父告其子，可见西周以来的"君臣父子无狱讼"传统已被打破，"亲亲"之道已被破坏，但本案中父告子的理由却是"不孝"，且父亲状告儿子不孝可以申请官府将儿

1　睡虎地秦墓竹简整理小组：《睡虎地秦墓竹简》，文物出版社1990年版，第156页。

子杀死，这又像是对"父"的维护，与前面所言似有矛盾之处。

究其原因，法家虽在亲情伦理观念上比较淡漠，但对于维护国家秩序方面却是强而有力的整肃，故而"亲亲"之道虽被破坏，父子关系亦可被描摹为利害关系，但整个国家却不可失序，这种"序"主要表现为下对上的绝对服从。法家更多强调的是单方面顺从与义务，譬如臣对君、子对父、妻对夫。如此一来，儿子不孝顺父亲，其实导致了父子关系的失序，必须受到严惩，而"亲亲"之道，早在允许父子相告之时便已被破坏殆尽了。

秦律中亦有子告父（母）的规定。譬如《法律问答》简第106 中记：

> "家人之论，父时家罪殹（也），父死而諭（甫）告之，勿听。"可（何）谓"家罪"？"家罪"者，父杀伤人及奴妾，父死而告之，勿治。[1]

即规定，父亲在世之时犯下杀伤家人及奴妾的"家罪"，父亲死后才举告，官府将不予受理。那么言外之意，若父亲未死，儿子去官府是予以受理的。

当然，这还涉及"公室告"与"非公室告"的问题。《法律问答》简第104—105 中记：

> "子告父母，臣妾告主，非公室告，勿听。"何谓"非公室告"？主擅杀、刑、髡其子、臣妾，是谓"非公室告"，勿听。

1　睡虎地秦墓竹简整理小组：《睡虎地秦墓竹简》，第 118 页。

而行告，告者罪。[1]

此条显然对于简第 106 中的子告父有所限制。但这亦可说明，除却父擅杀、刑、髡其子及臣妾的行为，其他如贼杀伤、盗他人等行为官府还是会受理。如此可见，秦律虽然对子告父做了一定限制，但是并没有完全禁止。

其次，夫妻之间的告诉。秦律之中，夫妻间的告诉主要包括连坐之告、收孥之告及夫妻间伤害之告。值得强调的是，夫妻之间的告诉并不在国家的"非公室告"限制之列，秦律对于夫妻之间的告诉行为并没有做出限制，故而可以划分为以下三个种类。

其一，连坐之告。商鞅变法过程中，实施强制告奸的政策，而且规定"告奸者与斩敌首同赏，匿奸者与降敌同罚。"所涉及的连坐包括什伍连坐、家人连坐、邻伍连坐。这些在秦律中皆有体现。《法律问答》简第 20 有：

> 律曰"与盗同法"，有（又）曰"与同罪"，此二物其同居、典、伍当坐之。云"与同罪"，云"反其罪"者，弗当坐。[2]

可见如律文之中有言"与盗同法""与同罪"的字样，那么犯罪之人的同居、里典、同伍之人都要被连坐，倘若律文中有"与同罪"，又有"反其罪"的，这些人则不被连坐。夫妻作为同居之人自然在连坐范围之内。商鞅设置连坐之法，目的在于加强百

1　睡虎地秦墓竹简整理小组：《睡虎地秦墓竹简》，第 118 页。

2　同上，第 98 页。

姓相互监督，以及促进百姓为不被连坐而及时告奸。《法律问答》中便有同伍之人为避免连坐而举告的情况。由此可知，夫妻之间同样存在此种为了避免连坐而向官府告发的情况，毕竟官府对此类告诉并无任何限制，甚至还会给予一定的奖赏。

其二，收孥之告。《法律问答》简第 170 有：

> 夫有罪，妻先告，不收。妻媵（滕）臣妾、衣器当收不当？不当收。[1]

即言丈夫有罪，妻子率先告发，其自身及媵、臣、妾、衣器都可以免于没收。《法律问答》简第 171 有：

> 妻有罪以收，妻媵（滕）臣妾、衣器当收，且畀夫？畀夫。[2]

即言倘若妻子犯罪，妻子的媵、臣、妾也可以不被没收，而是交给丈夫。可见，在此种告诉中，妻子为保护自身及财产安全，在发现丈夫犯罪后，可第一时间向官府告发，以免于被株连收孥。而妻子犯罪之后，罪行被发现或者被丈夫告发，丈夫都能得到妻子的财产。如此无论是妻子告发丈夫还是丈夫告发妻子，都能够为自身带来利益，而且国家鼓励这种告发，而所谓的夫妻之义便不被重视和提起了。

其三，夫妻间的伤害之告。《法律问答》简第 79 有：

1　睡虎地秦墓竹简整理小组：《睡虎地秦墓竹简》，第 133 页。
2　同上。

妻悍，夫殴治之，央（决）其耳，若折支（肢）指、胅䐁（体），问夫可（何）论？当耐。[1]

即言丈夫殴打惩治妻子，致使其耳朵撕裂、肢体折断等情况，是要被判处耐刑的，但前提是妻子或者他人要向官府告诉，故而此种情形亦可以看作是夫妻之告的一种。

综上可知，秦推行告奸之策，令家庭关系中最为核心的父子（母子）、夫妻之间皆要相互告发，这使得亲情伦理愈发淡漠，人人皆逐利避害，通过告发亲近之人而求自保，而先秦之时形成的"为亲者讳"即为亲人隐罪缓过的传统不复存在，从而引发十分严重的亲情危机。再加上，整个国家告奸已成风气，同伍相告，邻伍相告屡见不鲜，使得举国上下陷入人人自危的恐慌之中，从而导致社会动荡。

《汉书》记载，贾谊对秦连坐导致汉初民风不古十分惋惜，"其俗固非贵辞让也，所上者告讦也；固非贵礼义也，所上者刑罚也"[2]，便清晰地描述了秦人告奸之旧俗。另一部书《淮南子·泰族训》的记载也描述了当时情况。"使民居处相司，有罪相觉，于以举奸，非不掇也，然而伤和睦之心，而构仇雠之怨。"[3]即说百姓们相互告发，结仇伤睦，社会也会愈发动荡不安，这正是秦告奸之俗所带来的恶果。

---

1 睡虎地秦墓竹简整理小组：《睡虎地秦墓竹简》，第 112 页。

2 〔汉〕班固撰，〔唐〕颜师古注：《贾谊传》，《汉书》卷四十八，第 2251 页。

3 张双棣撰：《淮南子校释》，北京大学出版社 1997 年版，第 2163 页。

二、 汉代孝治对亲情伦理的重塑

"孝治"即以孝道作为治国之根本，在经历了薄亲情、重利益的秦代之后，新生的汉帝国统治者又将"孝"重新拉回人们的视野，将"孝治"作为国家治理方略，对亲情伦理进行了重塑。

汉高祖刘邦自庶民践祚成为天子之后，便将安民作为第一要务，其安民措施中有许多"尊贤""尊孝悌""重教化"的诏令，它们基本确定了汉代"以孝治国"的方向和策略。汉惠帝继续推行高祖重孝的成制，并首次以"孝悌力田"奖励农耕[1]，在其崩逝后，礼官按照他生前"内修亲亲、外尊宰相"的治国理念，劝天下以孝悌的施政追求，定谥为"孝"，以示天下谨守孝道[2]。至高后时期，更新设"孝悌力田"两千石官吏，教导天下之人，孝尊亲、重亲情，协力务农，而《张家山汉简》中亦有许多与"孝"和"不孝"相关的律令，譬如"子告父母，父告威翁，奴婢告主、主父母妻子勿听而告者弃市"[3]，"子牧（谋）杀父母，殴詈泰父母、父母（假）大母、主母、后母，及父母告子不孝，皆弃市"[4]，足见"孝道"颇为当时所重。至文景之世，"孝治"方略进一步明确，文

---

1 奖励农耕虽秦已有，然以孝悌教导、劝勉，奖励天下百姓孝顺父母，尊敬兄长，协力务农，实乃汉之新制。

2 《汉书·惠帝纪》颜师古注："孝子善述父之志，故汉家之谥，自惠帝已下皆称孝也。"参见〔汉〕班固撰，〔唐〕颜师古注：《惠帝纪》，《汉书》卷二，第86页。

3 张家山二四七号汉墓竹简整理小组：《张家山汉墓竹简〔二四七号墓〕：释文修订本》，文物出版社2006年版，第27页。

4 同上，第207页。

帝十二年（公元前 168 年）三月诏："孝悌，天下之大顺也。力田，为生之本也。三老，众民之师也。廉吏，民之表也。朕甚嘉此二三大夫之行。今万家之县，云无应令，岂实人情？是吏举贤之道未备也。其遣谒者劳赐三老、孝者帛人五匹，悌者，力田二匹，廉吏二百石以上率百石者三匹。及问民所不便安，而以户口率置三老孝悌力田常员，令各率其意以道民焉。"[1]也就是通过诏书把高后时期郡一级的三老、孝悌力田官制扩大到县。这样就贯通了原有的郡与基层孝悌力田官制，构成了郡、县、乡三级教化事农的完备官制。而文帝也获得了"专务以德化民，是以海内殷富，兴于礼义"[2]的美评。至武帝时，国家主流的治道思想发生了变化，即从清静无为的黄老思想转向以儒家思想为主体的正统思想，但这并未动摇汉立国以来的"孝治"国策。在国家内部，经由董仲舒改造后的儒家理论与孝治更加贴合，在国家治理中发挥出至关重要的作用。

（一）注重教化的"三纲五常"理论

　　董仲舒提出的"三纲五常"理论正是儒家伦理规范的具体表现。它们经由教化自上而下地推行，成为一国百姓的言行规范。对于刚刚经历了治道思想大转折的汉帝国来说，"三纲五常"是正统治道思想的核心部分，亦是举国上下最基本的道德标准，是

1　〔汉〕班固撰，〔唐〕颜师古注：《文帝纪》，《汉书》卷四，第124页。
2　同上，第135页。

维护国家秩序的重要支柱。其中，"三纲"的绝对化与神圣化，更是为大一统的君主专制制度提供了理论基础。《春秋繁露·基义》中言：

> 阴者，阳之合；妻者，夫之合；子者，父之合；臣者，君之合。物莫无合，而合各有阴阳。……君臣、父子、夫妇之义，皆取诸阴阳之道。君为阳，臣为阴；父为阳，子为阴；夫为阳，妻为阴。阴阳无所独行，其始也不得专起，其终也不得分功，有所兼之义。是故臣兼功于君，子兼功于父，妻兼功于父，阴兼功于阳，地兼功于天……是故仁义制度之数，尽取之天，天为君而覆露之，地为臣而持载之，阳为夫而生之，阴为妇而助之，春为父而生之，夏为子而养之，秋为死而棺之，冬为痛而丧之。王道之三纲，可求于天。[1]

可见，董仲舒将三纲的源头归于天，将三纲的关系附会于阴阳，开创性地赋予阴阳以尊卑含义。按照阳尊阴卑的理论，比附其上的三纲关系即君臣、父子、夫妇所具有的尊卑之序也就变得合理起来。

董仲舒还以"人副天数""天人合一"以及"五行"学说对"三纲"思想进行论证，使其开始作为一种"价值观念"存在。白虎观会议之后，又逐步在全国范围内推行，成为人人都必须遵守的道德规范。《白虎通义·三纲六纪》中明确指出三纲的内容："三纲者何谓也？谓君臣、父子、夫妇。""君为臣纲，父为子纲，

1　〔清〕苏舆撰，钟哲点校：《四时之副》，《春秋繁露义证》卷十四，第350—351页。

夫为妻纲。"并对"三纲"形成的原因做了说明，"君臣、父子、
夫妇，六人也，所以称'三纲'何？一阴一阳谓之道。阳得阴而成，
阴得阳而序，刚柔相配，故六人为三纲。三纲法天、地、人……
君臣法天，取象日月屈信归功天也。父子法地，取象五行转相
生也。夫妇法人，取象人合阴阳有施化端也"[1]。可见此时学者深
受董仲舒阴阳之说的影响，对三纲尊卑的解释如出一辙，之后，
"三纲"地位愈发稳固，经由国家主持推行天下，广泛地应用于
社会的各个领域。维护君臣、父子、夫妇关系成为一切社会伦常
的总纲存在，甚至赋予它们更多的行为规范。

　　第一，君为臣纲。"君为臣纲"主张君主在一国之中居于绝
对核心的位置，君主的职责便是统御臣民。一国之君等同于天，
具备极其尊贵的特质，而臣子等同于地，要对君主尽忠，"忠"
是君臣关系中强调的第一要义。在国家的政治活动中，臣子要听
从君主的命令，宣扬君主的德政，维护君主的名誉，一切皆要优
先为君主考虑，君主有过失时要恰当地劝谏，有好的建议和谋略
要及时地内报君王，有了功德亦要全部归于君主身上，而臣子则
要低调隐忍，不争光辉，亦不可有降低君主威严的行为。恰如《春
秋繁露·楚庄王》中言："人臣之行，贬主之位，乱国之臣，虽
不篡杀，其罪皆宜死。"[2]

　　第二，父为子纲。"父为子纲"是儒家伦理中孝道的具体体

1　〔清〕陈立撰，吴则虞点校：《白虎通疏证》，中华书局1994年版，第374—375页。
2　〔清〕苏舆撰，钟哲点校：《楚庄王》，《春秋繁露义证》卷一，第4页。

现。尽管后世已经摆脱了西周宗法社会家国一体的政治模式，但后世仍习惯于将家族拟制应用于政治之中，故而称君主为"君父"，称百姓为"子民"。故而尽管"三纲"之中，"君为臣纲"排在首位，但"父为子纲"实际上占据着同样重要的地位。臣对君尽忠，子对父尽孝，此前儒家已经打开了忠与孝的沟通之道，甚至生成了"移孝作忠"的理论。在董仲舒看来，父为阳，子为阴，父子关系中强调父尊子卑，父命子顺，父慈子孝，并且将孝也提升到很高的位置，《春秋繁露·五行对》中言：

> 《孝经》曰："夫孝，天之经，地之义。"何谓也？……是故父之所生，其子长之，父之所长，其子养之，父之所养，其子成之。诸父所为，其子皆奉承而续行之，不敢不致如父之意，尽为人之道也。故五行者，五行也，由此观之，父授之，子受之，乃天之道，故曰：夫孝者，天之经也。……忠臣之义，孝子之行，取之土，土者，五行最贵者也。其义不可以加矣。五声莫贵于宫，五味莫美于甘，五色莫贵盛于黄，此谓孝者，地之义也。[1]

此段中，将孝等同于五行之"土"，五声之"宫"，五味之"甘"，五色之"黄"，所处皆是最贵之位，"孝"受到重视的程度可见一斑，且将"忠臣之义"与"孝子之行"相提并论，足见忠与孝处在相同的地位。"君为臣纲"重忠，彰显的是王道，"父为子纲"重孝，彰显的是"人道"，"王道""人道"皆本源于天道，它们共成君臣父子之序，将"君权"与"父权"都推到至高之位，

1　〔清〕苏舆撰，钟哲点校：《五行对》，《春秋繁露义证》卷十，第315—317页。

又在国家之内进行家族拟制，君主为君父，臣民既要尽忠，又要尽孝，进一步将君主的权力推向绝对化。

第三，夫为妻纲。"夫为妻纲"同样是"三纲"的重要组成部分。夫妻关系处于家庭的核心地位。《周礼·地官·小司徒》中言："有夫有妇，然后为家。"[1] 夫妻关系的成立实为一个家庭的肇始，故而"夫为妻纲"作为调整夫妻关系的准则亦不容忽视。董仲舒同样认为夫妻之义也取法于"阴阳"，夫为阳，妻为阴，故夫尊而妻卑，甚至强调，"丈夫虽贱皆为阳，妇人虽贵皆为阴"[2]，由是要求妻子顺从、忠于丈夫，妻子在家庭之中处于辅助地位。《白虎通义·嫁娶》中言：

> 妻妾者，何谓？妻者，齐也，与夫齐体，自天子下至庶人其义一也……嫁娶者，何谓也？嫁者，家也，妇人外成，以出适人为家。娶者，取也。男女者，何谓也？男者，任也，任功业也。女者，如也，从如人也。在家从父母，既嫁从夫，夫殁从子也。《传》曰："妇人有三从之义"焉。夫妇者，何谓也？夫者，扶也，扶以人道者也。妇者，服也，服于家事，事人者也。[3]

可见在家庭之中，妻子处于顺从的位置。除此之外，还强调妻子对丈夫的从一而终，哪怕丈夫身有恶行，妻子也不能离开，改嫁他人，并言："夫有恶行，妻不得去者，地无去天之义也。

1　〔汉〕郑玄注，〔唐〕贾公彦疏，李学勤主编：《周礼注疏》，第277页。
2　〔清〕苏舆撰，钟哲点校：《阳尊阴卑》，《春秋繁露义证》卷十一，第325页。
3　〔清〕陈立撰，吴则虞点校：《嫁娶》，《白虎通疏证》卷十，第490—491页。

夫虽有恶，不得去也。"[1]

董仲舒在提出"三纲"的同时，也提出了"五常"理论。《汉书·董仲舒传》中记：

> 今汉继秦之后，如朽木、粪墙矣，虽欲善治之，亡可奈何。法出而奸生，令下而诈起，如以汤止沸，抱薪救火，愈甚亡益也。窃譬之琴瑟不调，甚者必解而更张之，乃可鼓也。……今临政而愿治七十岁矣，不如退而更化，更化则可善治，善治则灾害日去。福禄日来。《诗》云："宜民宜人，受禄于人。"为政而宜于民者，固当受禄于天。夫仁、谊、礼、知、信五常之道，王者所当修饬也，五者修饬，故受天之晁，而享鬼神之灵，德施于方外，延及群生也。[2]

此为董仲舒上汉武帝策论中所言，他认为秦崇法而治，然而法令繁多反而使得奸生诈起，犹如扬汤止沸，抱薪救火。汉立国祚七十年，虽欲求善治而未达，乃是因为没有更化改制。他建议汉武帝使用五常之道来教化百姓，如此方可德施于外，延及群生，最终达到善治目的。

所谓五常便是"仁""义""礼""智""信"。董仲舒在孟子"四端"的基础上加入"信"，使之成为"五常"，并从阴阳五行的角度对其进行了系统的论证。《春秋繁露·五行相生》中言：

> 天地之气，合而为一，分为阴阳，判为四时，列为五行。行者行也，其行不同，故谓之五行。五行者，五官也。比相生而间

1　〔清〕陈立撰，吴则虞点校：《嫁娶》，《白虎通疏证》卷十，第467页。
2　〔汉〕班固撰，〔唐〕颜师古注：《董仲舒传》，《汉书》卷五十六，第2504—2505页。

相胜也。故为治，逆之则乱，顺之则治。东方者木，农之本。司农尚仁，进经术之士，道之以帝王之路……南方者火也，本朝。司马尚智，进贤圣之士……中央者土，君官也。司营尚信，卑身贱体，夙兴夜寐……西方者金，大理司徒也。司徒尚义，臣死君而众人死父……北方者水，执法司寇也。司寇尚礼，君臣有位，长幼有序。[1]

在此把五常与天的五行关联起来，从天道之中找到"五常"所存之根本，五常之道即符合天之五行，其合理性及作为规范人们行为的道德正当性便不言自明了。

白虎观会议再次对五常的概念进行了解释。《白虎通义·性情》篇中说："仁者，不忍也，施生爱人也；义者，宜也，断决得中也；礼者，履也，履道成文也；智者，知也，独见前闻，不惑于事，见微知著也；信者，诚也，专一不移也。"[2]并对五常有了进一步的论证："故人生而应八卦之体，得五气以为常，仁、义、礼、智、信也。六情者，何谓也？喜、怒、哀、乐、爱、恶谓六情，所以扶成五性。性所以五，情所以六何？人本含六律五行气而生，故内有五藏六府，此情性之所由出入也。"[3]此处，将五常与人的"五性"联系在一起，并将其与人体的"五脏"对应，进一步证明了"五常"成为道德准则的合理性。经过白虎观会议之后，国家便将"三

1　〔清〕苏舆撰，钟哲点校：《五行相生》，《春秋繁露义证》卷十四，第362—365页。
2　〔清〕陈立撰，吴则虞点校：《性情》，《白虎通疏证》卷八，第382页。
3　同上，第382页。

纲五常"思想确立起来，经过统一的宣传与推行，最终对汉代社会起到了极大的规范教化功效，并对后世产生了深远的影响。

而董仲舒也肯定了在执政过程中纲常伦理的教化之功。譬如《春秋繁露·为人者天》中言：

> 　　传曰：政有三端：父子不亲，则致其爱慈；大臣不和，则敬顺其礼；百姓不安，则力其孝弟。孝弟者，所以安百姓也。力者，勉行之身以化之。天地之数，不能独以寒暑成岁，必有春夏秋冬。圣人之道，不能独以威势成政，必有教化。故曰：先之以博爱，教以仁也。难得者，君子不贵，教以义也。虽天子必有尊也，教以孝也，必有先也，教以弟也。此威势之不足独恃，而教化之功不大乎？[1]

便是说君主理应使用纲常所要求的仁义、孝悌、忠顺来教化臣民，更进一步指出教化的重要性，如同上天有春夏秋冬，君主亦不能单靠威势来统御百姓，亦不可缺乏教化，且教化的功能极大，不可忽视。又言："传曰：天生之，地载之，圣人教之。君者，民之心也，民者，君之体也。心之所好，体必安之，君之所好，民必从之。故君民者，贵孝弟而好礼义，重仁廉而轻财利。躬亲职此于上，则万民听生善于下矣。故曰：先王见教之可以化民也。此之谓也。"[2] 此段便肯定了君主教化应使用的内容即"孝弟""礼义""仁廉"等恰为"三纲五常"所要求的道德准则。

1　〔清〕苏舆撰，钟哲点校：《为人者天》，《春秋繁露义证》卷十二，第319—320页。
2　同上，第320页。

综上可见，经历了汉初七十年的探索，最终董仲舒所提出的"三纲五常"理论再次将为秦所薄的亲情伦理拉入百姓的视野，经由国家统一推行和教化，使得百姓接受此种理论，并将其视为至高的行为准则与道德规范。这亦为中国重新走上儒家所设计的治道之路打开了局面，而容隐思想在此种氛围之下得到复苏与生长。

（二）对政治权力进行限制的"天人感应"理论

"天人感应"理论是董仲舒"天道观"的重要组成部分，带有明显的神权色彩。其中的"天"具有多重属性，既指自然之天，又指有意识之人格神。

他将"天"描绘为"群物之祖"，是人的"曾祖父"，世间万物的生长、运行与衰败，都是天的设计与安排，甚至包括人间秩序和君主权力的获得。《汉书·董仲舒传》中言："臣闻天之所大奉使之王者，必有非人力所能致而自至者，此受命之符也。"[1]即认为君主之所以能够统御万方是受了上天的指命，而并非通过征战和权谋等人力就能取得的，又举例说："《书》曰'白鱼入于王舟，有火复于王屋，流为乌'，此盖受命之符也。"[2]董仲舒将君主推向极其神圣的位置，是唯一的"天命之人"，因"古之造文者，三画而连其中，谓之王。三画者，天、地与人也，而连

1　〔汉〕班固撰，〔唐〕颜师古注：《董仲舒传》，《汉书》卷五十六，第2500页。
2　同上。

其中者，通其道也，取天地与人之中以为贯，而参通之，非王者孰能当是？"[1]

正是因为君主的权力来源于上天，在统治天下实施政令之时，必然要效法天道、天时。"是故王者唯天之施，施其时而成之，法其命而循之诸人，法其数而以起事，治其道而以出法，治其志而归之于人。"[2]他还举了一些具体的做法，譬如《春秋繁露·四时之副》中言："圣人副天之所行以为政……天有四时，王有四政，四政若四时，通类也，天人所同有也。庆为春，赏为夏，罚为秋，刑为冬。庆赏罚刑之不可不具也，如春夏秋冬不可不备也。"[3]即天有四时的变幻，君主也应当施用"四政"以对应四时，从而在不同的时节实施仁德与刑罚，以呼应自然之气，如此才能实现天人合一的至高境界。

倘若君主明谨修身，顺天应时，那么上天就会降下祥瑞；倘若君主悖逆天道，上天便会降下灾异。君主得到警示就应该及时调整政令，这便是"天人感应"的表现。恰如《春秋繁露·五行变救》中言：

> 五行变至，当救之以德，施之天下，则咎除。不救以德，不出三年，天当雨石。木有变，春凋秋荣，秋木冰，春多雨。此繇役众，赋敛重，百姓贫穷叛去，道多饥人。救之者，省繇役，薄

---

1 〔清〕苏舆撰，钟哲点校：《王道通三》，《春秋繁露义证》卷十二，第328—329页。

2 同上，第329页。

3 〔清〕苏舆撰，钟哲点校：《四时之副》，《春秋繁露义证》卷十四，第353页。

赋敛，出仓谷，振困穷矣。火有变，冬温夏寒。此王者不明，善者不赏，恶者不绌，不肖在位，贤者伏匿，则寒暑失序，而民疾疫。救之者，举贤良，赏有功，封有德。土有变，大风至，五谷伤。此不信仁贤，不敬父兄，淫泆无度，宫室荣。救之者，省宫室，去雕文，举孝悌，恤黎元。金有变，毕、昴为回三覆，有武，多兵，多盗寇。此弃义贪财，轻民命，重货赂，百姓趣利，多奸轨。救之者，举廉洁，立正直，隐武行文，束甲械。水有变，冬湿多雾，春夏雨雹。此法令缓，刑罚不行。救之者，忧囹圄，案奸宄，诛有罪，葸五日。[1]

可见，董仲舒仍将天定义为有仁慈之心、好生之德的神明，君主德政不修时，仅仅对其进行警示，给予改过的方式，并不会立刻收回天命，而是采取循序渐进的方式。恰如《汉书·董仲舒传》中言："国家将有失道之败，而天乃先出灾害以遣告之，不知自省，又出怪异以警惧之，尚不知变，而伤败乃至。以此见天心之仁爱人君而欲止其乱也。"[2]

由此可见，在"天人感应"理论中，天对于君主有绝对的威慑力，君主的权力是由天授予，也可以由天收回，如此君主在治理国家施行政令之时便不可再恣意妄为，而是需小心翼翼地遵循天道。这一方面加强了君主统治的权威，即他的权力为上天赐予，其统御天下的正当性与合法性会进一步增强。而另一方面，也对

1　〔清〕苏舆撰，钟哲点校：《五行变救》，《春秋繁露义证》卷十五，第385—386页。
2　〔汉〕班固撰，〔唐〕颜师古注：《董仲舒传》，《汉书》卷五十六，第2498页。

大一统君主专制制度下，借由三纲五常理论而日渐扩张的"君权"形成一定的遏制。

鉴于汉代本身亦是一个灾异频发的朝代，汉代的统治者对于上天存在真实的畏惧心理。譬如《史记·吕太后本纪》中记："己丑，日食，昼晦，太后恶之，心不乐，乃谓左右曰：'此为我也。'"[1]又如《史记·孝文本纪》中记：

> 十一月晦，日有食之。十二月望，日又食。上曰："朕闻之，天生蒸民，为之置君以养治之。人主不德，布政不均，则天示之以菑，以诫不治。乃十一月晦，日有食之，适见于天，菑孰大焉！朕获保宗庙，以微眇之身托于兆民君王之上，天下治乱，在朕一人，唯二三执政犹吾股肱也。朕下不能理育群生，上以累三光之明，其不德大矣。令至，其悉思朕之过失，及知见思之所不及，匄以告朕。"[2]

这两件事情虽然发生时间较早，但由此可以看出统治者对于天象有异的反感与心理压力，故而董仲舒在"天人感应"理论中设计的"灾异谴告"说对于君主能够产生一定的震慑效果，从而实现对"君权"的制约。

这种理论在此后确实也发挥了实际的作用，譬如《汉书·宣

1　〔汉〕司马迁撰，〔南朝宋〕裴骃集解，〔唐〕司马贞索引，〔唐〕张守节正义：《吕太后本纪》，《史记》卷九，第404页。

2　〔汉〕司马迁撰，〔南朝宋〕裴骃集解，〔唐〕司马贞索引，〔唐〕张守节正义：《孝文本纪》，《史记》卷十，第422页。

帝纪》中言："夏四月庚午，地震。诏内郡国举文学高第各一人。"[1]
宣帝此举明显是按照《春秋繁露·五行变救》中所言，进行了积
极的应对。又如《汉书·元帝纪》中言："三月壬戌朔，日有蚀之。
诏曰：'朕战战栗栗，夙夜思过失，不敢荒宁。惟阴阳不调，未
烛其咎，娄敕公卿，日望有效。至今有司执政，未得其中，施与
禁切，未合民心，暴猛之俗弥长，和睦之道日衰，百姓愁苦，靡
所错躬。是以氛邪岁增，侵犯太阳，正气湛掩，日久夺光。乃壬戌，
日有蚀之，天见大异，以戒朕躬，朕甚悼焉。其令内郡国举茂材异等、
贤良、直言之士各一人。'"[2]这些未尝不是"天人感应"理论对
君权实现制约的一种佐证。

三、 汉代孝治中对亲属容隐的制度化亟需

汉代既定孝治为基本国策，重新推崇"亲亲"之道，那么秦
代以来盛行的亲属连坐、告奸之制必然需要革弃，在亲情伦理的
基础上，构建新的处理家族亲属关系的制度，如此容隐观念的制
度化迫在眉睫。

（一）汉初为缓和社会矛盾对亲属连坐的限制

汉代立国之初，承袭秦制，虽然此前汉高祖刘邦有三章之法，

1　〔汉〕班固撰，〔唐〕颜师古注：《宣帝纪》，《汉书》卷八，第241页。
2　〔汉〕班固撰，〔唐〕颜师古注：《元帝纪》，《汉书》卷九，第289页。

大慰民心，然其后制定律令，仍然保留了夷三族之制。

> 令曰："当三族者，皆先黥、劓，斩左右止（趾），笞杀之，枭其首，菹其骨肉于市。其诽谤詈诅者，又先断舌。"故谓之具五刑。彭越、韩信之属皆受此诛。至高后元年，乃除三族罪、袄言令。[1]

在高祖惠帝之际，似夷三族这样的亲属连坐制度一直存在。虽然高后元年（公元前 187 年）太后下令废除了三族之罪，但在稍后的时间里，社会治理中仍能见到族诛的影子。至汉文帝二年（公元前 178 年），皇帝召集三公，仍在讨论废除族诛连坐的问题，汉文帝言："法者，治之正，所以禁暴而卫善人也。今犯法者已论，而使无罪之父、母、妻、子、同产坐之及收，朕甚弗取。其议。"[2] 刚开始陈平、周勃等大臣并不认同皇帝的观点，认为父母妻子同产的连坐收孥之刑由来已久，是为了警示那些犯法的人，使他们知道犯罪的严肃性。文帝仁慈，仍然不愿放弃，又言："朕闻之，法正则民悫，罪当则民从。且夫牧民而道之以善者，吏也；既不能道，又以不正之法罪之，是法反害于民，为暴者也。朕未见其便，宜孰计之。"[3] 即皇帝认为，须以善法治理百姓，百姓才能服从，使用族诛连坐之法并不能导民向善，反而是害民，所以这个问题必须解决。大臣们最终听从了皇帝的建议，对言："陛下幸加大惠于天下，使有罪不收，无罪不相坐，甚盛德，臣等所不及也。

1　〔汉〕班固撰，〔唐〕颜师古注：《刑法志》，《汉书》卷二十三，第 1104 页。
2　同上。
3　同上，第 1105 页。

臣等谨奉诏，尽除收律、相坐法。"[1]

在此之后，族诛之法仍然时有复苏之象。譬如《史记·张释之传》中记："其后有人盗高庙坐前玉环，捕得，文帝怒，下廷尉治。释之案律盗宗庙服御物者为奏，奏当弃市。上大怒曰：'人之无道，乃盗先帝庙器，吾属廷尉者，欲致之族，而君以法奏之，非吾所以共承宗庙意也。'"[2]即有人盗窃了高帝庙内神座前的玉环，文帝下令廷尉治罪，廷尉张释之认为此人按照律法当判处弃市之刑，可文帝盛怒，认为此人罪大恶极，当处族刑。可见此时族诛之刑尚存，又如《史记·孝文本纪》中记："十七年，得玉杯，刻曰'人主延寿'。于是天子始更为元年，令天下大酺，其岁新垣平事觉，夷三族。"[3]即新垣平命人制作玉杯，假称祥瑞之事发，被判处了夷三族之刑，而此时距离文帝废除连坐之法才过去十五年。

综上可见，汉初统治者已然明白诛族连坐存在的问题，并且

<hr>

1　《史记·孝文本纪》中亦记载了此事："十二月，上曰：'法者，治之正也，所以禁暴而率善人也。今犯法已论，而使毋罪之父母妻子同产坐之，及为收帑，朕甚不取。其议之。'有司皆曰：'民不能自治，故为法以禁之。相坐坐收，所以累其心，使重犯法，所从来远矣。如故便。'上曰：'朕闻法正则民悫，罪当则民从。且夫牧民而导之善者，吏也。其既不能导，又以不正之法罪之，是反害于民为暴者也。何以禁之？朕未见其便，其孰计之。'有司皆曰：'陛下加大惠，德甚盛，非臣等所及也。请奉诏书，除收帑诸相坐律令。'参见〔汉〕司马迁撰，〔南朝宋〕裴骃集解，〔唐〕司马贞索引，〔唐〕张守节正义：《史记》卷十《孝文本纪》，第418—419页。
2　〔汉〕司马迁撰，〔南朝宋〕裴骃集解，〔唐〕司马贞索引，〔唐〕张守节正义：《张释之冯唐列传》，《史记》卷一百二，第2755页。
3　〔汉〕司马迁撰，〔南朝宋〕裴骃集解，〔唐〕司马贞索引，〔唐〕张守节正义：《孝文本纪》，《史记》卷十，第430页。

开始努力对其进行废除，以缓和社会矛盾。但是废除这种根深蒂固的制度绝非易事，故而即便汉代统治者下达诏令废除之后，该制度仍会有复苏迹象。但废除或限制这种残酷的刑罚无疑是顺应了历史潮流，当时以黄老思想治理天下，百姓亟待休养生息，恢复经济，发展农桑，增加人口，当此之际，废除族诛连坐，有利于一改秦以来的用刑严苛之风气，安抚民心，移风易俗，使得亲属之间不再因为惧怕连坐之事而互相告发，从而促进亲族和睦。汉代法制多承于秦，严苛僵化的法律制度与充满人性温柔光辉的治理理念发生了冲突与不协调，于是武帝更化之后，更加看重强调家族伦理的儒家思想，通过"《春秋》决狱""儒生注律"等途径开启了历时七百多年的法律儒家化进程。在这个进程中，容隐观念在丰厚的土壤中破土而出，终于从观念走向具体原则。

（二）汉代容隐司法原则的提出

在禁止亲情连坐背景下，汉代通过司法案例解释冰冷的秦律令，尽量避免连坐酷刑，其中逐步涉及亲情容隐问题。据《后汉书》记载："故胶西相董仲舒老病致仕，朝廷每有政议，数遣廷尉张汤亲至陋巷，问其得失。于是作《春秋决狱》二百三十二事，动以经对，言之详矣。"[1] 即言汉武帝时期，董仲舒虽已致仕，然朝廷遇见疑难案件，仍然派遣张汤亲至陋巷去询问应对之策，故而

1　〔南朝宋〕范晔撰，〔唐〕李贤等注：《应劭传》，《后汉书》卷四十八，中华书局 1965 年版，第 1612 页。

董仲舒便作《春秋决狱》共232个案件，实为汉代引经折狱的肇始。可惜的是，这些案件至今俱已散失，唯有6个借由后世文献记录得以保存。

而在《通典·礼典·嘉礼》中便记载了汉代一个与容隐相关的案例：

> （汉）时有疑狱曰："甲无子，拾道旁弃儿乙养之，以为子。及乙长，有罪杀人，以状语甲，甲藏匿乙。甲当何论？"仲舒断曰："甲无子，振活养乙，虽非所生，谁与易之。《诗》云：'螟蛉有子，蜾蠃负之。'《春秋》之义，父为子隐。甲宜匿乙。"诏不当坐。[1]

可见，经由董仲舒引《春秋》之义决断，为皇帝采纳，容隐已经具有极高的效力。此案明确提到："甲藏匿乙。甲当何论？"这明显属于容隐范畴，而不属于后世的"干名犯义"范畴[2]。这证明容隐的观念在司法实践中已经开始贯彻。

学界一般认为容隐观念制度化基本在西汉宣帝时期确立，尤其是宣帝地节四年（公元前66年）诏是该观念制度化原则化的表征。

> 夏五月，诏曰："父子之亲，夫妇之道，天性也。虽有患祸，

1　〔唐〕杜佑撰，王文锦点校：《通典》，中华书局1988年版，第1911页。

2　"干名犯义"是指，除了反叛、谋逆、故意杀人以外，儿子不许作证父亲所犯的罪行，奴隶不许告发自己的主人，妻妾、弟弟、侄子不许告发自己的丈夫、哥哥、叔叔伯伯，如果违背法令，出现告发行为，将受到严厉惩罚。该罪虽然设立于元代，但在先秦时就已有这种观念。

犹蒙死而存之。诚爱结于心，仁厚之至也，岂能违之哉！自今子首匿父母，妻匿夫，孙匿大父母，皆勿坐。其父母匿子，夫匿妻，大父母匿孙，罪殊死，皆上请廷尉以闻。"[1]

据此规定，子首匿父母，妻匿夫，孙匿祖父母皆免罪，不受惩罚。而"父母匿子，夫匿妻，大父母匿孙，罪殊死，皆上请廷尉"情况则有两种理解：一是父母匿子，夫匿妻，祖父母匿孙，若是谋反、谋大逆、谋叛等死罪，皆要上报廷尉裁决，其他殊死之外的罪不需要上报廷尉，可以不追究责任。二是父母匿子，夫匿妻，祖父母匿孙，包括谋反、谋大逆、谋叛等死罪在内的所有犯罪都要上报廷尉。如果是第一种情形，毫无疑问这道诏书就是容隐制度的明确确立。如果是第二种情况，就难以确定这就是容隐制度确立的诏书，因为该诏前半部分可以理解为禁止"干名犯义"，后半部分并未明确可以隐匿。但是，如果只考虑基于"干名犯义"而禁止亲属连坐，其实在战国时期秦国推行亲属连坐期间，也是不允许卑幼告发尊长的。整体而言，该诏虽不能绝对说明就是容隐制度的基本确立，但从对诏书的解读及诏书自身包含的亲属隐匿思想看，应该属于容隐为主要内容的禁止连坐诏书。该诏书内容的产生实际上是多种社会因素共同作用的结果。

首先，当时律令对首匿进行重惩。首匿即"为谋首而藏匿罪人"，武帝时定"首匿之科"，当时有许多相关案例。譬如《汉书·高惠高后文功臣表》中记："（临汝侯灌贤）元朔五年，坐子伤人首匿，

1　〔汉〕班固撰，〔唐〕颜师古注：《宣帝纪》，《汉书》卷八，第251页。

免。"[1] 即临汝侯灌贤在元朔五年（公元前124年）因首匿其子伤人，而被免除爵位。又如《汉书·衡山王刘赐列传》中记载："元狩元年冬，有司求捕与淮南王谋反者，得陈喜于孝家。吏劾孝首匿喜。"[2] 即元狩元年（公元前122年），朝廷追捕淮南王谋反的余党陈喜，后来在衡山王太子刘孝的家中捕获他，于是官员便弹劾刘孝犯了首匿之罪。在当时，首匿被视为重罪，最高甚至可以被处以死刑。《汉书·王子侯表》中记："修故侯福……元康元年，坐首匿群盗弃市。"[3] 由于对首匿罪的处置颇为酷重，招致诸多非议。在昭帝时的盐铁会议上，首匿就遭到了强烈的批判，而容隐则得到了重视和强调。在《盐铁论·周秦》中言："自首匿相坐之法立，骨肉之恩废，而刑罪多矣。父母之于子，虽有罪犹匿之，其不欲服罪尔。闻子为父隐，父为子隐，未闻父子之相坐也。"[4] 足见在儒家为正统治道思想的时代，其所主张的"亲亲相隐"的思想已经深入人心。而《汉书·萧望之传》中记："于是天子复下其议两府，丞相、御史以难问张敞，敞曰：'少府左冯翊所言，常人之所守耳……首匿、见知纵、所不当得为之属，议者或颇言其法可蠲除。'"[5] 此事发生在宣帝神爵元年（公元前61年），可见首匿之法已经严重不为时人所接纳。所以，地节四年（公元前66年）宣帝下达在近亲之

1　〔汉〕班固撰，〔唐〕颜师古注：《高惠高后文功臣表》，《汉书》卷十六，第549页。
2　〔汉〕班固撰，〔唐〕颜师古注：《衡山王列传》，《汉书》卷四十四，第2156页。
3　〔汉〕班固撰，〔唐〕颜师古注：《王子侯表》，《汉书》卷十五，第488页。
4　王利器校注：《盐铁论校注》，中华书局2017年版，第543页。
5　〔汉〕班固撰，〔唐〕颜师古注：《萧望之传》，《汉书》卷七十八，第3277页。

间限制适用"首匿之科"诏令，子孙与父母、祖父母，夫与妻之间被允许进行容隐，可见当时天下为"首匿之科"所苦久矣。

其次，儒学地位逐渐巩固。自武帝至宣帝，以儒家思想为主体的正统治道思想地位逐渐巩固，鼓励亲属相告不然就实施亲属连坐的规定明显与推崇家族伦理的儒家主张背道而驰，孝悌之义在汉立国祚以来历代统治者推行"孝治"国策的影响下也已深入人心，告奸风俗也逐渐移除。此种社会情境之下，允许近亲之间相互容隐是水到渠成之事。

再次，皇帝个人因素影响。宣帝身世坎坷，虽贵为天子，却长于民间。《汉书·宣帝纪》中记："孝宣皇帝，武帝曾孙，戾太子孙也。太子纳史良娣，生史皇孙。皇孙纳王夫人，生宣帝，号曰皇曾孙。生数月，遭巫蛊事，太子、良娣、皇孙、王夫人皆遇害。"[1]宣帝的祖父母即卫太子、史良娣以及他的父母即史皇孙、王夫人都在巫蛊之祸中惨遭杀害。宣帝此时出生不久还在襁褓之中，也被送入郡邸狱。后元二年（公元前87年），武帝生病，有术士言长安狱中有天子气，于是"上遣使者分条中都官狱系者，轻、重皆杀之"[2]。当使者来到郡邸狱时，廷尉监丙吉坚持关闭狱门，使者无法进入，宣帝的性命才得以保全。后来皇帝大赦天下，丙吉便将宣帝送到他的祖母史良娣家中。再后来汉武帝下诏将宣帝接回掖庭养视，宣帝才书籍宗正。

---

1 〔汉〕班固撰，〔唐〕颜师古注：《宣帝纪》，《汉书》卷八，第235页。
2 同上，第236页。

时掖庭令张贺尝事戾太子，思顾旧恩，哀曾孙，奉养甚谨，以私钱供给教书。既壮，为取暴室啬夫许广汉女。曾孙因依倚广汉兄弟及祖母家史氏。受《诗》于东海澓中翁，高材好学，然亦喜游侠，斗鸡走马，具知闾里奸邪，吏治得失。数上下诸陵，周遍三辅，常困于莲勺卤中。尤乐杜、鄠之间，率常在下杜。时会朝请，舍长安尚冠里，身足下有毛，卧居数有光耀。每买饼，所从买家辄大雠，亦以是自怪。[1]

宣帝从小在民间生活，身处庶民之中，熟悉民间风情，又得诗书教化，知晓朝廷政令的弊端。是以首匿之科之严苛，宣帝必然心知肚明。再加上其在幼年时期失去至亲之人，践祚御极之后便更感亲情珍贵，从他寻找妻子许平君，展现"故剑情深"便可知道，故而能在恰当的时期推出准许近亲之间允许容隐的诏令。

然而，尽管这道诏令使得容隐从观念走向制度，但是这项制度在之后的很长一段时间内实践案例不多，似乎推行不力。而从能够搜集到的较为明显的案例来看，也未必如此。宣帝五凤三年（公元前55年）陆元侯延寿"坐知女妹夫亡，命笞二百，首匿罪，免"[2]一案。此案隐含着依服叙等级确定首匿是否有罪。汉代出嫁女与其父母和同胞兄弟的服叙等级分别被降杀为"齐衰"和"大功"，而服叙亲等降杀后，夫与其妻父母只有"缌麻"亲等，与其妻兄弟可能就不具有服制亲等了。《仪礼·丧礼》未将妻之兄

1　〔汉〕班固撰，〔唐〕颜师古注：《宣帝纪》，《汉书》卷八，第236—237页。

2　〔汉〕班固撰，〔唐〕颜师古注：《王子侯表》，《汉书》卷十五，第474页。

弟纳入夫之服制圈，历代丧服图中，夫与妻之兄弟也被明确为无服制。如此，侯延寿隐匿妹夫这个与自己没有服制亲等的人，自然是不被允许的，这个行为的结果是他被免职。又据西晋常璩记载，西汉哀平之时，成都民间先贤李弘子李赞被辱而杀人，太守以"贤者子必不杀人"为由，将李赞释放。李弘得知此事，遣子逃亡，太守因之怒斥李弘。李弘则认为自己的行为符合孔子所说的父子相隐之道，案件最终按照宣帝"亲亲得相首匿"诏，李赞被辱杀人乃非殊死罪，其父弘可隐匿，但需上请。而太守"执而放之"表明无证据或未受理，就无需上请，故太守理屈。杨雄称李弘言行皆正，并尊其为先师[1]。可见，当时"亲亲得相首匿"原则在民间已经广泛推行。

当然，"亲亲得相首匿"诏推行过程中也不是一帆风顺的。《汉书·元帝纪》中记："夏四月，有星孛于参……省刑罚七十余事。除光禄大夫以下至郎中保父母同产之令。令从官给事宫司马中者，得为大父母、父母、兄弟通籍。"[2]可见在元帝初元五年（公元前44年）才废除相保令，"相保"亦是"一人有过，皆当坐之。"证明在此前，父子兄弟之间仍然存在连坐之制，既然需要连坐，自然也有无权相隐现象。《汉书·王子侯表》中记："成陵侯德……坐弟与后母乱、共杀兄，德知不举，不道。"[3]在此案中，刘德因

1　〔晋〕常璩撰，刘琳注：《蜀郡士女》，《华阳国志》卷十，巴蜀书社1984年版，第703页。

2　〔汉〕班固撰，〔唐〕颜师古注：《元帝纪》，《汉书》卷九，第285—286页。

3　〔汉〕班固撰，〔唐〕颜师古注：《王子侯表》，《汉书》卷十五，第495页。

为没有举告弟弟与后母的罪行而被判处不道罪，下狱致死。此事发生在成帝鸿嘉三年（公元前 18 年），可见，此时刘德对后母的罪行并无容隐的权利。当然，也有可能属于特殊的犯罪无法容隐，诸如谋反、谋大逆之类，不道也是其中的一种。

东汉时期，容隐制度实践的踪迹较为清晰。譬如《后汉书·李膺传》中记："张让弟朔为野王令，贪残无道，至乃杀孕妇，闻膺厉威严，惧罪逃还京师，因匿兄让第舍，藏于合柱中。膺知其状，率将吏卒破柱取朔，付洛阳狱。受辞毕，即杀之。让诉冤于帝。""帝谓让曰：'此汝弟之罪，司隶何愆？'乃遣出之。"[1] 在此案中，张朔犯罪藏于其兄张让家中，李膺得知此事，便率人将张朔捕获投入洛阳狱中，审理完毕就杀掉了他。但值得注意的是，张让此时并未因为藏匿其弟受到牵连，反而还有机会向皇帝诉冤，大抵当时律法允许亲属间容隐，并且规定的容隐范围已经扩大到兄弟之间了。

同时，还有事例显示，当时的容隐不仅仅是当代人理解的"拒证权"或"亲情权"问题，它展现出亲属积极配合处理案件、稳定社会的一面。《后汉书·吴祐传》中记："啬夫孙性私赋民钱，市衣以进其父，父得而怒曰：'有君如是，何忍欺之！'促归伏罪。性渐惧，诣阁持衣自首，（吴）祐屏左右问其故，性具谈父言。祐曰：'掾以亲故，受污秽之名，所谓"观过斯知人矣"。'使归谢其父，

---

1 〔南朝宋〕范晔撰，〔唐〕李贤等注：《李膺传》，《后汉书》卷六十七，第 2194 页。

还以衣遗之。"[1] 此案讲的是一个叫孙性的啬夫搜刮民钱，其父认为丢脸而劝其自首。官府对孙性免于处罚，并令"归谢其父"。

另据《后汉书·钟离意传》中亦记："（钟离意）后除瑕丘令。吏有檀建者，盗窃县内，意屏人问状，建叩头服罪，不忍加刑。遣令长休。建父闻之，为建设酒，谓曰：'吾闻无道之君以刃残人，有道之君以义行诛。子罪，命也。'遂令建进药而死。"[2] 该案讲的是县吏檀建盗窃，县令钟离意不忍加刑，令其回家思过。结果檀建父亲认为这是"义诛"，遂令儿子檀建服毒而死。由此看来亲亲相隐蕴含着更高的道德教化目的。总之，汉代容隐原则的确立只是一个初步的探索，在经历了魏晋南北朝及至隋唐的不断发展，容隐制度最终才达至较为完善的状态。

1　〔南朝宋〕范晔撰，〔唐〕李贤等注：《吴佑传》，《后汉书》卷六十四，第2101页。

2　〔南朝宋〕范晔撰，〔唐〕李贤等注：《钟离意传》，《后汉书》卷四十一，第1407页。

第三章

礼法治理背景下唐代容隐原则的法制化

　　两汉之后，礼法持续融合。魏晋南北朝时期，礼与法不仅在国家法制层面持续深度互融，还伴随着礼仪教化的深入出现了家礼和家法，使得礼法具有了新的内涵。亲亲相隐在生活中依然存在。一直到唐王朝建立，继续坚持"礼本法用"的基本治策，制律定典，莫不一准乎礼。自汉以来崇儒而治的传统得到了良好的延续。在这种背景下，作为儒家经典主张的容隐制度亦被沿用，列于法典之中，并且得到了进一步的完善。

一、　唐代容隐法制化考察

　　虽然魏晋南北朝时期战乱频仍，但礼法持续融合，容隐制度得以存在和发展。南朝刘宋孝武帝时，南郡王刘义宣谋反兵败身亡。后有人告发申坦为其同谋，时任山阳郡太守的申令孙作为申坦的儿子便投案请罪。当时廷尉蔡兴宗认为，如果申坦过去为主谋并且现在还在世的话，经过多次赦免，也应得到宽大处理了。作为血缘亲情的儿子申令孙，理相为隐。"况人亡事远，追相诬讦，断以礼律，义不合关。"[1] 随着政治制度的完备，经济的高度发展，正统法律思想在唐代日趋成熟，礼、法结合基本定局，封建正统法律思想通过贞观修律及永徽作疏而法典化，确立起稳固的主导

---

[1]　〔唐〕李延寿：《蔡兴宗传》，《南史》卷二十九，中华书局 1975 年版，第 766 页。

地位。自汉室尊儒以来，经魏晋南北朝及隋的辗转发展，法律儒家化在唐代终于完成。《唐律疏议》的出现标志着"一准乎礼""礼法合一"的时代到来，故而它被视作我国古代最杰出的立法成果之一。在《唐律疏议》中，许多极具儒家特色的法律制度得以进一步发展，容隐制度正在其列。

（一）唐代容隐制度的立法述略

唐代容隐制度的相关立法见于《唐律疏议》的《名例》《贼盗》《斗讼》《捕亡》《断狱》各篇，有些是条文明确规定，有些是律疏根据条文应有之意解释而出，但在司法实践中具有同等法律效力。

第一，在《唐律疏议·名例》有"同居相为隐"的规定。律文记载："诸同居，若大功以上亲及外祖父母、外孙，若孙之妇、夫之兄弟及兄弟妻，有罪相为隐；部曲、奴婢为主隐，皆勿论，即漏露其事及擿语消息，亦不坐。其小功以下相隐，减凡人三等；若犯谋叛以上者，不用此律。"[1]此条实为唐代容隐制度的基本原则。

从容隐的主体看，该规定中能够相隐的主体较于往代有所扩大。凡同居大功以上亲及外祖父母、外孙、孙之妇、夫之兄弟及兄弟妻，皆在容隐范围之列。同居者，即指同财共居之人，无论是否同籍，有无服制关系，皆可相互隐罪[2]。其中，大功以上亲，

1　〔唐〕长孙无忌撰，岳纯之点校：《唐律疏议》，上海古籍出版社第 2013 年版，第 104—105 页。

2　疏议中解释道："同居，谓同财共居，不限籍之同异，虽无服者并是。"

由于亲缘关系较近，自可为相互隐罪的主体。至于外祖父母、外孙、孙之妇等人，按服制并不在大功以上，然服虽轻，论情重，故而在法条中额外单独提及。至于部曲、奴婢，仅可被允许单向为主人容隐罪行。在唐代，部曲、奴婢对主人存在人身依附关系，他们与主人的关系通常被视为卑幼与尊长的关系，故而部曲、奴婢为主人隐瞒罪行是合理的。小功以下亲，从表面上来看并不在容隐范围内，但实际上律条中也赋予了他们一定的容隐权利，虽然并不能像大功以上亲那样完全不受处罚，但较于凡人，仍可减三等处置[1]。亲疏降杀，正是礼的体现。

从容隐方式看，此条所规定的容隐方式大抵有二。一为消极性行为，即对犯罪行为保持沉默，不向官府举告。二为积极性行为，即主动向罪犯泄露官府调查案情的动向，用隐语传递消息，使得罪犯逃跑等。以上两种方式皆被允许，并不治罪。

从容隐罪名看，此条中对可以容隐的罪名作了限制。其言"若犯谋叛以上者，不用此律"，即指十恶之中"谋反""谋大逆""谋叛"这三类严重危害皇权与国家的犯罪行为不在容隐之列，亲属之间若有人犯此罪行，不仅不可容隐，还必须向官府告发[2]。这便

1　疏议中对此做了进一步解释："小功缌麻，假有死罪隐藏，据凡人唯减一等，小功、缌麻又减凡人三等，总减四等，犹徒二年。"

2　《唐律疏议·斗讼》中有"密告谋反大逆"条："诸知谋反及大逆者，密告随近官司，不告者绞。知谋大逆、谋叛不告者，流二千里。知指斥乘舆及妖言不告者，各减本罪五等。官司承告，不即掩捕，经半日者，各与不告罪同。若事须经略而违时限者，不坐。"参见〔唐〕长孙无忌撰，岳纯之点校：《唐律疏议》，第365页。

是国家为容隐所立的限度，在皇权与国家秩序遭到威胁与重大侵害之际，亲情伦理须做出让步。"同居相为隐"原则是对汉代"亲亲得相首匿"原则的继承与发展，此二者都是受儒家"父子相隐，直在其中"理论的影响而形成。但"同居相为隐"原则明显更为完备，它不仅扩大了容隐主体的范围，并且按照亲等规定了免于或减轻刑事责任的情形，完善了容隐的行为方式，并对能够容隐的罪名作了限制，较于汉代实是有巨大的进步。为了落实这一原则，《唐律疏议》又在《名例》及其他篇中作了许多相关具体规定。

第二，在《唐律疏议·名例》中有"犯罪未发自首条"之规定，其中也涉及亲属容隐。律文规定："诸犯罪未发而自首者，原其罪……即遣人代首，若于法得相容隐者为首及相告言者，各听如罪人身自首法，缘坐之罪及谋叛以上，本服期虽捕告，俱同自首例。"[1]

《疏议》中对此做了详细的说明，如果犯罪人遣人自首，并不限定这两人关系的亲疏。如果是"同居相为隐"条规定的容隐范围内的亲属代为自首，或者部曲、奴婢代主人自首，都可按本人自首处理。此条有意思的是，如果容隐范围内的亲属告发，其效果也与本人自首相同。若是小功、缌麻亲代为自首或告发，那么犯罪人则可减凡人三等处置。此处明显与"同居相为隐"条小功以下为亲隐罪的处理方式一致。如果犯罪人并没有造成"于人损伤""于物不可备偿"的严重后果，所犯之罪亦不属于"越度

1　〔唐〕长孙无忌撰，岳纯之点校：《唐律疏议》，第 79—80 页。

关""奸""私习天文"等不能自首的情形，在亲属代为自首或者告发后愿意束身归罪的，均能被认定为自首，可以免除或者减轻处罚。

此条充分体现了家族在唐代国家礼法治理中的重要性。其一，它鼓励容隐范围内的亲属代替犯罪人自首，其效果与本人自首相同。从国家层面来看，有助于官府迅速侦破案件，整顿社会秩序，节约社会资源。从家族层面来看，家族中的近亲属出于对犯罪人的"亲亲"之情，代为自首，使之免罪，从而拥有改过自新的机会。可谓两全其美之法。

其二，此条对于容隐范围内的亲属相告问题，我们感到这是国家对一定范围内亲属相告的抑制而非禁止，体现了高超的礼法治理智慧。因为非至亲之间不可能完全禁止相告，否则服制圈相交叉背景下，整个基层社会都是亲情笼罩，不利于国家治理。如果允许如一般人的相告，又有伤亲情关系。所以以一种家国具顾的智慧进行规定，即如果亲属阴怀私忿，不顾家族伦理，违反容隐原则，向官府告发犯罪人的罪行，将这种情形认定为本人自首，可使告发者原本欲使犯罪人受到刑罚的目的落空，从而消弭亲属相告带来的消极影响，敦促家族和睦，亦有利于国家与社会的安定。换而言之，此条的存在恰恰促进了"同居相为隐"原则落于实处。

第三，《唐律疏议·贼盗》中有"劫囚"条律疏关涉容隐问题。律条规定："若窃囚而亡，与囚同罪（他人、亲属，等）。窃而未得，减二等。以故杀伤人者，从劫囚法。"[1] 疏议中解释，如果私自窃取囚犯，随即逃脱，那么窃囚的人就要被判处与囚犯同样的刑罚。倘若所窃之囚为死罪，那么窃囚之人即为死罪，若所窃之囚为流罪，窃囚之人也应判流罪。随后特意强调，即便是按照律法在容隐范围内的亲属，也不允许窃囚，倘若真的实施了窃囚的行为，即便身份特殊，也按照"与囚同罪"处理。此条亦关涉"容隐"，"同居相为隐"原则规定的可以容隐的时间段明显是犯罪后未被抓捕之时，若已经受到官府审判，犯罪人也已入牢狱之中时，那么亲属便不可再做容隐了，亦不可凭借"同居相为隐"条的规定，做出"劫囚""窃囚"之事，扰乱司法秩序，挑战国家威严。

第四，《唐律疏议·斗讼》中有明文禁止亲属相告的条款，这是对照"同居相为隐"条所做的一些具体规定，亦即言违反"同居相为隐"原则应当承担的后果与刑事责任。譬如"告祖父母、父母"条中言："诸告祖父母、父母者，绞（谓非缘坐之罪，及谋叛以上而故告者，下条准此）。"[2] 即明令禁止子孙告祖父母、父母，此条的疏议中言："父为子天，有隐无犯，如有违失，理须谏净，起敬起孝，无令陷罪。若有忘情，弃礼而故告者，绞。"[3] 其中首先强调了儒家伦理纲常中"父为子纲"这一核心理念，甚至使用"父为子天"来形容祖父母、父母与子孙的关系，强调其家长身份及

1　〔唐〕长孙无忌撰，岳纯之点校：《唐律疏议》，第 279 页。

2　同上，第 370 页。

3　同上。

对子孙的权力。继而又重申了"为亲者隐"的主张，子孙对于祖父母、父母的罪行，理应小心劝谏，起敬起孝，尊长不听，唯有为其隐瞒罪行，不可告发。这正是先秦以来儒家"容隐"主要观点的延续，在此为子孙不得告祖父母、父母提供了理论支撑。

当然，此条中也有例外，倘若祖父母、父母所犯为谋叛以上罪时，则允许告诉。较于家族伦理而言，皇权及国家的利益明显处于更高的价值位阶，故而当皇权与国家利益受到侵害时，家族伦理便须做出让步。

此外，还有一些特殊的情形，也允许子孙告言，譬如"嫡、继、慈母杀父，即所养者杀其本生"，此条下所举情况较为复杂，《唐律疏议》中说，嫡母、继母、慈母这三类母亲杀死本人的父亲，以及养父母杀死亲生父母的情形都允许控告。倘若嫡母、继母杀掉生身的庶母的，便不得告了，因为律文中强调的仅仅是弑杀父亲的情形，这个父母就是亲生父母。倘若生身母亲被父亲休弃，又娶继母，继母杀害生母的也允许控告。这里还特意强调，儿子与母亲的亲缘并不能因父母夫妻情义断绝而改变，即"子之于母，孝爱情深，顾复之恩，终无绝道"[1]倘若嫡母、继母、慈母为了自己的利益杀害的不是亲生子孙，一般情况下，允许控告，按《贼盗律》"期亲有所规求杀卑幼"科断。如果嫡母、继母、慈母已经改嫁或者被父亲休弃的，亦允许控告，对于改嫁的嫡母、继母、慈母，礼制不同于生母，依照《假宁令》的规定，本人并不会因

---

1 〔唐〕长孙无忌撰，岳纯之点校：《唐律疏议》，第 370—371 页。

为改嫁的这三类母亲去世而丁忧，也没有心丧的规定，故而仅仅按照期亲尊长处理。而被父亲休弃的嫡母、继母、慈母，从名义上讲与本人已无服制，故而可以按照凡人处理。

　　由此可见，唐代国家推行礼法治理，法律制定亦依礼而行，根据礼制的变化，亲属之间的身份亦会发生改变，随之容隐的实践也会根据身份的改变而改变。

　　与此相关的"告期亲尊长"条中言："诸告期亲尊长、外祖父母、夫、夫之祖父母，虽得实，徒二年。其告事重者，减所告罪一等（所犯虽不合论，告之者犹坐）。即诬告重者，加所诬罪三等。告大功尊长，各减一等；小功、缌麻等减二等。诬告重者，各加所诬罪一等。"[1]此条的疏议中说，期亲尊长，外祖父母、夫、夫之祖父母，以上人物都在法律允许互相容隐的范围内。因此，对上述所列之人进行告发的，可以认定为被告人自首，而对于告发人则要判处徒刑二年。若告发的罪行重于"徒二年"，那么对于告发人就要按照所告之罪减一等处置。比如告发期亲尊长犯盗窃罪，计赃二十五匹绢，合徒三年，被告发的尊长依照自首处置，可以免罪，对于告发的人则比照徒三年减一等，应判处二年半的刑罚。倘若所告发的尊长不应判罪，譬如年满八十以上、十岁以下的，或者患有严重疾病的，告发人仍然需要接受处罚。若是诬告期亲尊长，且诬告罪重于二年徒刑的，那么对于告发人则要加其所诬告之罪三等处置。告发大功尊长，情况属实，比照上述告

1　〔唐〕长孙无忌撰，岳纯之点校：《唐律疏议》，第372页。

期亲尊长的办法减一等处置。告发小功、缌麻尊长，情况属实，比照上述告期亲尊长的办法减二等处置。小功、缌麻尊长严格来说，并不属于允许容隐范围内的亲属，故而告发之后，被告不得原罪，但告发者却依然要依照此条承担罪责。

上述期亲属的告发不同于前面小功缌麻亲属的告发，由于亲属关系较近，一方面限制相互告发，否则对告发者入刑处置，另一方面对被告亲属视为自首，又维护了亲属关系。由此足见国家对于家族伦理的维护与重视，禁止亲属相告的范围实际遍及五服。此外，若是诬告大功、小功、缌麻亲属，告发人还须按其所诬告之罪加一等处置。在《唐律疏议·斗讼》"告缌麻卑幼"条中亦有相似的规定："诸告缌麻、小功卑幼，虽得实，杖八十；大功以上，递减一等。诬告重者，期亲，减所诬罪二等；大功，减一等；小功以下，以凡人论。即诬告子孙、外孙、子孙之妇妾及己之妾者，各勿论。"[1]

可见，违背容隐原则，告发或者诬告近亲属，根据长幼不同，亲等不同，所受到的处罚亦不相同，这正是尊卑有序、亲疏降杀的礼法精神在律条中的具体展现。

第五，《唐律疏议·斗讼》中，另有"部曲、奴婢告主条"，这亦是"同居相为隐"原则所延伸的具体规定。其律文规定："诸部曲、奴婢告主非谋反、逆、叛者，皆绞（被告者同首法）；告主之期亲及外祖父母者，流；大功以下亲，徒一年。诬告重者，缌麻，

1　〔唐〕长孙无忌撰，岳纯之点校：《唐律疏议》，第374页。

加凡人一等；小功、大功，递加一等。即奴婢诉良，妄称主压者，徒三年；部曲，减一等。"[1]疏议中解释说，日月所照，莫非王臣。部曲、奴婢虽然归他们的主人所有，但是主人一旦犯谋反、谋大逆、谋叛的罪行，便是不臣之人，此种情形允许部曲、奴婢告言。主人若没有犯这三种罪而部曲、奴婢却告发主人的，一律判处绞刑，不分首从。律注中说，"被告者同首法"，是指主人犯死罪以下的罪行，部曲、奴婢告发主人，都按照自首的法条论处，部曲、奴婢须受惩罚，而主人得以免罪。又言部曲、奴婢应当为主人隐瞒罪行，按照《名例》中容隐的相关规定，部曲、奴婢告发主人的，都按主人自首处理。现在之所以言同自首法，是"相隐"条中无"相隐"的缘故。事实确实如此，在"同居相为隐"条中，仅仅规定了"部曲、奴婢为主隐"，也即部曲、奴婢单向为主人隐瞒罪行，并没有规定主人为部曲、奴婢隐罪，故而不言"相隐"。同样，部曲、奴婢告主人亲属，也被视作犯上，告发者根据所告之人与主人之间的服制远近，受到的惩罚也不相同。

这是一条十分特殊的条款，在唐代，部曲、奴婢分属贱民，与主人之间存在人身依附关系，其与主人的关系在法律上经常拟制为"卑幼"与"尊长"的关系，这种关系并不基于血缘形成，主人扮演的不是家长而是家主的角色。但因部曲、奴婢身份卑微，故而他们又无法享有"卑幼"的权利，所以这是一种单方面的拟制。尽管在唐律之中，基于容隐原则，禁止部曲、奴婢告主，国家对

1　〔唐〕长孙无忌撰，岳纯之点校：《唐律疏议》，第375页。

此持非常明确的消极态度，但在实践中，部曲、奴婢告主的现象
屡见不鲜，甚至主人因此而获罪的情形亦不罕见，由此产生立法
与司法层面的冲突，其背后隐藏着更深层次的缘由，这个问题我
们将在下节"唐代容隐制度的实践及其效果"中进行讨论。

第六，《唐律疏议·捕亡》"被殴击奸盗捕法"条中涉及容
隐解释问题。律条规定："诸被人殴击折伤以上，若盗及强奸，
虽傍人，皆得捕系以送官司（捕格法准上条。即奸同籍内，虽和，
听从捕格法）。"[1] 此条中对容隐范围内的亲属犯奸是否能够捕系
做了明确的说明，疏议中解释，若犯奸的男女皆是本人容隐范围
内的亲属，便可容隐，不应捕捉、格杀、控告。若是本人容隐范
围内的亲属与他人和奸，捕捉他人而牵连自己的亲属的，本人不
会因此而获罪，且和奸之人，须依律科断[2]。

《唐律疏议·捕亡》中另有"捕罪人漏露消息"条中言："诸
捕罪人，有漏露其事，令得逃亡者，减罪人罪一等（罪人有数罪，
但以所收捕罪为坐）。未断之间，能自捕得，除其罪。相容隐者
为捕得，亦同（余条相容隐为捕得，准此）。即他人捕得，若罪
人已死及自首，又各减一等。"[3] 此条规定了去追捕之人为犯罪人

1　〔唐〕长孙无忌撰，岳纯之点校：《唐律疏议》，第449页。
2　此条疏议中有一组问答，问曰："亲戚共外人和奸，若捕送官司，即于亲有罪。律
　　许捕格，未知捕者得告亲罪以否？"答曰："若男女俱是本亲，合相容隐，即两俱
　　有罪，不合捕格、告言。若所亲共他人奸，他人即合有罪，于亲虽合容隐。非是故
　　相告言。因捕罪人，事相连及，其于捕者，不合有罪。和奸之人，两依律断。"
3　〔唐〕长孙无忌撰，岳纯之点校：《唐律疏议》，第450页。

泄露情况，传递消息，使之逃亡的行为所应承担的刑事责任，其处罚方式为"减罪人罪一等"。但是在未经判罪结案之前，若泄露消息之人自己又将犯人捕获，便可免罪。若泄露消息之人的容隐范围内的亲属能够替他将犯人捕获，及部曲、奴婢替主人将犯人捕获，皆可除其罪[1]。

《唐律疏议·捕亡》中又有"知情藏匿罪人"条中规定："诸知情藏匿罪人，若过致资给（谓事发被追及亡、叛之类）。令得隐避者，各减罪人罪一等（藏匿无日限，过致资给亦同。若卑幼藏隐，匿状已成，尊长知而听之，独坐卑幼。部曲奴婢首匿，主后知者与同罪。即尊长匿罪人，尊长死后，卑幼仍匿者，减五等。尊长死后，虽经匿，但已遣去而事发，及匿得相容隐者之侣，并不坐。小功已下，亦同减例）。"[2]本条规定了知情藏匿罪人的刑事责任，也关涉到知晓容隐范围内的亲属藏匿罪人的处罚方式，具体分析如下。

首先，若卑幼隐匿罪人，且这一事实已经发生，尊长知情但放任不管，事发之后，只给卑幼论罪。但若是奴婢、部曲首匿罪人，主人后来知情放任，要与奴婢、部曲同罪。概因"同居相为隐"条中，并没有主人为奴婢、部曲隐罪的规定。

其次，疏议中还解释了两种特殊的情形。一种是，若尊长在

---

1 此条疏议中言："未断之间，谓漏露之罪未经断定，能自捕得罪人者，除其失囚之罪，相容隐者为捕得，谓同居及大功以上亲、外祖父母、外孙，若孙之妇、夫之兄弟及兄弟妻，奴婢、部曲为主捕得，并同身自捕获，皆除其罪。注云：余条相容隐为捕得，准此。"

2 〔唐〕长孙无忌撰，岳纯之点校：《唐律疏议》，第460页。

世的时候藏匿罪人，卑幼不得告发，亦不论罪。尊长去世之后，卑幼继续藏匿罪人，无论时日长短，均要减尊长五等，总共减罪人六等处置。但在尊长去世之后，虽然将罪人藏匿过，但又将其打发遣送出去，此种情形事发之后，卑幼并不论罪。另一种是，若是藏匿的罪人中，有本人大功以上的亲属，比如这个亲属伙同他人行盗，案发之后，与他人共同隐匿在家中。此时本人若检举揭发他人，那么大功以上亲的罪行也会暴露，恐受连累，只好继续隐匿。此种情形事发，本人亦不论罪。但若是隐匿小功以下的亲属及其同伙，则须减凡人三等，共减犯人四等处置。另外，此条中还强调了藏匿容隐范围内的亲属，并不算犯罪。这与"同居相为隐"条的规定相呼应。

　　第七，在《唐律疏议·断狱》中"与囚金刃解脱"条涉及容隐解释问题。律条规定："诸以金刃及他物，可以自杀及解脱而与囚者，杖一百。若囚以故逃亡及自伤、伤人者，徒一年；自杀、杀人者，徒二年。若囚本犯流罪以上，因得逃亡，虽无伤杀，亦准此。即囚因逃亡，未断之间，能自捕得及他人捕得，若囚自首及已死，各减一等。即子孙以可解脱之物与祖父母、父母，部曲、奴婢与主者，罪亦同。"[1]本条禁止予囚金刃或者其他物品让其自杀解脱或者借此逃脱的行为，即便是子孙与祖父母、父母，以及奴婢、部曲与主人，亦不例外。疏议中说，子孙所指范围要比字面更广，曾孙、玄孙也都在其列。倘若子孙给予祖父母、父母或者奴婢给予主人

1　〔唐〕长孙无忌撰，岳纯之点校：《唐律疏议》，第 464—465 页。

器物助其自杀或逃跑，都按照凡人犯此罪论处。但是子孙或者奴婢、部曲并不可以像凡人那样亲自去追捕自己的祖父母、父母或者主人。但如果是听从官府的命令去捕捉的，可以免罪。如果是自己主动捕捉并送交官府的，则须按照子孙告尊长，部曲、奴婢告主人处理。

此条中虽对予囚金刃的行为一律禁止，但当祖父母、父母或者主人凭借子孙或者奴婢、部曲所给予之物逃脱之后，对子孙或者奴婢、部曲亲自前去捕捉的行为仍然保持消极态度，概因"同居相为隐"条中规定，子孙或者奴婢、部曲应该对祖父母、父母或者主人所犯之罪进行容隐。故而疏议中的解释亦是对容隐原则的坚持与应用。又如"八议请减老小"条中规定："其于律得相容隐，即年八十以上、十岁以下及笃疾，皆不得令其为证。违者减罪人罪三等。"[1]疏议中再次强调，依照律法，诸同居若大功以上亲及外祖父母、外孙，孙之妇，夫之兄弟及兄弟妻，都可相互隐罪，部曲、奴婢亦可为主人隐罪，故而不得让他们充当证人。此条实是对"同居相为隐"条内容的重申，以规范司法官员的行为，禁止他们强迫容隐范围内的亲属上堂作证。

唐代仍然崇儒而治，以德礼教化天下，如此规定有利于顺应人情，维护家庭、社会、国家的和谐稳定。若一味地在司法中"拷子证父"或者"鞭父母问子所在"，不免悖逆人道，伤害亲情。长此以往，人心难驯，国家欲以德礼教化天下的目标恐也难以实

1　〔唐〕长孙无忌撰，岳纯之点校：《唐律疏议》，第 468 页。

现。故而，唐律在赋予百姓容隐权利的同时，也约束国家公共权力，要求司法官员在审断案件之时，不可强迫亲属作证，由是百姓的容隐权利得到更为周全的保障，与容隐相关的律疏才不会变为有形无实的具文。

综上可知，唐律对容隐制度作了较为全面的规定，在《名例》中的"同居相为隐"条是居于总则的条款，彰显了唐代国家对于容隐的基本态度与精神，并对分布于各篇中关涉容隐的具体律条起着指导作用，而这些律条又切实保障了容隐原则的实践，使其拥有了实际的可操作性，这也标志着唐代容隐制度相较于前朝各代更加完善和成熟。

（二）唐代容隐法制化分析

通过上节对唐代容隐制度的相关立法的梳理，可知其已经具备了完善性、系统性的特征。具体而言，大抵包括以下三个方面。

第一，唐代容隐的主体范围有所扩大。即从汉代的祖父母、父母与子孙较为狭窄的核心的直系血亲关系，扩大到同居大功以上亲属以及外祖父母、外孙，孙之妇，夫之兄弟及兄弟妻等虽在服制上较疏远但从情义上来看较重的人群。小功以下的亲属若是容隐，也可减凡人三等处罚。将"服制"融入容隐制度，显然是自西汉中期以来法律儒家化的产物。根据服制、亲等的不同，其容隐的后果也不相同，也是唐代尊卑礼疏、别人伦的体现。自西汉中期以来，辗转魏晋，及至唐代，以儒家思想为核心的正统法律思想地位已经十分稳固。在国家治理的过程中，儒家思想经由统治者的倡导也为百姓所熟知，这便为儒家化已达到成熟的唐律运行和实施提供了思想以及心理基础。故而统治阶层在制定唐律之时，顺应此种基础并且进一步照顾亲情，将容隐的主体范围按照"服制"的标准进一步扩大，极易得到百姓的拥护和认可。而就国家层面而言，维护家族伦理是推行礼法治理的重要一环，准许亲缘关系较近的亲属相互容隐罪行，又允许容隐范围内的亲属代替犯罪人自首或者将这类亲属的告发亦视为自首，抑制亲属相告等，皆有利于促进家族和睦进而维护社会及国家的安定。另外，值得注意的是，唐律中还规定了一类特殊的主体，即部曲、奴婢，他们可以单向为主人隐瞒罪行，这是前代律法中未有的情形。

第二，唐代关涉容隐的律条设置更加完备。《唐律疏议》不仅在总则中明确规定了"同居相为隐"原则，在分则各篇中也做了诸多规定与总则相为呼应，使得容隐原则具有了可操作性，并且呈现出系统性的特征，相较于前朝历代更加完备。主要体现在如下两点：1.在分则各篇中，不仅实体上对容隐相关内容做了规定，在程序上也是如此。譬如《贼盗》律中便有容隐范围内的亲属不得参与劫囚、窃囚之事；《斗讼》律中则有禁止亲属相告的条文，详细规定了违反容隐原则须承担的后果；《捕亡》律中，有关于容隐范围内的亲属"知情藏匿罪人""露漏消息之人"以及容隐范围内的近亲属为其捕得囚犯的相关规定；《断狱》律中，则有禁止容隐范围内的亲属作证的规定。2.这些律条既有为限制容隐原则适用而设置的，也有为保障容隐原则适用而设置的。唐代容隐原则使用的限制性条款在《名例》中有所体现，"同居相为隐"条规定："犯谋叛以上者，不用此律。"[1]这明确规定了犯谋反、谋叛、谋大逆这三类严重危害皇权及国家利益的罪行的，不得适用容隐原则。在《贼盗》律中，禁止容隐范围内的亲属劫囚与窃囚，在《断狱》"与囚金刃解脱"条中规定，即便是容隐范围内的亲属，予囚金刃及其他器物助其自杀或者逃跑也要受到惩罚。这都是对容隐原则适用的限制。而《斗讼》律中规定的"告祖父母、父母""告期亲尊长""告缌麻卑幼""部曲、奴婢告主"等条款则禁止亲属之间相告，《断狱》律中"其于律得相容隐……皆不得令其为证"则规定了不可强迫亲属作证，这都保障了容隐原则的适用。

第三，唐代容隐制度进一步体现了礼法治理精神。定亲疏、殊贵贱、序民人可谓礼的基本精神与功用[2]。礼法融合在唐代并没有停止，而是进一步"引礼入法"，推行礼法治理，所定律典尤为儒家化，法典之中亦充分彰显了礼的精神。而唐律之中关于容隐的相关规定充分体现了礼法便是极为典型的例子，我们尝试从如下两个方面进行剖析。

一方面，维护纲常礼教是唐代容隐制度最为核心的目标。唐

1　〔唐〕长孙无忌撰，岳纯之点校：《唐律疏议》，第105页。

2　譬如《礼记·曲礼》中云："夫礼者，所以定亲疏，决嫌疑，别同异，明是非也。"又云："道德仁义，非礼不成。教训正俗，非礼不备。纷争辩讼，非礼不决。君臣上下，父子兄弟，非礼不定。宦学事师，非礼不亲，莅官行法，非礼威严不行。"又如《左传·隐公十一年》言："礼，经国家，定社稷，序民人，利后嗣者也。"

代容隐制度以维护纲常为核心，"君为臣纲""父为子纲""夫为妻纲"在其中都多有体现[1]。规定谋叛以上的大罪不得容隐，自然是对"君为臣纲"的体现，不再赘述。子孙不得告祖父母、父母，违者处以绞刑，告其余尊长，按照服制逐渐疏远，所受处罚亦逐渐减轻。反之，若尊长告卑幼，则按照丧服礼制逐渐疏远原则，基于告者逐渐加重的处罚原则。但总体而言，国家展现的是抑制与禁止的态度，这恰恰是对以"父为子纲"为核心的家庭伦常关系的维护。

由于自春秋以来，儒家强调"子之事亲，有隐无犯"，该主张实际建立在"孝"的基础上，而这种对孝的行为要求又逐渐扩

1　自新文化运动以来，"三纲"一直受到批判，被视为文化糟粕。这恰恰是国人尤其是学界对中国古代哲学认识不到位的缘故。《说文解字》将"纲"解释为"维纮绳"，在古代文言文中，"纲"又可引申为"表率""代表""统领"等含义，可见"夫为妻纲""父为子纲""君为臣纲"讲的是：夫妻一家，丈夫为家之代表；父子相处，子承父业，父要做表率、尽职责；君臣共治天下，君要起到表率和集中代表的作用。不考察古代"三纲"的历史久远性及合理性，将之肆意说成丈夫统摄并压制妻子，子女是父亲的财产，臣下是君主的附属物及奴才，这实际上是把被皇权政治扭曲的君臣关系附会成了家庭夫妻和父子关系。就"三纲"的阴阳五行哲学基础而言，强调夫与妻、父与子、君与臣均要刚柔相济，纯阳纯刚与纯阴纯柔皆不能相序。《仪礼·丧服》云："父子一体也，夫妻一体也，昆弟一体也。故父子，首足也；夫妻，牉合也；昆弟，四体也。"又《礼记·郊特牲》载："男子亲迎，男先于女，刚柔之义也。天先乎地，君先乎臣，其义一也。"郑玄注曰："先，谓倡道也。"参见〔汉〕郑玄注，〔唐〕孔颖达疏，李学勤主编：《礼记正义》，第814页。也就是说阳刚在先，并且承担着倡道和表率的责任，家庭中丈夫要引导妻子，父亲要引导儿子，国家的君主要引导臣民要行仁义，共同努力治理好家庭及国家，根本没有体现出阳刚的独尊甚至扼杀阴柔之意。

展到其他家庭成员身上，从而形成"亲亲相隐"思想。其根本出发点是保护亲情，实现孝道。基于核心的"父子"关系，儒家又逐渐建立起庞大而复杂的家族伦理系统，故而容隐亦成为维护家族伦理的基本要求，而其中的核心仍为"父权"。唐代容隐制度仍然是围绕"父权"来设计的，形成了对"父为子纲"的维护。值得注意的是，在妻子与丈夫之间同样存在容隐，而妻若告夫及夫之祖父母，则与告期亲尊长同罪，给予"徒二年"的惩罚，反之，关于夫告妻却没有此等规定，这明显是对"夫权"的维护，是"夫为妻纲"的反映。

另一方面，唐代容隐制度又并非机械地维护纲常礼教，充分体现出"等差有别"的思想。其中所规定了部曲、奴婢得为主人隐罪，而主人却不可为部曲、奴婢隐罪，便是此种"有别"的反映。唐代奴婢制度仍然盛行，部曲、奴婢的地位卑微，被分入贱民之列。与之相对的是良民，即传统的"士""农""工""商"。身份在唐代社会中是十分重要的标识，在法律上也进行良贱分治，譬如有专门的"良贱不婚""良贱相犯"等规定。部曲、奴婢在人格方面——即当代的自由、权利资格上都异于凡人，故而在容隐方面，部曲、奴婢与主人之间的关系是基于拟制形成的。由于部曲、奴婢对主人有人身依附关系，所以部曲、奴婢位同卑幼，可以为处于尊长地位的主人隐罪，反之则不然。"部曲、奴婢听为主隐"，看似是给予部曲、奴婢的权利，实际上维护的仍然是主人的利益。在《斗讼》律中规定，部曲、奴婢告主，除谋叛以上罪外，不分首从，一律判处绞刑。这表明国家对贵贱等级的认同与维护，对处于社会底层的部曲、奴婢进行严格的控制和抑制，禁止他们做出超越身份的犯上之事，从而使得社会各阶层各守其分，最终达至理想的有序状态。

二、　唐代容隐制度的实践及其效果

汉代虽以皇帝诏令的形式确立了"亲亲得相首匿"原则，但在很长一段时间内于司法实践中运用较少[1]。而唐代容隐制度已经有了完备而又系统的规定，且散见于唐律各篇的具体律条使其具有可操作性。故而在唐代社会治理与司法实践中，容隐制度得以广泛运用，并且收获了较好的实践效果。

1　西汉哀平之时，成都民间先贤李弘子李赞被辱而杀人，太守以"贤者子必不杀人"为由，将李赞释放。李弘得知此事，遣子逃亡，太守因之怒斥李弘。李弘则以《春秋》所载"石碏杀子"讥太守，况且太守之举违背"君子不谤而诛之"之理，认为自己的行为符合孔子所说的父子相隐之道，太守遂无以回答。另有东汉灵帝时，曹节矫诏诛陈蕃等，"蕃友人陈留朱震……匿其子逸于甘陵界中。事觉系狱，合门桎梏。震受考掠，誓死不言，故逸得免。后黄巾贼起，大赦党人，乃追还逸，官至鲁相。"此案中，陈蕃故友、下属朱震宁肯自己遭罪，也要隐匿被株连有罪的故友上司子女，已经超越了宣帝得相首匿诏的亲属范围。曹魏时，寿春侯曹彪曾因兖州刺史令狐愚与太尉王凌谋迎废立，曹彪自杀，然其妃及诸子只是免为庶人。正元元年（公元254年）特诏："故楚王（曹）彪，背国附奸，身死嗣替，虽自取之，犹哀矜焉。夫含垢藏疾，亲亲之道也，其封彪世子嘉为常山真定王。"毋须曹彪的妃子和诸子再去揭发和批判其罪行，并且王室特隐其罪，直言"含垢藏疾，亲亲之道"，故封其世子曹嘉为常山真定王。

（一）唐代容隐制度的实践考察

在唐代司法实践中，体现容隐原则及相关律条适用的案件并不鲜见，在此特举数例并进行分析。

《折狱龟鉴·辨诬》中记[1]，唐德宗时，杜亚镇守维扬（今扬州），当地有一户富庶人家，这家的父亲去世不久，儿子便不再对继母奉行孝道。在新年元日这天，儿子假意向继母进酒祝寿，继母也赐酒予他，但儿子接过酒觞将饮之时，却怀疑酒中有毒，将酒泼在地上，果然地上鼓起小包，显现出有毒的迹象。儿子便破口诅咒继母道："以毒酒杀人，上天怎会保佑你！"继母捶胸说道："苍天可鉴，你怎么敢诬陷我做这样的事！"事情惊动了官府，由杜亚负责审理。杜亚觉得其中有疑，便问这家的儿子："你奉于继母的酒是从何而来？"儿子回答："是由长妇端来的。"又问："那继母赐予你的酒呢？"儿子又答道："也是长妇端来的。"杜亚接着问："长妇是谁？"继母说："就是他自己的媳妇。"杜亚不由得诘问道："这毒明显出自儿媳，如何能诬陷在继母身上呢？"于是就将儿子、儿媳分别关在厅堂的两旁审问，最终查出，是儿子、

1　《折狱龟鉴·辨诬》中记："唐杜亚，镇维扬。有富民，父亡未几，奉继母不以道。元日，上寿于母，因复赐觞于子。既受，将饮，乃疑有毒，覆于地而地坟，乃诟其母曰：'以鸩杀人，上天何佑！'母拊膺曰：'天鉴在上，何当厚诬！'职者执诣公府。亚诘之曰：'尔上母寿酒从何来？'曰：'长妇执爵而致也。''母赐尔觞又从何来？'曰：'亦长妇所执之爵也。''长妇为谁？'曰：'此子之妇也。'亚诃之曰：'毒因妇起，奈何诬母！'遂分于厅厕勘之。乃是夫妇同谋，以诬其母曰。"参见〔五代〕和凝原著，杨奉琨校释：《疑狱集·折狱龟鉴校释》，复旦大学出版社1988年版，第152页。

儿媳合谋来诬陷继母，案情大白。

　　根据《唐律疏议·斗讼》中有："告祖父母、父母者，绞。"[1]这是基于容隐原则而做出的禁止亲属相告规定，尤其是家庭之中核心成员之间，子孙告祖父母、父母，实属悖逆人伦，有违孝道，破坏亲亲之义，严重违反容隐原则。在律条中，所言之"母"，不仅包括生身母亲，还包括嫡母、继母、慈母。在此案中，儿子、儿媳控告继母以毒杀人，本身即为法律所禁止，更何况还属于诬告的情形，其行径则更加恶劣。按照唐律规定，"诸诬告人者，各反坐"。尽管书中并未记载此案件后续的处理方案，但儿子、儿媳按律都将受到严厉的惩处。

　　又《棠阴比事》中记，唐代裴均镇守襄阳时，曾处理过一件特殊的"妻告夫"案件。案中妻子与邻居有私情，于是假称自己有骨蒸之疾，需要吃狗肉方可痊愈，她怂恿丈夫说，我们东边的邻居家便有一只狗，每天夜里都来偷东西，你可以趁机杀掉它。丈夫祈求妻子病好心切，果然依照妻子所言，将狗杀掉，把肉献给妻子。妻子吃了一部分，将剩下的部分藏了起来，等到丈夫外出之时，便命令这位与她有私情的邻居去状告丈夫。于是裴均便受理了此案，审问丈夫时，丈夫并未抵赖，将妻子生病须吃狗肉的原委一五一十地说了出来。裴均听后，觉察有异，说道，这是妻子与他人有私情，想要陷害丈夫，令他蒙受灾祸。于是便命令下面的人审问妻子，果然真相如同裴均说的那样。最终，裴均释

1　〔唐〕长孙无忌撰，岳纯之点校：《唐律疏议》，第370页。

放了丈夫，而将妻子及其奸夫绳之以法[1]。

按照《唐律疏议·斗讼》中规定："告期亲尊长、外祖父母、夫、夫之祖父母，虽得实，徒二年。其告事重者，减所告罪一等（所犯虽不合论，告之者犹坐）。即诬告重者，加所诬罪三等。"[2] 基于容隐原则，妻子得为丈夫容隐罪行，若妻子告发丈夫，虽得实，须受到"徒二年"的惩罚。若系诬告，则要加所诬之罪三等处置。此案中，虽然丈夫并不是受妻子亲自状告，但也是妻子授意奸夫为之，且整件事情本来就是妻子与奸夫为了陷害丈夫而设计出来的，其行为较于一般的"妻告夫"更加恶劣。幸而此案得裴均明察公断，最终没有让妻子和奸夫得逞。

以上两个案件都是违背容隐原则状告乃至诬告容隐范围内的亲属，而受到司法官的秉公明断的情形，总体来说，国家对此保持禁止和抑制的态度。

但在司法实践中，还有另外一些案例，同样是容隐范围内的亲属相告，司法官从维护亲情、彰明教化的角度出发，给予教育和免除处罚。如《旧唐书·良吏传》中记，韦景骏担任贵乡县令时，

1　《棠阴比事》中记："唐裴均镇襄阳日，里俗妻有外情，乃托骨蒸之疾，云医者须得猎犬肉食之则愈，谓其夫曰：'东邻有犬，每来盗物，君可屠之。'夫依其言，献肉于妻，妻食之，余乃留于筐笥。夫出，命邻告之。遂闻于公。夫到官，因述妻之所欲，公曰：'斯乃妻有他奸，嗾夫之祸耳。'令勘之，具得其情，并以外情者俱付法。其夫遂释。"参见〔宋〕桂万荣编著，朱道初译：《棠阴比事》，浙江古籍出版社2018年版，第4—5页。

2　〔唐〕长孙无忌撰，岳纯之点校：《唐律疏议》，第372页。

县中有母子相讼，韦景骏并没有按照律法对儿子进行惩处，反而对他说："我很早的时候便失去了母亲，每每看到别人奉养母亲，以尽孝道，都恨自己没有这样的福分。你如今尚有母亲在堂，怎么能做出如此行径呢？你如今这样做，都是我这个县令的过错！"随后垂泣呜咽，命人取来《孝经》，交给这家儿子，令其习读，于是母子感悟，各请改悔，遂称慈孝[1]。

又如《大唐新语》中记，韩思彦以御史的身份巡察剑南，成都有富家兄弟三人，因家产分配不平争讼，因长史收受财物，不决与夺。韩思彦推案数日，便吩咐厨师为他们分别准备一杯牛乳，并说："你们兄弟被关了这么久，一定渴了吧，请将这杯牛乳喝掉吧。"结果兄弟三人面面相觑，相互私语，继而悔悟，相拥哭泣说："我们本是蛮夷，不识孝义，都怪妻儿离间，才闹到如此境地。侍御难道不是教我们兄弟是喝同样的母乳长大的吗？"[2]于

1　《旧唐书·良吏传》中记："开元中，（韦景骏）为贵乡令。县人有母子相讼者，景骏谓之曰：'吾少孤，每见人养亲，自恨终天无分，汝幸在温清之地，何得如此？锡类不行，令之罪也。'因垂泣呜咽，仍取《孝经》付令习读之。于是母子感悟，各请改悔，遂称慈孝。"参见〔后晋〕刘昫等：《旧唐书》，中华书局1975年版，第4797页。

2　《大唐新语》中记："韩思彦，以御史巡察于蜀。成都富商积财巨万，兄弟三人分资不平争诉。长史受其财贿，不决与夺。思彦推案数日，令厨者奉乳自饮讫，以其余乳赐争财者，谓之曰：'汝兄弟久禁，当饥渴，可饮此乳。'才遍，兄弟窃相语，遂号哭攀援，相咬肩膊，良久不解，但言曰：'蛮夷不识孝义，恶妻儿离间，以至是。侍御岂不以兄弟同母乳耶？'复辟踊悲号不自胜，左右莫不流涕。请同居如初。思彦以状闻，敕付史官，时议美之。"《新唐书》中亦记此事。参见〔唐〕刘肃等撰，许德楠、李鼎霞点校：《大唐新语》，中华书局1984年版，第178页。

是便请求停止诉讼，同居和好如初。

　　上述这些案例看似只是用教化的方法消除了亲情矛盾，但实际上是父母般的长官替他们容隐罪过，达到了亲情和睦的效果。当然，这并非严格意义上的"其父攘羊""父为子隐""子为父隐"，但自汉代之后地方官称"父母官"，父母官运用教化感动子民而非用刑罚威慑百姓，确实符合拟制血亲中"父为子隐"的容隐。

　　当然，唐代还存在一些遵守了容隐原则而被处罚的特殊案例。据《旧唐书·许圉师传》记载，许圉师"四迁，龙朔中为左相。俄以子自然因猎射杀人，隐而不奏，又为李义府所挤，左迁虔州刺史，寻转相州刺史"[1]。根据此段记载，许圉师在唐高宗龙朔四年（公元664年）时担任左相，但不久便因隐瞒自己儿子在打猎过程中射杀人的罪行而遭到降黜。尽管他的做法完全符合唐律中规定的容隐原则，父子关系即为家庭伦理维护之核心所在，父子相隐也是儒家最早提出"亲亲相隐"理念时的最基本的主张，但许圉师还是因此事左迁。当然，这也混杂了政治的因素，从另一个角度来看，许圉师身居相位，却不能约束自己的儿子，致使其乱法杀人，实在愧为人臣之首，又加上政敌的排挤，最终远谪地方，而他对儿子杀人的罪行容隐的行为恰是此次被贬的导火索。

　　导致这一处理结果，可能是司法对官吏有更高的道德要求。如此，由于身份特殊，即便是按照律法容隐亲属的罪行也会受到处罚。有一种观点认为，作为官吏，维护国家秩序与皇帝的权威

1　〔后晋〕刘昫等：《旧唐书》，第2330页。

实为履职的第一要务，相较之下，亲情伦理反可被论为私情。当这二者发生冲突之时，自然要因公义而废私情，在此种情况下，再对扰乱法度的亲属进行容隐，即便为律法所允许，也会对自己为官的仕途造成影响。这种观点似乎值得商榷，但是对官员有更高的道德要求，才是被处理的合情理由。因为官员有不同程度享有"议""请"的权利，"议""请"在某种程度上包含着特殊容隐的内容，但"议""请"制度要求的是官员自己不能利用权力私自定夺，而由专门机关通过皇帝定夺。这样看来，左相许圉师如果将孩子射杀人的情况按程序上报，根据案件"降黜"处置结果看，即便是政治对手攻击，后续的处理结果也不是很严重，对手也拿捏不到其中的软肋，皇帝也会因为相国的光明磊落和坦诚而责备告发者。

此外，尽管唐代国家在立法时对部曲、奴婢告主的行为持明确禁止的态度，但在当时此类案件却屡见不鲜。据《册府元龟》记载，至德二载（公元 757 年），凤翔张谦的奴仆附子告发其主为逆贼充当细作，经过三司的共同审理，发现并无此事。皇帝盛怒，亲自下诏说："周以五声听讼，汉以三章约法。自下讼上，败俗乱常，矫诬之词，妄称不轨，忿意之嫉，图有诛夷。朕处分中书门下，再令按问，备兹阅实。其妄告张谦奴附子，宜付凤翔郡，集众决杀。"[1]此案中，奴仆附子所告张谦之罪并非谋叛以上罪行，故而按律当

<hr />

1 〔宋〕王钦若等编纂，周勋初等点校：《册府元龟》，凤凰出版社 2006 年版，第 1703 页。

为主人隐罪，不得告发。经三司审理得知，张谦并无通敌的行为，系奴仆诬告，此奴实在罪大恶极，故而皇帝的诏书中说"自下讼上，败俗乱常"，"忿意之嫉，图有诛夷"，最终命令将附子交给凤翔郡，集众决杀。

又如《旧唐书·张镒传》中记，唐德宗建中三年（公元782年），有奴仆当千告发郭子仪的女婿太仆卿赵纵犯罪，以致赵纵被送往御史台审问，而当千却留在了内侍省任职。张镒便给皇帝上疏说："赵纵为奴仆所告下狱，人们听说这件事都很震惊恐惧，不敢猜测圣意。贞观二年时，太宗曾告诉大臣说：'让奴仆告其主人谋逆，是一条有弊端的律法，假如有人想要谋反，必然不会单独做成这件事，一定会与他人商议，既然是与人商议之事，必由他人告发，怎么能轮得到奴仆来告呢？自今以后，凡是奴告主者皆不受理，统统将他们斩决。'从此，贱奴不得干预贵人，下人亦不得欺凌主上，教化的根本被扶正，悖乱之事才渐渐不再发生。这成为国家沿用的大法，不做更改，是为了防微杜渐。但近年来，长安县令李济因奴获罪，万年县令霍晏因婢获罪，愚蠢微贱的人，悖逆怠慢主人成风，主人反过来倒要畏惧他们，动辄遭到这些人的诬告，府县之中到处充斥着这样的案例，不能断绝。建中元年五月二十八日，您曾下诏说：'准斗竞律，诸奴婢告主，非谋叛以上者，同自首法，并准律处分。'自此奴婢们才安顺下来，告主的案件才稍稍有所减少。而今赵纵所犯之罪并非谋叛以上，而奴仆却实在是奸恶之人。现在，独赵纵被下狱，而奴仆却留在禁中，按照法律来说，恐怕并不公正……如今，太宗的令典仍在，陛下您的诏令也颁行不久，一旦都违背了，恐怕就失去了效力，刑法的实施也将变得繁多，这没有任何好处，损害的方面却很多。所以，臣并非私自袒护赵纵，也不是厌恶此奴，都是为了陛下与国家着想，也是臣职责所在，不敢不言。希望您采纳臣的愚见。"德宗皇帝十分感动，便采纳了张镒的建议，最终赵纵被贬为循州司马，而当千被杖杀。张镒又召集郭子仪的奴仆数百人，将当千的尸体展示给他们看，以示震慑[1]。

　　在此案中，作为奴仆的当千告发其主赵纵有罪，明显是违反

1　《旧唐书·张镒传》中记："建中三年正月，太仆卿赵纵为奴当千发其阴事，纵下御史台，贬循州司马，留当千于内侍省。镒上疏论之曰：'伏见赵纵为奴所告下狱，人皆震惧，未测圣情。贞观二年，太宗谓侍臣曰："比有奴告其主谋逆，此极弊法，特须禁断。假令有谋反者，必不独成，自有他人论之，岂借其奴告也。自今已后，奴告主者皆不受，尽令斩决。"由是贱不得干贵，下不得陵上，教化之本既正，悖乱之渐不生。为国之经，百代难改，欲全其事体，实在防微。顷者长安令李济得罪因奴，万年令霍晏得罪因婢，愚贱之辈，悖慢成风，主反畏之，动遭诬告，充溢府县，莫能断决。建中元年五月二十八日，诏曰："准斗竞律，诸奴婢告主，非谋叛已上者，同自首法，并准律处分。"自此奴婢复顺，狱诉稍息。今赵纵非叛逆，奴实奸凶，奴在禁中，纵独下狱，考之于法，或恐未正。将帅之功，莫大于子仪；人臣之位，莫大于尚父。殁身未几，坟土仅干，两婿先已当辜，赵纵今又下狱。设令纵实抵法，所告非奴，才经数月，连罪三婿。录勋念旧，犹或可容，况在章程，本宜宥免。陛下方诛群贼，大用武臣，虽见宠于当时，恐息望于他日。太宗之令典尚在，陛下之明诏始行，一朝偕违，不与众守，于教化恐失，于刑法恐烦，所益悉无，所伤至广。臣非私赵纵，非恶此奴，叨居股肱，职在匡弼，斯是大体，敢不极言。伏乞圣慈，纳臣愚恳。'上深纳之，纵于是左贬而已，当千杖杀之。镒乃令召子仪家僮数百人，以死奴示之。"参见〔后晋〕刘昫等：《张镒传》，《旧唐书》卷一百二十五，第3546—3547页。

了容隐原则，按照唐律，部曲、奴婢告主当处绞刑。当千却没有受到这样的处罚，反而被留在了宫廷之中。后经张镒劝谏，当千才被杖杀。在张镒的奏疏中，我们可以知道，唐自立国之始，对于奴婢告主的行为都是禁止的、抑制的态度，甚至在贞观二年（公元 628 年）时，即便是谋叛以上的罪行也不允许奴婢告言，有奴告主的一律斩决。后在《唐律疏议》中，又稍稍放宽了限制，允许部曲、奴婢告发谋叛以上的罪行，但告发主人一般犯罪，部曲、奴婢仍处绞刑。可实践中，奴告主并不都按律法的规定来处置，甚至此类的案子充斥府县，渐成风气，主人反倒因奴仆的告发而获罪。

建中元年（公元 780 年），皇帝下诏重申"诸奴婢告主，非谋叛以上者，同自首法，并准律处分"的规定，才使得这种风气暂熄，但仍然没有完全停止。据《东观奏记》记载，唐宣宗时，大理寺卿马曙担任代北水陆运使，代北盛产犀甲，他在去职的时候，便带了一二十副犀甲返京。按照以往的惯例，人臣之家不得私自储存兵器，马曙回朝之后，便将那些盔甲都藏了起来。有一天，马曙家中有奴仆犯了错，马曙狠狠地鞭笞了他。这个奴仆便怀恨在心，便前往御史台告发马曙私藏兵器，将有异谋。御史台便派人前往查验，果然搜到了被藏匿的盔甲，马曙因此左迁邵州刺史。当时谏官以为处罚过重，向皇帝上奏说，此案是奴告主，按照律法不应如此处理。于是皇帝亲自下达命令，将告发马曙的奴仆杖杀于青泥驿，而马曙被贬往更远的岭外。[1] 在《旧唐书·魏谟传》中亦记此事曰："大理卿马曙从人王庆告曙家藏兵甲。曙坐贬官，而庆无罪。（魏）谟引法律论之，竟杖杀庆。"[2]

在此案中，马曙私藏盔甲的行为确实有罪，但尚未到谋反的程度，基于容隐原则，作为奴仆的王庆当为主人隐瞒罪行，然而他却因一己私恨去告发主人，按照唐律，部曲、奴婢告主人当处绞刑。而对于主人而言，犯罪未发之时，受到部曲、奴婢的告发可按自首原其罪。但本案的处理明显与法律的规定有所出入，尤其是最开始的处理方案，是马曙贬官，奴仆无罪，这是严重背离唐律的规定的，后经官员劝谏，这位告主的奴仆才被杖杀，而非唐律中规定的"绞刑"，但主人马曙也没有得到免罪，反而再贬岭外。究其原因，马曙私藏犀甲此举，已经违背了作为臣子的本分。在皇权与皇帝的利益受到威胁之际，尽管律法规定自首原罪，但是皇帝仍然从重处罚，从而警示臣子，恪守"君为臣纲"，不得逾越。

当然，此类案子中，亦有完全不按照唐律处置的情形。譬如《大唐新语》中记，则天朝时，奴婢多与外人勾结，动辄告发主人，

1　《东观奏记》中记："大理卿马曙任代北水陆运使。代北出犀甲，曙罢职，以一二十领自随。故事，人臣家不得蓄兵器。曙既在朝，乃瘗而藏之。一日，奴有犯罪者，曙笞之，即告于御史台，称曙蓄兵器，有异谋。命吏发曙私第，得甲不虚，坐贬邵州刺史。谏官上论，以奴诉即主，在法不治。上命杖杀曙奴于青泥驿，曙再贬岭外。上奏，人臣无不感悦。"参见〔唐〕裴庭裕撰，田廷柱校点：《东观奏记》，中华书局1994年版，第111页。

2　〔后晋〕刘昫等：《旧唐书》，第4570页。

以求官府的赏赐。润州刺史窦孝谌的妻子庞氏，被其奴婢告发其在夜间起坛做法事，皇帝敕令御史薛季昶审理此案。待审理之后，薛季昶言庞氏有咒诅的行为，并且写了详细的奏表禀明天子，呈上奏表之前还在玉阶之上哭泣不已，说道："庞氏所做的事，做臣子的根本不忍心说出来。"则天看过奏表，非常赞赏薛季昶，给他迁任给事中，而庞氏则被判弃市之刑。将要行刑之际，庞氏的儿子窦希瑊诉冤于侍御史徐有功，有功看过状子说："这是冤案，即刻停止行刑。"并且禀告皇帝。后由三司共同审理此案，薛季昶将庞氏有罪的证据做得详细周密，刑部与大理寺宣告了庞氏有罪的决断继而又害怕不已，于是众人一起逼迫徐有功，徐有功便不再申辩，庞氏于是被判处了绞刑。后来，皇帝召见徐有功，问他："卿此按失出何多也？"徐有功说："失出，是臣之小过，而好生是圣人的大德，愿陛下能弘扬大德，这是天下的幸运！"皇帝沉默良久，对徐有功说："你先退下。"后来下敕削减庞氏的死刑，流放岭南。[1]

1　《大唐新语》中记："则天朝，奴婢多通外人，辄罗告其主，以求官赏。润州刺史窦孝谌妻庞氏，为其奴所告夜醮，敕御史薛季昶推之。季旭言其咒诅，草状以闻，先于玉阶涕泣不自胜，曰：'庞氏事状，臣子所不忍言。'则天纳之，迁季旭给事中。庞弃市，将就刑，庞男希瑊诉冤于侍御史徐有功，有功览状曰：'正当枉状。'停决以闻。三司对按，季旭益周密其状，秋官及司刑两曹既宣复而自惧，众迫有功，有功不获申，遂处绞死。则天召见，迎谓之曰：'卿此按，失出何多也？'有功曰：'失出，臣下之小过；好生，圣人之大德。愿陛下弘大德，天下幸甚！'则天默然久之，曰：'去矣！'敕减死，放于岭南。"参见〔唐〕刘肃撰，许德楠、李鼎霞点校：《大唐新语》，第57—58页。

在此案中，庞氏为奴婢所告发，竟被处以死刑，而奴婢也并没有因为告主受到相应的处罚。若庞氏的做法意欲谋危皇帝，那么便是谋反大罪，应当株连亲族，然而皇帝仅仅对庞氏一人做了处罚，可见其罪不至谋反。既然如此，告发庞氏的奴婢就应该受到严惩，但官府也没有那么做。大抵是则天一朝，皇帝密织法网，网罗大臣，设铜匦，允许告密，致使告密之风盛行的原因。针对被告者命有司讯问治罪，而告发者则可安然无恙。

在此种情形下，原本基于容隐原则而设置的法条便成为具文，在实践中适用就遇到了现实诸多阻挠。但是容隐制度作为基本的制度并没有被动摇，一些由于复杂因素而使得容隐案件受到另判的情况，恰恰反映了社会的真实性和复杂性。

（二）容隐制度在唐代礼法治理中发挥的功用

尽管唐代容隐制度在实践中会遇到遭受破坏不能适用的情形，但在大多数时候都运行良好，并且在国家礼法治理过程中，发挥出重要的功用，概括而言，大抵有二，一为序，一为教。

首先，唐代容隐制度具有"和序亲族"的功用。唐代容隐制度即基于亲亲之义，维护亲情伦理而设计，其最主要的功用便是"和序亲族"，即亲族和睦有序。从家族层面而言，传统的"父慈""子孝""兄友""弟恭""姑慈""妇听"等儒家伦理道德在唐代既为统治阶层所标榜，又被普通百姓所接纳遵从。其中核心便是"孝"，"孝"便为维持唐代礼法秩序的基本要素之一。基于此种道德，国家所设计的容隐制度，允许"同居相为隐"，较于前代进一步扩大容隐亲属的范围，禁止亲属相告，尤其是对子孙告祖父母、父母的行为给予十分严厉的惩罚，而告其他服制的尊长也将随着服制的疏远处罚力度逐渐降低。容隐范围内的亲属若真的去官府告言，也按犯罪人自首处理。此种规定本就是意欲和睦亲族，消弭亲属相告带来的伤害，从而维护亲情伦理的完整性。

在实践中，我们可以发现，对于那些违背容隐原则，告言亲属的人，国家往往给予非常严厉的处罚。若上文所讲到的夫妇合谋诬告继母案，妻与他人私通授意他人诬告亲夫案，其结局便可窥一斑。由此可知，容隐制度的适用十分有力地维护了家庭秩序，家族的和睦又有利于社会的安定，从而延展到国家层面，以有利于国家整顿秩序，推行礼法治理。

从国家层面而言，中国古代国家在形成的过程中本就存在一定的早熟性，"氏族血缘"被当作一种传统保留了下来，故而在后世，国家社会治理的基本单位是家族而非个人。维护家族和睦的道德核心是"孝"，而维护国家秩序的道德核心便是"忠"，在儒家的理论里，忠与孝是联结在一起的，继而国与家也联为一体，构成了一体两面的共存结构。但如果"孝"与"忠"产生冲突之时，"孝"就应当自觉地做出一定让步，同样在家族秩序与国家社会政权产生冲突之时，家族秩序也需要做出让步。故而唐代容隐律文中规定，谋叛以上的罪行不在得相容隐之列。在实践中这种迹象也十分明显甚至有进一步扩展的趋向，譬如上文所提到的许圉师为子隐罪案，虽然此处许圉师的儿子所犯并非谋叛以上的罪行，仅仅是普通的杀人罪，但许圉师位极人臣，不能约束其子，致使其违背法度，危害社会秩序。即便依照律法可以容隐，但由于许圉师身为左相，未能上报，争取"议""请"，故从国家秩序层面上来看，许圉师仍然要受到一定的处罚。另外，在危害到皇权之时，亦是如此。譬如在马曙私藏犀甲案中，马曙私藏一二十副犀甲为奴所告发，尽管其罪不在谋叛以上，但却违背了人臣的本分。此案中，奴仆告主违反容隐自当死罪，而马曙也因危害皇权远谪岭外，这正是对皇权以及国家秩序的维护。例如此者，不胜枚举。

其次，唐代容隐制度在实践过程中也广泛地发挥了教化的功用。唐代司法官在遇见一些容隐范围内的亲属相告情节轻微的案件时，通常会从维护亲情、彰明教化的角度出发，给予宽和的处理。譬如上文提到的，韦景骏处理母子相讼的案件时，并没有给予案件中的儿子严厉处罚，反而晓之以理，动之以情，并取来《孝经》命他研读，用教化方式使其改过。而韩思彦以御史身份巡按剑南，在处理兄弟相告案时，亦是以兄弟同乳的道理教化他们，使其悔悟自新。

这类案件虽然都是容隐范围内的亲属相告，但由于情节轻微，危害不大，司法官采用教化的方式，使其明白伦理，恪守纲常，正是唐代国家推行礼法治理的重要表现之一。而其他较为严重的案件适用容隐的原则同样也有教化的内涵。如在赵纵为奴所告发案中，张镒反复在给皇帝的奏疏中提到教化，譬如"由是贱不得干贵，下不得陵上，教化之本既正，悖乱之渐不生。为国之经，百代难改，欲全其事体，实在防微"。又如"太宗之令典尚在，陛下之明诏始行，一朝偕违，不与众守，于教化恐失，于刑法恐烦，所益悉无，所伤至广"。故而在赵纵的案子里，最后恶奴当千被杖杀，张镒召集郭子仪的奴仆百人，将当千的尸体展示给他们看，实是具有教化与震慑双重目的。唐代容隐制度中，令部曲、奴婢不得告主，主要就是怕长此以往，教化恐失。而对容隐范围内的亲属的种种限制，论其本意，亦是如此。

第四章

宋明以降经济社会发展对容隐制度的影响

　　唐代亲属容隐制度已发展得较为完善，在维护亲情和睦和社会治理方面发挥了很好的作用。宋明以降，经济社会有了较大的发展变化，商品经济得到发展，乡里自治功能得到发展。这一时期，宋明理学的发展对社会治理也产生了重要影响。宋明理学将"三纲""五常"上升到天理高度，进而成为人道的更高哲学基石，容隐这种旨在维护"三纲"秩序的观念和制度不仅得以承袭，而且得到了不断丰富和完善。清末至民国，国家处于动荡时期，但受西学东渐风气影响，人们思想开始解放，生活方式也逐步发生了变化。容隐制度也随之进行了改革，开始融入西方不同的价值观念。

一、　宋明以降乡里自治对容隐范围的扩大

　　宋代承袭前代，乡里制度得以陆续发展，经过北宋前期的推行，后成为南宋乡村基层管理体系的核心。宋明以来理学的兴起及其对社会治理方面的影响，使之稳固了儒家正统的统治地位，理学的基本伦理规范了人们的生活，宗族成为国家基层社会治理中一个重要的环节，这使得容隐制度继续发展，适用范围也得以扩大。

（一）宋明理学对宋明清时代社会治理的影响

　　宋明理学以程朱理学为主要内容，其对"亲属容隐"最大的

影响最大是朱熹对孔孟"亲亲相隐"思想的解读。朱熹的解读，为人们提供了细致可行的道德规范，对宋代社会治理方式的形成产生了很大影响，也为明清时代社会治理提供了样式和范本。

1. 宋明理学的产生及主要内容

北宋时期，华夏多个政权与宋并立，民族矛盾时紧时松，社会状况异常复杂。到北宋中叶，由于民无恒产，百姓生存难以得到保障，社会矛盾日益加剧，加之冗官现象导致国内财政出现危机，农民起义此起彼伏。在此种民族危机与社会危机交织的严峻形势下，出现了一批主张读先圣原典来"明天理"、正"道统"的理学家，为原典赋予新的含义，使其适应社会形势的发展。另外，南北朝时期佛、道盛行，儒学面临挑战。佛教徒提出佛为正，儒道为邪教，三教归佛，又称"三教合一"。隋朝时期儒学家提出"三教合归儒"。唐朝时期统治者奉行以道为主的三教并行政策，儒学的地位实际上受到严峻挑战，尽管《唐律》一准乎礼，但佛道在民间社会却影响深远。北宋时，儒家学者展开了复兴儒学、抨击佛道的活动。为了复兴儒学，他们还新增了儒经，并且融合了佛道思想，对儒经义理进行重新解读，从而形成了以理学为核心的新儒学，并在元、明、清各时期一直被尊为官方哲学，作为政治统治的思想基础，解决当时现实中存在的道德失范问题。

宋明理学在北宋时称为"道学"，在南宋时称"理学"，因宋明两代理学占主导地位，且拥有较多理学水平较高的理学家，今总称"宋明理学"。宋明理学大致分为两个阶段，分别是以二程（程颢、程颐）和朱熹为核心的理学和以陆九渊和王守仁（号阳明）为核心的心学。程朱理学核心是"存天理、灭人欲"和"格物致知"论说；陆王心学核心是"心即理""心外无物"论说，是理学的继续发展阶段。宋明理学思想对当时以及明清时代社会治理产生的影响，体现在对家庭人伦关系的重视和对乡规民约的遵守两个方面。

古代以宗法制为家庭形式，其中最重要的就是人伦关系。国家是家族的放大，家族是国家的微缩，所以治国必先齐家。在家族关系中，五伦是最高原理和绝对原则[1]。以五伦为核心思想的宗法制度贯穿于中国古代各个时期，宋明时期延续了这种制度，而且有了新特点，就是重视乡规民约。将国家的要求和地方的实际情况结合起来，将政治、经济、教育、社会风俗、地方治安等皆放在家族内，使社会细胞充分发挥其职能，实现国家管理的地方化。移风易俗类的事件首先从家族做起，家族内自我监督从而能够减少很多不法活动。同时，对乡规民约的遵守也加强了地方自治，在中国古代社会长期的发展运行中，对中国的整体发展有促进作用。

乡规民约还能起到补充国家行政制度的作用，如北宋时期著名的陕西蓝田吕氏家族的《吕氏乡约》就是由著名理学家吕大临、

---

[1]　五伦起源甚早，在《尚书》中已有所发端，其后的儒家典籍中论述也很多，其中最经典的是《孟子》中的表述："父子有亲，君臣有义，夫妇有别，长幼有序，朋友有信。"

吕大防兄弟主持制定的。《吕氏乡约》是后世许多乡约的蓝本。乡规民约对巩固地方政权、减少政府行政成本、移风易俗等都有重要的意义。另外，与乡规民约并行，"家范"等也大量出现，北宋司马光的《家范》甚为有名，许多家族起而仿效。"家范"对约束家庭成员的行为、使其养成良好的道德品质和行为规范有重要意义。重视家教是中国文化的优良传统，历代统治者也认识到乡规民约对国家管理的辅助作用而大加提倡。朱元璋立国不久即下令重修乡饮酒礼，将其推行至全国乡里等基层组织，并将"孝顺父母，尊敬兄长，和睦邻里，教育子弟，各安生理，毋作非为"的"敕谕"作为在乡饮酒礼上宣讲的重要内容，这正是对家庭教育在国家治理中发挥重要作用的极大肯定和认可。

宋明理学注重道德和气节，强调人们的社会责任感和历史使命感，儒家的道德成了人们做人的准则。而儒家提出的亲亲相隐制度在宋元明清时期得以继续运行，并且逐渐扩大范围，由唐代"同居相为隐"扩大到"非同居相隐"。宋朝的尊师重道也成为社会的行为准则，仅次于孝道，这也成为"亲隐"的范围。朱子对孔孟"亲亲相隐"的思想进行解读时，不仅不离文义，而且将简单的字义训释与义理阐释严密结合在一起，因此成为宋代以来孔孟"亲亲相隐"诠释之典范，备受后世学者推崇。

2. 宋明理学对宋明清时代社会治理的影响

宋明理学主要以程朱理学和陆王心学的形态呈现出来，对于亲属容隐制度的继承和发展，都反映了当时理学家们在思考和解决现实社会问题时的哲学智慧，深刻影响了宋代及以后明清时期的社会治理方式。亲属容隐制度对社会治理起到了较大的作用，影响了人们生活的方方面面，从家庭伦理观念到国家社会治理，容隐制度都发挥着重要作用。所以，在此以朱子对"亲亲相隐"思想的解读为主要内容展开分析，进而诠释宋明理学对宋明清时代社会治理的影响。

家庭关系是社会的基础关系，古代家庭关系中最为重要的是父子关系。关于"父子互隐"，朱子在广泛辑录和比较北宋范祖禹、谢良佐、杨时、侯仲良、尹焞诸儒观点的基础上认为：

> 范氏推广言之甚善，至于本章之指，则杨氏之说本乎情，谢、侯氏、尹氏之说本乎理，皆有所不同也。今试以身处之，则所谓情者可体而易见，所谓理者近于泛而不切。然徒徇夫易见之近情，而不要之以至正之公理，则人情之或邪或正初无准则，若之何其必顺此而皆可以为直也邪？苟顺其情而皆可谓之直，则霍光之夫妇相隐可以为直，而周公之兄弟、石碏之父子皆咈其情，而反陷于曲矣，而可乎哉？况孟子所谓情者，乃指下文四端之善而言，而所谓若者未必其果为顺也。[1]

可见，朱子不但细致地比较、评价了北宋诸儒的观点之优劣，突显出他对"父子互隐"的道德合理性以及个体道德修养的深思熟虑。而且结合自己切身体察与相关历史典故之得失进行了评判，

1　〔宋〕朱熹撰，黄坤校点：《论语或问》，《四书或问》，上海古籍出版社2001年版，第313—314页。

很好地融汇了时人的观点、个体身心践履与一般社会伦理实践，从而形成既具特定时代特质，又能为个体身心道德修养与社会伦理实践提供普遍道德价值准则的独到诠释方式。他认为，若设身处地地想，情是每个个体都能切实感受且容易呈现出来的，但不一定合于道德准则。他举霍光夫妇、周公兄弟和石碏父子的事例说明，若仅遵从父子、兄弟、夫妇间易见、易感的自然情感，而不以绝对正当或至善的普遍理则（或"公理"）范导，则人之情感可善可恶没有确定的道德准则，不能保证顺乎人之情感都是正当的。他又指出，理对人而言则较抽象、宽泛，不那么切合于人的实际身心感受，但具有普遍价值合理性或合道德性。因而只有依据普遍理则行事，个体行为才具有正当性与合道德性。最后，他引证孟子的四端之善情，表现出他对情理相贯通问题的进一步思考。这同时也是朱子晚年在《四书章句集注》中，以"天理人情之至"命题诠释"父子互隐"合理性的基础与关键。

在《论语集注》中，朱子诠释"父子互隐"章时，既辑录了何晏集解中对"直躬"与"攘"的字义训诂，又以"天理人情之至也。故不求为直，而直在其中"[1]诠释孔子所讲"直在其中"的内涵以及"父子相隐"的合理性。其中"不为直"是说，不直接就事论事、揭露父子攘羊的不义之举，以显示直躬的直行，而是儿子为父亲隐瞒过失。"直在其中"则是说"父子互隐"是"天理人情之至"，既符合天理的道德规定，也是人情的直接呈现。在朱子看来，"父

1　〔宋〕朱熹撰：《论语集注》，《四书章句集注》，第146页。

子互隐"不仅仅是父子自然亲情的直接体现，背后还包含与之相关的道德意识与道德行为规范，具有道德合理性。

事实上，朱子所讲的"天理人情之至"，就是前述"要之以至正之公理"的人情以及"四端之善"情。朱子认为，在亲人行不义的情况下，隐亲之人情可不可行，首先要看它是否符合普遍理则或至正公理的要求。通过朱子所举霍光夫妇、周公兄弟和石碏父子的例子可知，违背了至正公理或普遍理则规定的行为主要指，犯上作乱、违背君臣之义或祸及国家、民众安危的极端行为。故而通过至正公理的规定，朱子明确限定了隐亲行为的前提条件。不仅如此，朱子还进一步规定了个体应当如何具体展开隐亲行为的实践。朱子认为，在亲人的不义之举尚未违背至正公理的前提下，个人隐其亲需出于其内在固有的恻隐、羞恶、是非、辞让四种道德情感。这样一来，父子间会因有恻隐、羞恶之心而相互隐蔽、爱惜、不外扬其过失，有是非之心就不会任亲人行不义而不加劝阻，有辞让之心就会在劝阻时合乎相应的义礼规定，相互尊重。

通过阐发"天理人情之至"命题，朱子将孔子在父亲攘羊问题上的"父子互隐"主张，扩大到一般情况下亲属能否相隐以及应当如何展开相隐行为的问题，从而使"亲亲相隐"实践进一步合道德化、规范化。并且，朱子"天理人情之至"命题背后包含着一套完整而精深的道德性命之学或道德形而上学体系，是我们理解儒家"亲亲相隐"观念的道德形而上学基础及思维特质的关键。

此后，宋元明清孔孟"亲亲相隐"思想的义理诠释著作虽时有出现，但除了少数明代著作之外，大部分著作不但反复引用朱子《论语集注》《论孟集注》中的相关注解，而且无论是诠释形式还是思想义理阐发，均未能脱离朱子诠释孔孟"亲亲相隐"思想时所确立的诠释方式与理论形态。朱子对"亲亲相隐"思想的解读对后世亲亲相隐制度的运行和发展奠定了很好的思想基础，对于宋明清时代社会治理方式中道德规范的约束作用一直存在。

（二）宋至明清亲属容隐法制考

宋明以降，容隐制度继续发展，容隐所适用的范围也呈现扩大趋势。宋朝基本沿袭前朝的规定，对亲属容隐的规定变化不大，只不过条目有些变化而已。元代因少数民族统治，当时的法律主要吸收汉族的制度，流传下来的法律文本中关于亲属容隐的规定也大体和唐宋无异。明清时期，国家政策和法律变化较大，亲属容隐制度方面也发生了一些变化；明朝在司法判例中，连谋反罪也须隐，其容隐义务较唐宋有过之而无不及。

1. 两宋时期关于容隐的规定

宋朝《宋刑统》是一部刑事法律，无论结构还是内容，基本上照搬唐律，对"亲亲相隐"制度也没有较大的变动，只是在细节上有了一些完善，相关的规定有"有罪相容隐""知情藏匿罪从""泄漏其事""告祖父母、父母""告卑幼""与囚金刃解脱"等法律条文。

　　《宋刑统》中关于"有罪相容隐"的具体规定为："诸同居，若大功以上亲及外祖父母、外孙、若孙之妇、夫之兄弟及兄弟妻，有罪相为隐。部曲、奴婢为主隐，皆勿论。即漏露其事及擿语消息，亦不坐，其小功以下相隐，减凡人三等。若犯谋叛以上者，不用此律。"[1] 由此条文也能看出宋朝容隐制度适用主体的范围较唐朝有了扩大的趋势。

　　辽代也有涉及容隐的规定，圣宗"二十四年，诏非谋反大逆及流死罪者，其奴婢不得告主"[2]。

　　党项族建立的西夏在其所颁布的《天盛律令·许举不许举门》中也有关于亲属容隐的规定。首先是同唐宋律的规定相同的一点，即子孙举告祖父母、父母处以绞刑；其次，对妻子、媳举告公、婆、夫及自己大功至其亲犯罪的限制较松，如可举告公、婆、夫"撒放毒药、咒人死、盗中杀人、有意杀人，对亲母、岳母、庶母、姑、姐妹、女、媳等行为不轨"；再次，对奴仆举告主人的限制也较松，除了可举告谋反、谋叛等国事重罪以外，还可举告主人盗官畜、谷、物，自铸钱，私制曲等行为。法律同时规定，对于举告属实的，奴仆及同居亲属可离开原主人[3]。

2. 元代关于容隐的规定

　　元代是我国少数民族蒙古族统治全国的时代，蒙古族是游牧

1　〔宋〕窦仪等撰：《宋刑统》，中华书局1984年版，第95页。

2　〔元〕脱脱等撰：《刑法志》，《辽史》卷六十一，中华书局1974年版，第939页。

3　参见胡谦、张文华：《论古代的亲属容隐制度》，《广西社会科学》2002年第5期。

民族，他们入主中原之后，国家虽然动荡，但是制度方面尤其是法律制度没有被淹没，吸收了很多汉族的制度，容隐制度也被保留了下来。据历史记载，《大元通制》是元代最系统最完整的一部法律，只可惜《大元通制》现已不存在了，我们只能从其他关于元代历史的书籍中来了解元代法律制度的内容。

在《元史·刑法志》中有一些关于元朝亲属相隐制度的记载，其基本内容与唐宋相通。其具体内容包括在《元史·刑法志·名例》中将告祖父母、父母列为"不孝"，新增加了"干名犯义"的罪名，《元史·刑法志·诉讼》中规定："诸子证其父，奴讦其主，及妻妾弟侄不相容隐，凡干名犯义，为风化之玷者，并禁止之。诸亲属相告，并同自首；诸妻讦夫恶，比同自首原免。凡夫有罪，非恶逆重事，妻得相容隐，而辄告讦其夫者，笞四十七。"[1] "诸教令人告缌麻以上亲，及奴婢告主者，各减告者罪一等。若教令人告子孙，各减所告罪二等。"[2]

在唐律同居相为隐的基础上，元代容隐的主体又扩大了范围，根据元人沈仲纬《刑统赋疏》引至顺元年（公元1330年）礼部议定条例，"诸雇工及受雇之人，虽与奴婢不同，衣食皆仰给于主，除犯恶逆及损侵己身理听从赴讼，其余事不干己，不许讦告"[3]。由此，亲属容隐制度的范围不再局限于亲属之间，雇工及受雇之

---

1 〔明〕宋濂等撰：《刑法志》，《元史》卷一百〇五，中华书局1976年版，第2671页。

2 同上。

3 〔元〕沈仲纬：《刑统赋疏》，转引自黄时鉴辑点：《元代法律资料辑存》，浙江古籍出版社1988年版，第208页。

人也成为容隐制度适用的主体之一。

3. 明代关于容隐的规定

明朝关于容隐制度的法律规定主要在《大明律》中，《大明令》和《问刑条例》等法律中也有部分体现。

（1）《大明律》中对容隐制度的规定。《大明律·名例律》中对容隐制度有着原则性的规定："凡同居，若大功以上亲，及外祖父母、外孙、妻之父母，女婿，若孙之妇，夫之兄弟及兄弟妻，有罪相为容隐；奴婢、雇工人为家长隐者，皆勿论。若漏泄其事，及通报消息，致令罪人隐匿逃避者，亦不坐。其小功以下相容隐，及漏泄其事者，减凡人三等；无服之亲减一等。若犯谋叛以上者，不用此律。"[1]与《唐律疏议·名例》相比，虽略有差异，但实际无大的差别。《大明律》增加了"妻之父母，女婿"，容隐主体的范围又有扩大。

关于犯罪自首虽然不属于直接的容隐问题，但法律允许容隐的亲属自首，视为犯罪者本人自首，依律免除或减轻处罚。这一点《大明律》基本承袭了《唐律》的规定。"凡犯罪未发而自首者，免其罪，犹征正赃……其遣人代首，若于法得相容隐者，为首及相告言者，各听如罪人身自首法。"[2]

《大明律·诉讼律》中规定了告发得相容隐者要受到处罚的条文，即"干名犯义"条，此条从禁止或限制亲属相告的角度对

---

[1] 怀效锋点校：《大明律》，法律出版社1999年版，第18页。

[2] 同上，第13—14页。

影响最大是朱熹对孔孟"亲亲相隐"思想的解读。朱熹的解读，为人们提供了细致可行的道德规范，对宋代社会治理方式的形成产生了很大影响，也为明清时代社会治理提供了样式和范本。

1. 宋明理学的产生及主要内容

北宋时期，华夏多个政权与宋并立，民族矛盾时紧时松，社会状况异常复杂。到北宋中叶，由于民无恒产，百姓生存难以得到保障，社会矛盾日益加剧，加之冗官现象导致国内财政出现危机，农民起义此起彼伏。在此种民族危机与社会危机交织的严峻形势下，出现了一批主张读先圣原典来"明天理"、正"道统"的理学家，为原典赋予新的含义，使其适应社会形势的发展。另外，南北朝时期佛、道盛行，儒学面临挑战。佛教徒提出佛为正，儒道为邪教，三教归佛，又称"三教合一"。隋朝时期儒学家提出"三教合归儒"。唐朝时期统治者奉行以道为主的三教并行政策，儒学的地位实际上受到严峻挑战，尽管《唐律》一准乎礼，但佛道在民间社会却影响深远。北宋时，儒家学者展开了复兴儒学、抨击佛道的活动。为了复兴儒学，他们还新增了儒经，并且融合了佛道思想，对儒经义理进行重新解读，从而形成了以理学为核心的新儒学，并在元、明、清各时期一直被尊为官方哲学，作为政治统治的思想基础，解决当时现实中存在的道德失范问题。

宋明理学在北宋时称为"道学"，在南宋时称"理学"，因宋明两代理学占主导地位，且拥有较多理学水平较高的理学家，今总称"宋明理学"。宋明理学大致分为两个阶段，分别是以二性规定，又提及了容隐制度的适用情况。而"老幼不拷讯"则对作证对象进行容隐性质的规定，按规定法律的容隐之人不能强迫其作证："凡应八议之人，及年七十以上、十五以下，若废疾者，并不合拷讯，皆据众证定罪。违者，以故失入人罪论。其于律得相容隐之人及年八十以上、十岁以下，若笃疾，皆不得令其为证。违者，笞五十。"[1]

（2）《大明令》中对容隐制度的规定。《大明令》中有三条律文涉及容隐问题。

第一，与《大明律》中"亲属相为容隐"条内容基本一致的是"亲属容隐"条。条文规定："凡同居大功以上亲及外祖父母、外孙，若孙之妇、夫之兄弟及兄弟妻有罪，许相容隐。或奴婢为本使者，亦勿论。其小功以下相隐，减凡人三等。犯谋反、恶逆，不用此令。"[2]

第二，与《大明律》中"犯罪自首"条基本一致的是"亲属代首"条的规定。"凡犯罪自首之人，若法许容隐，亲代首者与自首同。其罪人不自首，而父首子、弟首兄、尊长首有服卑幼，皆如罪人身自首法。卑幼告讦尊长者，与犯人自首同，仍依干名犯义例，科卑幼罪。"[3]

第三，与《大明律》中"禁止强迫亲属作证"条规定基本一致的"告人子孙为证"条。条文规定："凡告事者，告人祖父不

---

[1]　怀效锋点校：《大明律》，第215—216页。
[2]　怀效锋点校：《大明律·附录大明令》，第265页。
[3]　同上，第266页。

得指其子孙为证，告人兄不得指其弟为证，告人夫不得指其妻为证，告人本使不得指其驱奴婢为证。违者，治罪。"[1]而这一条规定在《大明会典》中也有类似的规定，在其第一百七十七卷《刑部》十九中规定："凡告事者，告人祖父不得指其子孙为证，告人兄不得指其弟为证，告人夫不得指其妻为证，告人本使不得指其驱奴婢为证。违者，治罪。"[2]

（3）《问刑条例》中涉及容隐的规定。弘治十三年（公元1500 年）修订了《问刑条例》，其中关于容隐制度的规定有两条律条，分别是"犯罪自首条例"和"劫囚条例"。"犯罪自首条例"规定："凡强盗，系亲属首告到官，审其聚众不及十人及止行劫一次者，依律免罪减等等项，拟断发落。若聚众至十人及行劫累次者，系大功以上亲属告，发附近；小功以下亲属告，发边卫，各充军。其亲属本身被劫，因而告诉到官者，径依亲属相盗律科罪，不在此例。"[3]此条规定对《大明律》中的"犯罪自首"条进行了细化规定，也体现出了容隐制度中亲属相为容隐的原则。而另一条"劫囚条例"与《大明律》中的"劫囚"一条规定基本一致，对于劫囚人员有着严格的处罚规定，即使是同居家人也不适用容隐制度，规定曰："凡官司差人追征钱粮，勾摄公事，并捕获罪人，但聚众至十人以上，中途打夺，为从者，如系亲属，并同居家人，

1　怀效锋点校：《大明律・附录大明令》，第 267—268 页。

2　〔明〕李东阳等敕撰：《大明会典（二）》，江苏广陵古籍刻印社 1989 年版，第 343 页。

3　怀效锋点校：《大明律・附录问刑条例》，第 357 页。

照常发落。若系异姓，同恶相济，及槌师打手，俱发边卫充军。"[1]

4. 清代容隐制度规定

整体而言，清朝关于容隐制度的律条依然继承唐律的基本规定，具体内容见于《大清律例》及之前的《大清律集解附例》。

（1）《大清律例》中关于容隐的规定。《大清律例》中关于容隐的规定主要有三点：容隐原则规定、犯罪自首涉及的容隐、干名犯义涉及的容隐。

其中《大清律例·名例律》中关于容隐的原则性规定为："凡同居，若大功以上亲，及外祖父母、外孙、妻之父母、女婿若孙之妇、夫之兄弟及兄弟妻，有罪相为容隐。奴婢、雇工人为家长隐者，皆勿论。若漏泄其事及通报消息，致令罪人隐匿逃避者，亦不坐。其小功以下容隐及漏泄其事者，减凡人三等。无服之亲减一等。若犯谋叛以上者，不用此律。"[2]该规定与唐、明律基本类同。

"犯罪自首"条为"犯罪未发自首"，规定："其遣人代首，若于法得相容隐者，为首及相告言，各听如罪人身自首法。"[3]

"干名犯义"条规定："凡子孙告祖父母、父母，妻、妾告夫及告夫之祖父母、父母者，（虽得实亦）杖一百、徒三年（祖父母等同。自首者，免罪）。但诬告者，（不必全诬，但一事诬，即）绞。若告期亲尊长、外祖父母（及妾告妻者），虽得实，杖

1　怀效锋点校：《大明律·附录问刑条例》，第409—410页。

2　田涛，郑秦点校：《大清律例》，法律出版社1999年版，第120—121页。

3　同上，第112页。

一百。（告）大功，（得实亦）杖九十。（告）小功，（得实亦）杖八十。（告）缌麻，（得实亦）杖七十。其被告期亲，大功尊长及外祖父母，若妻之父母（及夫之正妻），并同自首免罪。小功、缌麻尊长，得减本罪三等。若诬告罪重（于干犯本罪者）者，各加所诬罪三等（谓止依凡人诬告罪加三等，便不失于轻矣。加罪不入于绞，若徒流已未决，偿费、赎产、断付、加役，并依诬告本律。若被告无服尊长，减一等，依《名例律》）。其告（尊长）谋反、大逆、谋叛、窝藏奸细，及嫡母、继母、慈母、所生母杀其父，若所养父母杀其所生父母，及被期亲以下尊长侵夺财产或殴伤其身，（据实）应自理诉者，并听（卑幼陈）告，不在干名犯义之限（其被告之事，各依本律科断，不在干名犯义之限，并同自首免罪之律。被告卑幼同此。又，犯奸及越关、损伤于人于物不可赔偿者，亦同）。若告卑幼得实，期亲、大功及女婿，亦同自首免罪；小功、缌麻，亦得减本罪三等。诬告者，期亲减所证罪三等，大功减二等，小功、缌麻减一等。若（夫）逐告妻及妻诬告妾，亦减所诬罪三等（被告子孙、妻妾、外孙及无服之亲，依《名例律》。若诬卑幼死未决，仍依律减等，不作诬轻为重）。若奴婢告家长及家长缌麻以上亲者，与子孙卑幼罪同。若雇工人告家长及家长之亲者，各减奴婢罪一等。诬告者，不减（又奴婢、雇工人被告得实，不得免罪，以名例不得为容隐故也）。其祖父母、父母、外祖父母诬告子孙、外孙、子孙之妇、妾及己之妾，若奴婢及雇工人者，各勿论（不言妻之父母诬女婿者，在缌麻亲中矣）。

若女婿与妻父母果有义绝之状，许相告言，各依常人论。"[1]

除以上三条外，乾隆年间，有关容隐制度的律条又增加了一条，该条规定："父为母所杀，其子隐忍于破案后，始行供明者，照不应重律，杖八十。如经官审讯，犹复隐忍不言者，照违制律，杖一百。若母为父所杀，其子仍听依律容隐，免科。"[2]

（2）《大清律集解附例》中涉及容隐的规定。《大清律集解附例》是自清世祖开始制定法律，至顺治三年（公元1646年）制成。该法颁行全国，是清朝第一部完整的成文法典。但由于其基本上是明律的翻版，有不少条文规定与当时社会脱节，实际在司法实践中没有认真贯彻执行，故其中关于容隐制度的相关规定也只是为前述《大清律例》的制定打下基础。《大清律集解附例》中涉及容隐的规定有三点，也分别是容隐的原则性规定、犯罪自首所涉容隐规定、干名犯义所涉容隐规定。

"亲属相为容隐"条规定："凡同居，若大功以上亲及外祖父母、外孙、妻之父母、女婿若孙之妇、夫之兄弟及兄弟妻，有罪相为容隐。奴婢、雇工人为家长隐者皆勿论。若漏泄其事及通报消息，致令罪人隐匿逃避者，亦不坐。其小功以下相容隐及漏泄其事者，减凡人三等，无服之亲减一等，若犯谋叛以上者，不用此律。"[3]

"犯罪自首"条规定："其遣人代首，若于法得相容隐者，

1　田涛，郑秦点校：《大清律例》，第486—488页。

2　同上，第120-121页。

3　〔清〕朱轼等撰：《大清律集解附例》，昌平坂学问所1752年版，第131页。

为首及相告言，各听如罪人身自首法。"[1]

"干名犯义"条规定："凡子孙告祖父母、父母，妻、妾告夫及告夫之祖父母、父母者，杖一百、徒三年。但诬告者，绞。若告期亲尊长、外祖父母，虽得实，杖一百。大功，杖九十。小功，杖八十。缌麻，杖七十。其被告期亲，大功尊长及外祖父母，若妻之父母，并同自首免罪。小功、缌麻尊长，得减本罪三等。若诬告罪重者，各加所诬罪三等，其告谋反、大逆、谋叛、窝藏奸细，及嫡母、继母、慈母、所生母杀其父，若所养父母杀其所生父母，及被期亲以下尊长侵夺财产或杀伤其身，应自理诉者并听，告不在干名犯义之限。"[2]

鸦片战争后，西方列强入侵，清朝进入最后一个阶段，现有法律开始变革。其中具有代表性的法律是《新刑律草案》，而其中有关于容隐制度的律文依然得以保留，只是稍有变化。在《新刑律草案》的第一百七十四条、第一百七十五条和第一百七十七条都分别进行了有关容隐制度的规定。其中，第一百七十四条规定："凡藏匿脱逃之犯罪人及监禁者，处四等以下有期徒刑或三百圆以下罚金。以前项之宗旨而顶替自守者亦同。"第一百七十五条规定："凡湮没关于他人刑事被告事件之证据，或伪造或行使或伪造之证据者，处四等以下有期徒刑、拘留或三百圆以下罚金。"第一百七十七条规定："犯罪人或逃脱人之亲族为犯罪人或逃脱

1　〔清〕朱轼等撰：《大清律集解附例》，第 124 页。
2　同上，第 423 页。

者利益计而犯本章之罪者，免除其刑。"[1]

（三）宋元明清亲属容隐制度发展的分析

"亲亲相隐"的法制化是一个缓慢的过程。《唐律》完善了亲属容隐制度，《宋刑统》基本上继承了《唐律》，其亲属容隐制度与唐朝基本一致。宋代之后，元、明、清历代的亲属容隐制度较之前代都有所继承，又各自有所变化。

1."亲属容隐"主体范围的变化

亲属容隐制度的首要特征就是容隐的主体范围。容隐主体范围即该制度的适用范围，也反映了当时官方对亲属等级、宗法伦理与法律之间关系的基本认识。

容隐主体的变化。唐律对容隐主体范围作出了细致的界定，总的来说，相较之汉代，唐代容隐范围明显扩大：一是服制之内的容隐；二是同居之人，尽管不在服制之内，也在容隐范围之内；三是部曲、奴婢对主人的容隐。其中，服制之内的容隐原则最为主要，带有鲜明的"准五服以治罪"意味。就五服制度而言，大功以上亲包括了斩衰亲、齐衰亲和大功亲。但是唐律中的亲等概念与五服制度又有所区别，它不以斩衰、齐衰区分尊卑，而是放弃"斩衰亲"之称，单言父、夫等，又以"期亲"代替"齐衰亲"。因而一般只言"大功以上亲"。而外祖父母、外孙、若孙之妇、

1　刘锦藻：《清朝续文献通考》（第 3 册），商务印书馆 1936 年版，第 9906 页。

夫之兄弟及兄弟妻虽然是在大功亲以下，但是"服虽轻，论情重"[1]，所以也将其纳入容隐的范围内。此外，小功以下亲虽然不属于容隐范围，但若相容隐也可减罪，这无疑更是鼓励亲属间相容隐的行为。以上便是唐代的容隐范围的重要组成。

　　宋代的容隐主体范围与唐代相同，因为《宋刑统》几乎是照搬《唐律疏议》。《宋刑统》卷六《名例律》的"有罪相容隐"即《唐律疏议》中"同居相为隐"的翻版。然而宋代的情况比较特殊，虽然《宋刑统》的内容与唐律相差无几，但是其时的社会结构相较于唐代已经发生了重大变化。因此，唐律中的许多条文也已经不适用于宋代社会。与此相应，从唐代后期开始，朝廷直接修纂皇帝制敕，制定成格和敕，作为另一种形式的法律条文。宋代延续了这种做法，大量地频繁地"编敕"，以适应社会需要，来调整社会秩序。到元丰七年（公元1084年），《元丰敕令格式》则将"编敕"细分为敕、令、格、式四种法律形式的分类编纂。在此之后，宋代出现了大规模的全面"编敕"活动，对所有现行法律条文都进行整理和删减修订。所以，宋代法律条文在一定程度上处于频繁变动之中。

　　遗憾的是此类编纂活动成果在今天很少能够见到，仅剩北宋的《天圣令》和南宋的《庆元条法事类》。《天圣令》残本现存10卷，缺20卷。原明钞本收藏于天一阁，后经中国社会科学院历史研究所整理，由中华书局于2006年出版。《庆元条法事类》残

1　郑定、马建兴：《略论唐律中的服制原则与亲属相犯》，《法学家》2003年第5期。

本也仅存 38 卷，缺 44 卷。现今通行的为燕京大学图书馆于 1948 年据常熟瞿氏本印行的版本。两者的发现对于研究唐宋之间以及两宋之间法律条令的变化有着重大意义。但是其中并未见有关"亲亲相隐"的条文。

明朝律法对唐宋有所延续，也有所变化。《大明律·名例律》中"亲属相为容隐"条则规定："凡同居，若大功以上亲及外祖父母、外孙、妻之父母、女婿、若孙之妇、夫之兄弟及兄弟妻，有罪相为容隐。"可见，容隐范主体又增添了"妻之父母"与"女婿"。由此，亲属容隐的主体范围就增加到了四类：1. 共同居住的人；2. 不同居的亲属；3. 部曲奴婢；4. 小功以下的亲属。只是在对各类主体适用容隐制度时稍有不同，对于共同居住的人，只要是共同居住在一起并且没有进行财产分割的亲属，不局限于配偶和亲属的同居，无论亲属关系是直系亲属还是旁系亲属，有没有服制都可以成为容隐的主体范围。对于不同居的亲属，有一定范围限制，相较于唐律，明律的容隐范围扩大到了妻亲，将岳父母和女婿也列入了容隐的主体范围之中。

对于部曲、奴婢而言，他们虽然也成为容隐的主体范围之一，但是只能为主人容隐，不涉及主人为部曲、奴婢容隐的情形。

而小功以下的亲属则更为复杂，如果亲属关系在小功以下且不同居，此种情况可以容隐但是并非"皆勿论"，而是对罪行进行减等处罚，小功以下亲属减凡人三等，无服之亲也减一等，在此方面较唐律宽容，处罚程度更轻了。这也反映出，自唐代至明代容隐不是我们不加考察的凭空想象，但凡亲属犯罪都可以绝对性容隐。它区分亲疏远近，区分犯罪刑罚的轻重，区分包容程度。

关于"犯罪自首"，《大明律·名例律》规定："其遣人代首，若于法得相容隐者，为首及相告言者，各听如罪人身自首法。"[1]虽没有直接提及容隐制度，但是能看出以下内容，即当一人犯罪，遣人代为自首，所遣之人不限亲疏，可以是相容隐之人也可以不是，只要代为自首，二者依律该免罪的免罪，该减轻处罚的减轻处罚。如果告发之人是罪犯的亲属，那么若是于法得相容隐者代为自首，即同居及大功以上亲，以及奴婢、雇工人代家长自首的情况，其告发效果与罪犯本人自首的情况相同，犯罪之人与代为自首者同样依律进行或免或减处罚；若告发之人是犯罪人之小功、缌麻亲，犯罪人得减凡人三等；若告发之人为无服之亲，犯罪人亦可得减一等。如果罪犯所犯之罪为谋反、谋大逆、谋叛之罪但尚未进行的情况，亲属告发或者捕送到官府的，效果与正犯人自首相同，正犯人也可得以免罪；如果是已经进行的情况，则正犯人不得免罪，而对于其余应当缘坐的亲属，告发效果与其自首相同，可得以免罪。可见，代为自首的规定对于被告发的亲属是有利的，进一步完善了容隐制度的立法体系。同时对于亲属恶意相告，与唐律立法基本原则相同，即亲属恶意相告，也依据相关犯罪自首规定处罚，进而使得出于恶意而告发容隐范围内亲属的行为之目的较难实现，有助于维护尊卑有序的宗法伦理等级秩序。

---

1 怀效锋点校：《大明律》，第14页。

而关于"干名犯义"，即对亲属相告的制度规定，容隐制度也贯彻其中。该罪名最早出现在元朝，明朝又着重对此进行了规定，同时也作为容隐制度的重要内容。律条内容上文已有所体现，在此不赘述。由律条内容可知，亲属告发分为三种情况。

第一种是卑幼告发尊亲属的情况，告发祖父母、父母属于"十恶"中的"不孝"罪，明律除诬告仍处绞刑外，告发得实者只杖一百、徒三年，较唐律的规定轻得多。若告发期亲尊长、外祖父母，虽告发得实，仍要受到惩罚，明律为杖一百，又根据亲疏远近对处罚作了区分，即大功，杖九十；小功，杖八十；缌麻，杖七十。被告发者如为小功、缌麻亲属等不在容隐范围内的，被告发者不免罪，可得减罪三等。此外，明律规定，如果奴婢告家长及家长缌麻以上亲，与子孙卑幼罪行相同。如果雇工人告家长及家长之亲者，各减奴婢罪一等。

第二种是尊亲属告发卑幼的情况，明律对于尊亲属告发卑幼的处罚较唐律轻，明代更加注重宗法秩序与家族伦理的维护。明律规定，若尊长告发卑幼得实，期亲、大功及女婿同自首免罪，小功、缌麻亦得减罪三等。

第三种是亲属之间不在"干名犯义"限制的行为，又分为四类。一是亲属犯谋反大逆、谋叛、窝藏奸细之罪，可以告发，不追究告发者的罪行；二是对于嫡母、继母、慈母、所生母杀害自己生父，或者养父母杀害自己的生父母的行为，子女可以告发；三是当被期亲以下尊长侵夺财产或者殴打身体时，受侵害的卑幼可以自行告诉；四是女婿和妻的父母有义绝之状，则允许相告，和常人一样论处。

《大清律例》中"亲属相为容隐"之条的内容与《大明律》相同。而在"干名犯义"的规定中，清朝增加了雇工作为"干名犯义"的犯罪主体，因为随着清朝经济的发展，雇工这一群体开始大量出现，他们的地位要比奴婢高，由于该时期雇主与雇工之间有着一定的人身依附关系，主家恩养程度较深，所以如果雇工要揭发雇主的犯罪行为，对于纲常伦理的破坏较大。

总之，宋元明清历代的亲属容隐制度几乎都是在唐律的基础上进行继承和发展完善。宋朝关于容隐制度的规定，与唐律基本无异。明清时期在容隐主体范围上稍微有所扩大，将妻之父母与女婿纳入其中。粗略来看，容隐主体范围的持续扩大在一定程度上也说明了亲属容隐制度一直都受到官方的认同。

2. "亲属容隐"治罪范围的变化

《唐律疏议》的"同居相为隐"、《宋刑统》的"有罪相容隐"以及明清律中的"亲属相为容隐"都是对亲属容隐制度的直接表述。然而，这并不是"亲亲相隐"思想在法律制度中的完整体现。亲属容隐既是一种权利，同时也是一种义务。因此，违背这种义务便会受到相应的惩罚。历代法律中都有类似的规定，这些法律条文其实是从侧面对亲属容隐制度的补充，同样能够反映"亲亲相隐"的法制化过程。

据《唐律疏议·名例》，"十恶"之一的"不孝"包括"告祖父母、父母"[1]。《唐律疏议·斗讼》"告祖父母、父母"条规定:"诸告祖父母、父母者,绞。谓非缘坐之罪及谋叛以上而故告者。即嫡、继、慈母杀其父,及所养者杀其本生,并听告。"[2]可见,唐代对于告祖父母、父母的治罪相当严厉,是死罪。但如果是谋反、谋大逆、谋叛的大罪,子孙是可以告祖父母、父母的。相对于汉代而言,这已经有了根本性的突破。此处,家与国家的概念开始逐渐分明,为了国家核心利益,不允许亲属容隐。

《唐律疏议·斗讼》"告期亲以下缌麻以上尊长"一条则对亲属相告的惩罚做出了更加详细的规定:"诸告期亲尊长、外祖父母、夫、夫之父母,虽得实,徒二年;其告事重者,减所告罪一等;即诬告重者,加所诬罪三等。告大功尊长,各减一等;小功、缌麻,减二等。诬告重者,各加所诬罪一等。即非相容隐,被告者论如律。若告谋反、逆、叛者,各不坐。其相侵犯,自理诉者,听。"[3]在这一条中,期亲尊长与外祖父母、夫、夫之父母以及大功尊长本就属于容隐范围之内,因此对于告发之人的惩罚是相对来说较为严厉的徒刑,而被告之人则论如自首。然而小功亲和缌麻亲并不在容隐范围之内,告发之人也要受到惩罚,减二等指的是从徒二年减去二等,也就是徒一年。"即非相容隐,被告者论如律",表明被告发的小功亲尊长与缌麻亲尊长不能视作自首。"其

1　〔唐〕长孙无忌撰,岳纯之点校:《唐律疏议》,第 12 页。

2　同上,第 370 页。

3　同上,第 372—373 页。

相侵犯，自理诉者，听"，这一条规定值得重视。它在一定程度上限制了亲属容隐制度的适用范围，它表明期亲以下、缌麻亲以上的亲属之间若是发生侵夺财物或是殴打其身之类的事，是可以告发对方的，官府也必须受理[1]。可以看出，这是官方对个人人身安全及财产安全的保护。显然，这条规定与"亲亲相隐"的思想存在一定的冲突。需要指出的是，《唐律疏议》中另有规定："义服者，妻妾为夫，妾为夫之长子及妇为舅姑之类，相犯者并与正服同。"[2]如此，则有相犯时，妻妾为夫、夫之父母所服的均在期亲之上，因此便不在"其相侵犯，自理诉者，听"这条规定之内。

瞿同祖先生认为"父权"是影响中国传统法律的重要因素。[3]所谓"父有不慈，子不可以不孝"[4]，中国的传统法律往往保护尊长的利益，亲属容隐制度自然也不例外。《唐律疏议·斗讼》"告缌麻卑幼"条："诸告缌麻、小功卑幼，虽得实，杖八十；大功以上，递减一等。"[5]亲尊长告亲卑幼所受的惩罚只是杖刑，与亲卑幼告亲尊长所受的徒刑相比显然要轻得多。此外，《唐律疏议·斗讼》"子孙违犯教令"条："诸子孙违反教令及供养有阙者，徒二年。须祖父母、父母告，乃坐。"[6]可见，若是子孙有不孝行为，祖父母、

1　〔唐〕长孙无忌撰，岳纯之点校：《唐律疏议》，第 374 页。

2　同上，第 137 页。

3　瞿同祖：《中国法律与中国社会》，商务印书馆 2010 年版，第 6 页。

4　〔明〕张四维辑：《名公书判清明集》，中华书局 1987 年版，第 388 页。

5　〔唐〕长孙无忌撰，岳纯之点校：《唐律疏议》，第 374 页。

6　同上，第 375 页。

父母是可以告发而不受惩罚的。

《宋刑统》继承了《唐律疏议》的内容，因此相关的规定几乎一样。只是以"周亲"代替"期亲"，然其义一也[1]。

明、清律则有所改变。《大明律·刑律五》"干名犯义"："凡子孙告祖父母、父母，妻、妾告夫及夫之祖父母、父母者，杖一百，徒三年。但诬告者，绞。若告期亲尊长、外祖父母，虽得实，杖一百；大功，杖九十；小功，杖八十；缌麻，杖七十。"[2]可见，明代对亲卑幼告亲尊长的治罪与唐、宋相比已发生了根本的改变。子孙告祖父母、父母在唐宋是死罪，而明代只是处以杖刑和徒刑，只有诬告祖父母、父母才处以绞刑。明代对于告发期亲尊长以下的亲属也只是处以杖刑，而在唐、宋都是处以徒刑。但是明代对妻妾告夫及夫之祖父母、父母的治罪却更为严厉，将其提高到了与子孙告祖父母、父母相同的层次，这与唐、宋律中相关的规定差别较大。而对于亲尊长告亲卑幼的情况，《大明律》则表现得更加宽容，其对告发得实者是没有惩罚的。

《大清律例》中的相关规定与《大明律》基本是一致的。除了"准五服以制罪"之外，明、清律中关于亲属相告的治罪与唐、宋律还存在相同的地方。主要有三个方面：凡涉及谋反、谋大逆、谋叛；亲属相告无罪；亲属间有侵夺财物与殴打其身之类的事情发生，也可以相告。这说明唐代之后历代法律都比较重视国家利益，

1　〔宋〕窦仪等撰：《宋刑统》，第 7、414、418 页。

2　怀效锋点校：《大明律》，第 178 页。

对个人人身安全和财产安全的保护也是如此。

表 4-1：唐、宋、明、清对亲属相告的治罪

亲属等级	朝代	
	唐、宋	明、清
告祖父母、父母	绞刑	杖一百、徒三年
告夫及夫之父母	徒二年	杖一百、徒三年
告期亲尊长、外祖父母	徒二年	杖一百
告大功亲尊长	徒一年半	杖九十
告小功亲尊长	徒一年	杖八十
告缌麻亲尊长	徒一年	杖七十
告亲卑幼	小功、缌麻杖八十；大功以上，递减一等	无罪

关于亲属相告制度，上表显示了唐、宋、明、清律有关处罚的异同。虽然有相同之处，譬如"准五服以制罪"的思想始终贯彻其中。但就量刑而言，还是有不小区别。宋律到明、清律对于亲属相告的犯罪处罚整体上逐步减轻，无论是卑幼告发尊亲属还是尊亲属告发卑幼，处罚都更加宽容，尤其是尊亲属告发卑幼的行为，在明、清律中是作无罪处理。

二、 宋明以降社会治理中亲属容隐的实践考察

我们考察了宋元明清时期乡村社会自治以及容隐制度发展情况。但是，"社会现实与法律条文之间，往往存在着一定的差距。

如果只注重条文，而不注重实施状况，只能说是条文的、形式的、表面的研究，而不是活动的、功能的研究"[1]。因此，对于"亲亲相隐"的考察还需要从司法实践及相关教化方面进行考察和分析。

（一）宋元时代亲属容隐制度在社会治理中的应用

宋代与唐代"亲亲相隐"法律规定虽然没有大的变化，但这并非说明宋代容隐司法实践与唐代区别不大。唐宋社会存在着一定差异，所以，宋代"亲亲相隐"的司法实践也值得关注。元代因存在不足百年，受社会背景以及战争动荡等因素影响，留下的司法实践相关资料较少，给容隐制度实践研究带来不少困难。

1. 亲属相告案件的基本情况

《名公书判清明集》（以下简称《清明集》）记载了大量南宋时期的案例，虽然基本上是民事诉讼案件，但亲属间相告的情况非常之多，是研究亲属相告案件的重要史料。该书的编纂者是福建人士，其收录的书判虽然基本属于江南东路与福建路的[2]，但南宋偏安于江南，还是能够反映朝廷司法审判的全貌。《清明集》中所收录的书判可谓相当丰富，分类也比较明确。《清明集》分为官吏、赋役、文事、户婚、人伦、人品、惩恶七门。除此之外，附录里也收录了一些当时文集中所记载的案件。

1　瞿同祖：《导论》，《中国法律与中国社会》，第 xiii 页。
2　其中能确定地域的书判共 138 件，属江南东路的最多，46 件；福建路次之，32 件。
　　参见王志强：《〈名公书判清明集〉法律思想初探》，《法学研究》1997 年第 5 期。

《清明集》中亲属相告的案件多达 70 多例。因"侵夺财物"而相告的案件总计 44 例，其中兄弟争讼 14 例，叔侄争讼 15 例，占了大半数。也有涉及母子、父子、翁媳、舅甥等亲属关系的争财案件，总计 15 例。立继类的亲属相告案件计有 10 例。不孝、乱伦等人伦类的亲属相告案件有 17 例。

侵夺财物类和立继类的亲属相告案件中，争讼人基本上没有受到惩罚。人伦类的案件则有所不同，名公们对争讼人的判罚显然较为严厉。17 例人伦类案件中有 8 例都对争讼人治罪。其中针对争讼人诬告的治罪计有 6 例，其余 2 例的治罪涉及了告讦、辱骂。从性质上来看，17 例中关于不孝的案件计有 5 例，都是母讼子，其中对于被告人不孝的行为治罪的有 2 例。关于乱伦的案件计有 5 例，基本上是夫妻、翁媳之间的争讼，其中属于诬告的有 4 例，均有治罪，而不属于诬告的 1 例没有治罪。

可见，无论是从案件性质还是亲属关系的角度来看，都需要对这些案件进行分门别类的分析，以便了解为何会出现如此不同的判罚结果。

2. 侵夺财物类亲属相告案件分析

《宋刑统·斗讼》篇"告周亲以下"记载："周亲以下、缌麻以上，或侵夺财物，或殴打其身之类，得自理诉。"[1] 此处的"财物"究竟该如何界定，疏议中所言不详。据《清明集》所记载的类似案

1　〔宋〕窦仪等撰：《宋刑统》，第 368 页。

例来看，名公们在司法实践中并没有严格区分财物与田宅、家业等财产的区别。"人不幸处兄弟之变，或挟长相凌，或逞强相向，产业分析之不均，财物侵夺之无义，固是不得其平。"[1] 可见，产业的分与析与财物都是相提并论。所以，"侵夺财物"案件不仅是一般意义上的争财案件，还包括了争田宅、争家业的案件，而且后两者所占的比例相当大。

争田宅、争家业不仅在争财类亲属相告案件中占首要位置，而且也是所有亲属相告案件的重要组成。可以说，南宋亲属间相告的内容基本上就是围绕田业家产的争夺而展开的，其中又尤以田业为甚。名公们在处理争夺田业的案件时往往提及土地交易所必需的契约、干照，将此作为断案的主要依据，而对争讼人双方的亲属关系则并没有非常看重。所以即使是母子、父子之间争夺田业的案件，也不一定因为亲属相告而失其公正性。

《清明集》中争财类的亲属相告案件中，争讼人双方的关系大多是在法律允许可以相告的范围内，即周亲以下，缌麻亲以上，特别是兄弟和叔侄之间。"近世浇薄，兄弟姊妹相视如路人。"[2] 当时兄弟相告已成为一股风气，多是与争田宅、家业有关。"兄侵凌其弟"一案便是"侵夺财物"的典型。案情如下。

丁琉、丁增系亲兄弟，父死之时，其家有产钱六、七贯文。丁琉不能自立，耽溺村妇，纵情饮博，家道渐废，逮至兄弟分析，

---

1 〔明〕张四维辑：《名公书判清明集》，第373—374页。

2 同上，第191页。

不无偏重之患。既分之后，丁琉将承分田业典卖罄尽。又垂涎其弟，侵渔不已。丁增有牛二头，寄养丘州八家，丁琉则牵去出卖。丁增有禾三百余贴，顿留东田仓内，丁琉则搬归其家。丁增无如兄何，遂经府、县，并牵牛搬禾人陈论。追到丁琉，无以为辞，却称牛是众钱买到，禾系祖母在日生放之物。寻行拖照，丁增买牛自有照据，祖母身死已久，安得有禾留至今日？盖丁增原系东田居住，因出赘县坊，内有少租禾安顿东田仓内。丁琉挟长而凌其弟，逞强而夺其物，而到官尚复巧辨饰非，以盖其罪。官司不当以法废恩，不欲尽情根究，引监丁琉，备牛两头，仍量备禾二贴，交还丁增。如更不体官司宽恤之意，恃顽不还，并勒丘州八，仍追搬禾人一并监还。丘州八、阿张押下，衍知寨、杨九、刘二先放。[1]

此案中丁琉和丁增是亲兄弟，丁琉为兄，其行为放荡而不能自立，因此变卖所分之家产。而后又侵夺其弟财物，包括牛二头、禾三百余贴。丁琉其行为无疑损害了其弟丁增的利益，所以才引致丁增的诉讼。名公从实情出发指出丁琉的行为致使家道衰落，从公而论指出丁增买牛自有照据，从常理推断其祖母身死已久，不会有禾留至今日，并以丁琉在公堂之上巧辩饰非为恶。最后，只是不想以法废恩，破坏两兄弟之间关系，便从轻判罚，只要求丁琉交还丁增牛两头及禾二贴便可。

综合来看，该案判词要点在于查明实情。实情最为重要，而照据等具有法律效应的文书则为断案之直接依据，如案中丁增买

---

1 〔明〕张四维辑：《名公书判清明集》，第 373 页。

牛有照据，而禾三百余贴则无以为据，所以只判罚交还牛两头，禾二贴。这既是因为证据不足，又是为了不伤兄弟和气，即所谓人伦之爱。叔侄之间相告的情况同样如此，基本上是由争业而引发的。名公们在判案之时也是兼顾公正和人伦。

也有一些涉及周亲以上的亲属相告，比如"子与继母争业""继母将养老田遗嘱与亲生女""卑幼为所生父卖业""母子互诉立继家财"等。其中，"继母将养老田遗嘱与亲生女"一案中，子诉继母被杖二十。"子与继母争业"和"卑幼为所生父卖业"中的卑幼都没有因为告发尊长而被治罪。

"母子互诉立继家财"属于立继类的案件，虽然不属于"其相侵犯"之下，但是从判罚结果上来看，与争财类并无本质上的不同。从判词来看：

> 姜子朝为人之婿，肆其搬传，而欲绝妻家之祀。徐岩甫为人之子，不能公于财利，而激其母之讼。李氏为人之母，私意横流，知有婿，不知有子，知有女，而不知有夫家。三人者，皆不为无罪。姑照金厅所拟行，各责戒励状，如更纷纷不已，径追姜子朝，正其离间人母子之罪，追徐岩甫，正其不能承顺其母之罪。如是而又不已，则是李氏有意于绝其夫之家，在官府亦不得而恕之。各尽其为子、为母之道，毋贻后悔。[1]

这个案件涉及了三方的争讼：徐岩甫、徐岩甫之母李氏、李氏之婿姜子朝。案件核心是徐岩甫和李氏母子之间关于立继的诉

1　〔明〕张四维辑：《名公书判清明集》，第360页。

讼，就理论上而言，立继的决定权在于寡妻。所谓寡妻，在这个案件中也就是李氏。判词中并未提及徐岩甫之父的立继遗嘱，所以李氏是拥有第一立继权的，其户绝或立嗣都在于她。而"立继者与子承父分法同，当尽举其产以与之"[1]，由寡妻来立继，其所立之人继承的是全份的家产。因此，李氏若是立徐岩甫为嗣，他便可得到全份家产。徐岩甫的目的也正在于此。李氏则因为受到女婿姜子朝的离间，不立其子，所以李氏也不是完全出于公允的考虑。但是徐岩甫为人之子，即使母亲有所不公，也不当反抗与之对簿公堂。姜子朝虽然没有在正面诉讼徐岩甫，但是他存有私意，妄图绝妻家之祀，所以有离间他人母子之嫌。

所以，判词中明确指出三人实际上都有罪，这确实是比较公正的。处罚结果也是以训诫为主，希望徐岩甫、李氏各尽为子、为母之道。这也是为了调和母子之间的矛盾，以伦理为主要考虑。但是，判词中也强调，若是他们不思悔改，还以私意行事，定会治其应得之罪。而唐、宋律中规定"其嫡、继、慈母，若养者，与亲同"[2]，继母与亲生母是相同的，所以，子诉继母依律是该处以绞刑的。但是事实却并非如此，看来当时在争财产方面，宋代对私有财产的保护比较重视，因而就相对淡化了"亲属容隐"中亲属相告有罪的规定。

从判词中其实可以得知，南宋之时立继所引发的矛盾相当复

1　〔明〕张四维辑：《名公书判清明集》，第266页。

2　〔唐〕长孙无忌撰，岳纯之点校：《唐律疏议》，第136页。

杂。本来李氏有子，而且应该只有徐岩甫一子，其立继照理来说相当简单。但是女婿又掺杂进来，而李氏本身又不能做到公允行事，就使得原本简单的情况变得相当复杂，因此无疑会引发骨肉之讼。而若是徐岩甫有兄弟多人，则更容易引发诉讼，士大夫对此头痛不已。可以发现，立继本身就涉及财产继承问题，争讼人往往因为觊觎家财而起私意，才在立继问题上产生矛盾。而且，当时亲属间因立继发生冲突而相告的情况比较频繁，因此立继类案件在分析时也可以纳入侵夺财物类的案件范围，这也解释了为什么两者在判罚结果上一致的现象。

此外，争讼人身份不同也会影响名公的判案态度，这主要是针对普通民众与士人阶层的区别而言。"兄弟争葬父责其亲旧调护同了办葬事"一案很好地说明了这个问题。判词如下：

曾知府处置子弟，轻重失中，酿成今日之祸。知府既捐馆，其事往矣。大夫葬有日，二子正当平心定气，克终礼制，了此大事，顾乃各修旧怨，人执一说，彼此求胜，不知于奉亲送终之义亏矣！私欲既炽，天理益昏，为之亲戚故旧者，所当开明义理，反覆数陈，良心一还，则百念皆正，岂有天理终于晦蚀者哉！而乃阿其所好，不惟不能正救，又从而谄谀之，抱薪救火，不但无益而已。官司为国家行法，从公定断，自当听从，顾念名家之后，父死不葬，必待求直于官司，将遂为终身玷。君子爱人以德，义当存大体耳。两兄弟所执六人，或是士子，或宦家，何苦各私所亲，自犯不韪。今请此六人者，以曾氏名家，葬亲大事为念，各持公论，极力调护，使其兄弟各遂天伦之爱，急办葬亲。不惟免被官司督过，抑且永为乡曲美事。官司当以五日为期，坐待回报。彬当同共致办，如更不体官司告戒之意，三尺具存，自当施行。[1]

此案为两亲兄弟为葬父之事起争执，而二子之父生前乃是知府，一来并非普通人家，二则是读书之人，不同于一般百姓不知礼义，二子之争从根本上来说有违常理。作为名家之后尚且如此不顾念亲情，所以断案贵在晓之以理，正其良心，才能在社会上起到无愧于理的教化作用。再者，兄弟之争乃是因为葬父之大事，父死不葬实乃不孝，《宋刑统·名例》"十恶"之"不孝"载："闻祖父母、父母丧，匿不举哀及诈称祖父母、父母死。父母之丧，创巨尤切，闻即崩殒，擗踊号天。今乃匿不举哀，或拣择时日者，并是。"[2]因此，此二子之争于法于理都大为不合。加之其亲戚故友不仅未对二子开明义理，还各执己见，阿谀谄媚，更为分化二子兄弟之情，愈显教化之重要。

就判罚而言，也与争讼人的身份密切相关。依律，二子之争既违反了亲属容隐的原则，又有不孝之嫌，所以其罪必不轻。但是，判罚只是责其亲旧相调解并协同办理葬事。瞿同祖先生谓中国古代法律的主要特征有二：一为家族主义，二为阶级概念[3]。宋代官吏和士人这一群体实际上也是享有某种法律特权的，"士人犯罪，

1　〔明〕张四维辑：《名公书判清明集》，第376—377页。

2　〔宋〕窦仪等撰：《宋刑统》，第12页。

3　瞿同祖：《导论》，《中国法律与中国社会》，第xii页。

可以请求'引试'，只要文理粗通，就可以减刑"[1]。黄干也曾说：
"当职身为县令，于小民之愚顽者，则当推究情实，断之以法；
于士大夫则当以义理劝勉，不敢以愚民相待。"[2]此案涉及官吏的
亲属和士人阶层，所以判罚基本上是晓之以理，而没有依法论罪。
判词字里行间满是义理之言，不同于对普通民众的教训。不仅没
有指责兄弟骨肉之讼的不当，而且对其耽误葬父之事也未做正面
的批评，而是点明父死不葬的后果是会成为家族"终身之玷"，
并劝告二子平心定气，要以葬父大事为重。

　　这种现象的背后显然是儒家思想的影响。儒家向来重人文素
养，以为读圣贤之书才是通往德性之路，对民众的教导只能以教
化方式进行，所以要更加严厉。相反，法律对于受过圣贤之说教
诲的士人阶层而言，至少在司法实践上是有所放松的。这在某种
程度上反映了儒家思想自身的矛盾，也预示了儒家思想在治理国
家之时势必会碰到类似的困难。

3. 涉关人伦的亲属相告案件分析

　　涉关人伦的亲属相告案件基本上由不孝和乱伦两类案件组成。
从量刑上来看，对乱伦案件的治罪一般都比较严格地按照法律条
文判处，基本上处以杖刑，但也有例外情况。下面的"子妄以奸
妻事诬父案"中，儿子诬告父亲违背人伦，既涉及不孝，又关涉

1　陈智超：《宋史研究的珍贵史料——明刻本〈名公书判清明集〉介绍》，〔宋〕真
　　德秀等撰：《附录七》，《名公书判清明集》，第 676 页。

2　〔明〕张四维辑：《名公书判清明集》，第 585 页。

人伦，处置比较复杂。先从一段判词中来看案件基本情况。

> 父有不慈，子不可以不孝。黄十为黄乙之子，纵使果有新台
> 之事，在黄十亦只当为父隐恶，遣逐其妻足矣，岂可播扬于外，
> 况事属暧昧乎！符同厥妻之言，兴成妇翁之讼，惟恐不胜其父，
> 而遂以天下之大恶加之，天理人伦，灭绝尽矣，此风岂可长乎？
> 决脊黥配，要不为过，且以愚蠢无知，从轻杖一百，编管邻州，
> 勒归本宗。阿李悖慢舅姑，亦不可恕，杖六十。余人尽放。[1]

此案案情简单，盖黄十夫妇诬告父亲黄乙与儿媳妇有私情。
这个案例的主要特点是乱伦、诬告以及子告父的不孝，且还含有
黄十妻阿李与舅姑之间的冲突，是典型的人伦类的亲属相告。

从判词看，开篇就言明了基调，即使父母对子女有过，子女
也不得告发，而是要为之隐匿。而事实上黄十却捏造事实诬告父亲。
从法律规定看，"告周亲以下"条有"诬告重者，加所诬罪三等"
之规定，告父母尤其是诬告父母当是死罪无疑。但是从判罚看，
对黄十的量刑颇为离奇，只杖一百。杖一百虽然是杖刑之中最重
的，但是比起绞刑和徒刑还是轻多了。编管邻州指的是编管法，
这是宋代在唐代的五刑之外另加的，与绞刑相比自然算是从轻判，
比起刺配也是要轻一级的。

判词中所谓"纵使果有新台之事，在黄十亦只当为父隐恶，
遣逐其妻足矣，岂可播扬于外，况事属暧昧乎"，"妇之于舅姑，

---

1 〔明〕张四维辑：《名公书判清明集》，第388页。

犹子之事父母，孝子扬父母之美，不扬父母之恶"[1]，都显示了名公们本于礼的理想。需要指出的是，《清明集》中乱伦案件恰巧都是胡石壁即胡颖所判，他对于诬告乱伦的判罚显然比较严厉。胡颖的态度有两种解释：一是代表了当时的儒家观点；二是仅仅作为胡颖个人的观点。

而对于不孝的案件，名公们大多是从轻处理，虽然都是父母诉其子女，但若真是依照条文处以不孝之罪，想必也不能使子孙能悔过自新而诚心侍奉父母，而且还可能因此进一步恶化父母与子女之间的关系。"本合重作施行，以正不孝之罪，又恐自此母子兄弟不复可以如初矣"[2]。因此，多是责其戒励，再加上相邻劝诫，希其幡然醒悟。此外，在"妻背夫悖舅断罪听离案"[3]与"夫欲弃其妻诬以暧昧之事案"[4]中，都是以教化感悟为主。

而另一尊长告卑幼的案例却正好相反，在"叔告其侄服内生子及以药毒父"一案中，胡颖却对作为尊长的原告作出了有罪的判罚。其判词如下：

> 郭百三服内生子，其罪固不可逃。然郭应龙为叔父，教之可也，教之不从，继之以怒，虽父子之间且有责善则不祥之惧，况叔侄乎？责善且以为不祥，况暴扬其恶而讼之于官乎？原应龙之

1 〔明〕张四维辑：《名公书判清明集》，第387页。
2 〔宋〕真德秀等撰：《名公书判清明集》，第386页。
3 同上，第379页。
4 同上，第380页。

心，非果以爱兄之道来也，不过见其家稍厚，不甘归之螟蛉之子，故从事于告讦，以行骗胁之计耳。讼其生子非时，犹云可也。谓其毒父以药，是何言欤？使其果有此事，则当其始死之日，应龙既闻而知之，自合即时发觉，何为更历一岁有余而后有词。且世间大恶，孰有加于弑逆者？使其果有此事，则状内当直指而极陈之，不当为含糊之说。其为妄诞，不问可知。一为告讦，一为虚妄，本合送法司照条坐罪，且从轻决竹篦二十。[1]

此案是郭应龙诉其侄女郭百三服内生子及以药毒父。郭百三服内生子为实情，而以药毒父则证据不足，且不合情理。而且，郭应龙讼其侄服内生子的本意是见利起私意，不想其兄家财由郭百三之子继承，故而有意告发郭百三服内生子。依律，服内生子，徒一年[2]，可谓治罪不轻。而郭应龙告侄女郭百三属于告周亲卑幼，依律得实的话要处以杖六十。而告郭百三用药毒父，若属于诬告，则反坐应处以绞刑。而判词中所言乃是虚妄之诉，并未定为诬告之罪。实际上，宋代民间确有妄诉之风，郭应龙之所以会以极恶之罪加于郭百三，想必也是受到这股社会风气的影响，所以名公在判决时往往不会依"诬告者反坐"的规定来治罪。

宋代笔记《燕翼诒谋录》记载了宋太祖、宋真宗时期，对妄诉者的立法惩处规定："士大夫治小民之狱者，纵小民妄诉，虽虚妄灼然，亦不反坐。"[3]再者，判词中认为郭应龙告诉郭百三服

1 〔明〕张四维辑：《名公书判清明集》，第493页。
2 〔宋〕窦仪等撰：《宋刑统》，第192页。
3 〔宋〕王栐撰，诚刚点校：《燕翼诒谋录》，中华书局1981年版，第33页。

内生子乃是告讦，因为郭应龙并不是为了真心爱其兄才告发侄女的。而且，若真心为兄，首先应该教诲侄女，劝勉从善，而不是讼之以官。以家长的身份去教导、感化子女，容隐的意义也因此凸显，这确实在一定程度上反映了"亲亲相隐"的理念。

实际上，"亲亲相隐"作为一种义务，也确实融入了一般民众的内心。元丰三年（公元1080年）四月十七日，审刑院、刑部言："宣州民叶元有为同居兄乱其妻，缢杀之，又杀兄子，而强其父与嫂为约契，不讼于官。邻里发其事，州为上请"[1]。如此恶劣的行为也能够强为约定不去告发，可见亲属相容隐的理念确实渗入了社会实际生活之中。

从上述案例中可以看出，绝大多数情况下，宋代对于亲属相告的治罪不会依照"告期亲以下缌麻以上尊长"的条文来断案。毫无疑问，这一条文对卑幼的量刑过重，难免有所不公。而对亲尊长告亲卑幼的法条在《清明集》中还是可以看到的，卷十三之《告讦服内亲》中载："在法：五服内许相容隐，而辄告论者，并同自首。今王齐敬视游氏系堂嫂，王圣泳系堂侄，王圣时系从侄，皆在五服内，纵有罪犯，各合从自首原免。又照在法：告缌麻以上卑幼得实，犹勘杖八十。王齐敬合照上条科罪。"[2]不过大体上看，这些亲属相告案件中，直接引用"亲亲相隐"相关法律条文来断案的尚属少数，可能是因为名公们认为这些法条尚且存在不足之处。到了

1　〔清〕徐松辑：《宋会要辑稿》，中华书局1957年版，第6674页。
2　〔明〕张四维辑：《名公书判清明集》，第494—495页。

明律中就可以看到，法律对于亲卑幼告亲尊长的治罪已经降格了。这种变化想必不是朝夕之间形成的，宋代的司法实践积累的经验应该可以看作是这种变化的前奏。

（二）明清时代容隐制度在社会治理中的应用

明清时代社会较之于宋代有了较大变化。皇权政治走下坡路，加强皇权政治统治势必加大对皇权的维护。尤其是明代相对于唐代，在违背礼教方面，可谓"重其所重，轻其所轻"，即严惩危害皇权和国家统治的犯罪，而对于违反民风礼教方面则处罚较轻。为准确把握明清时代容隐制度的社会治理功能与效果，研究明代和清代容隐制度的适用也具有重要意义。制度的适用主要体现在司法实践当中，所以对明清时代容隐制度在社会治理中应用的分析，主要关注其在司法实践中的应用。而清代由于是多民族融合的时代，在分析清代的容隐制度时免不了考察少数民族情况。

1. 明代容隐制度在社会治理中的应用

《明史·刑法志》中记载了四起案例，直接依据容隐原理定罪，每个案例都只有寥寥几笔描述，虽然史料记载过于简略，但充分体现了统治者对于容隐制度的推崇。

案例一为"民父以诬逮，其子诉于刑部，法司坐以越诉"。即有一小民之父因被诬陷入狱，该小民作为儿子申诉到刑部，执法官认为他越级诉讼有罪。对此，太祖认为："子诉父枉，出于至情，不可罪。"[1] 儿子为父亲申诉冤情，本身是出于人伦亲情，不能判决儿子的罪。

案例二为"有子犯法，父贿求免者，御史欲并论父"。儿子犯法，父亲行贿请求赦免其子，御史决定连父亲一并论罪。太祖的观点是："子论死，父救之，情也，但论其子，赦其父。"[2] 父亲救子，是人之常情，故只论儿子的罪而赦免父亲的罪。

案例三为"（洪武）十七年，左都御史詹徽奏民殴孕妇至死者，律当绞，其子乞代"[3]。一人殴打孕妇致死，按律当处绞刑，其子请求代父而死。对此，大理卿邹俊认为，子代父死，其情可悯，但死去的孕妇是两条人命，罪犯触犯了二死之律条，与其存犯法之人，不如保全无辜的儿子。太祖下诏按照邹俊所说处理。

案例四为"永乐二年，刑部言河间民讼其母，有司反拟母罪"[4]。河间有一小民控告自己的母亲，执法官反倒要判母亲的罪。皇帝下诏逮捕那个儿子和主事官论罪。

通过分析可以发现，这些案例在主体范围与所犯罪行上都要符合容隐制度的规定。首先，当事人在主体身份上应相容隐。父子之间作为期以上亲，完全符合《大明律·名例律》"大功以上亲"的要求，按律应相为容隐。明太祖的观点也体现出明代统治者对人伦亲情的重视，若父子不相隐，既不符合情感，也不符合礼义，

1　〔清〕张廷玉等：《刑法一》，《明史》卷九十三，中华书局 1974 年版，第 2287 页。

2　同上，第 2287—2288 页。

3　同上，第 2288 页。

4　同上。

父子相隐才能促进父慈子孝、家庭和谐。其次，当事人在所犯罪行上可相容隐。上述四个案例因在史书中仅有几句记载，前两个案例也没有表明罪犯究竟是何罪行，但可以推知，罪犯触犯的并非谋反、谋大逆、谋叛等危害政权的罪行，若触犯这些罪名则必须"大义灭亲"，不得相为容隐，而触犯其他罪名如第三个案例中的殴打孕妇致死当处绞刑，则不应当"大义灭亲"，而应隐瞒亲属的罪行。

明代统治者提倡的是"父子笃，兄弟睦，夫妇和"的和谐家庭环境，而不是父告子、子告父的互相告讦之风。在亲情与国法发生冲突时，国法作出了妥协与退让，包容了人伦亲情。

《折狱新语》中记载了多篇与亲属容隐相关的判词，《折狱新语》是李清于 1631 年至 1637 年间任宁波府推官时审理的案件的结案判词，正文共 10 卷，收入判词 210 篇，每篇判词根据儒家礼法及《大明律》等法律法规作出公正的判决。在《折狱新语》中整理出亲属相告案件 64 件，占所记载案件的 30%。以亲疏关系而论，《折狱新语》中有 32 件案件的亲属关系在五服以内，约占总案件的 50%，足见在司法实践中，血缘和伦理并没有缓解争讼的激烈程度。其中，《婚姻卷》有亲属相告案件 11 例，《承袭卷》16 例，《产业卷》12 例，《诈伪卷》16 例，《淫奸卷》7 例，《贼情卷》2 例。

在《折狱新语》中有一则典型案例《占产事》充分体现了作者李清对亲属容隐的态度，原文如下：

审得陈嘉相、陈嘉庆，皆裴氏叔，而裴秉彝则裴氏堂兄也。先因裴氏夫亡身寡，有稚子三。想其嗷嗷待哺者，难以推让之枣梨啖儿矣。于是已故长伯出其置田二亩以赡，而嘉相、嘉庆则贫无立锥耳。故集亲族公议，照月轮养，此非得已也。无荆何分，无牛安射，想叔氏之捐数粒以饲贫孤，亦食无求饱矣。此于秉彝何与？而告县、告厅，不一而足，"其志将以求食也"。既经军厅审明，仍照月轮养，胡为秉彝者，反有妹饱兄饥之怨，而以通叔诬？"中篝之丑，不可道也"。兄为妹隐，直在其中矣。况妹不寄狠，兄乃证羊耶？问其故，则因裴氏解纷有心，佐斗无舌耳。夫昔有盗嫂受谤，而曰，"我乃无兄"者。嘉相等有兄矣，何以解谤？然言出彼兄，得无难乎为妹，而裴氏之闻言频赤，忽作一转语者，不又曰不如无兄耶？则如今者所供，曾索谢有心，而所求不得，乃为无题之嫁者，恐非彼妇之口也。既众口交攻，而秉彝亦搏频求哀，认过不暇。妄人乎？妄言乎？姑罚谷十二石，以修该学仪门。夫以此为修者何也？无亦有"人而无仪"之戒，而姑借此举以动其自修乎？其助斗之陈曾龙，与各诈嘉相等三钱之孟皋、陈阳，皆秉彝之张波而鼓焰者耳。"民之秉彝，好是懿德。"何三人反为不德者助也？合各杖治，以醒秉彝。[1]

此案《占产事》中裴氏丈夫去世，有三个年幼的孩子需要抚养，长伯赠田二亩以维持生计；叔嘉相、嘉庆十分贫困，亲族公议照月轮养；裴氏堂兄裴秉彝因妒忌而心生怨恨，"告县告厅"，

1　〔明〕李清著，陆有珣等注释：《折狱新语注释》，吉林人民出版社1989年版，第199—200页。

诬告堂妹"通叔"。

作者评论道："兄为妹隐，直在其中矣。况妹不寄猳，兄乃证羊耶？"言下之意，古有子为父隐，如今就算堂妹有通叔之丑事，作为堂兄，也不应告官而应选择"为妹隐"。

在另一案例《叛抄事》中也对亲属相隐有所提及，"若谓子已卖而母与赎，是以母隐子也，则黄氏过；若谓母与赎而子复卖，是以子欺母也，则益过"[1]。在司法实践中，如果亲属所犯罪行危害较小且不涉及谋反、谋大逆、谋叛的情况下，一般是鼓励"亲亲相隐"，抵制"大义灭亲"的，这样有利于构建和睦有礼的家庭环境。法律与伦理孰先孰后、孰重孰轻，不言而喻。李清在结案陈词中指责秉彝"人而无仪"，罚秉彝去修仪门，无非是对其违背礼义的行为给予警告，希望他能知耻改过，自修其身。

法律作为宣扬和倡导伦理道德的一种手段，最终都会像百川入海，汇入那个时代的主流思想即儒家伦理学说。《折狱新语》中的判决通常都是以儒家伦理为宗旨，提倡父慈子孝、兄友弟恭、夫义妇听、长惠幼顺，这与明代司法中重视情、礼、法相结合的特点是密切相关的。

而提到"亲亲相隐"制度，也必然会涉及亲属相告的规定。亲属相隐的反面，即为亲属相告。明代法律原则上禁止亲属相告的行为，以此体现出对亲属相隐的维护。但是亲属相告也属于容隐制度一项较为重要的规定，只是对于此类案件，容隐的精神往

1　〔明〕李清著，陆有珣等注释：《折狱新语注释》，第183页。

往间接体现。

《折狱新语》中一则典型间接适用容隐制度的案例《盗嫂事》中，就间接体现了容隐制度的适用。该案属于一个诬告案。原文如下：

> 审得周氏者，乃王祖述妻，而蒋氏则周氏姑，王麟孙则周氏叔，周一忠则又周氏兄也。先因祖述素患风症，几成弃物，若蒋氏果知周氏不端，当遣上别船耳。乃覆水未诀于生妇，而戛羹已隙于小郎。有夫如此，不如无有；有叔如此，又不如无有。麟孙之罪，薄乎云耳。于是贪婪一忠遂伺间动矣。且有伊族王因之、王尚臣与亲人徐三九等，非一忠昵友，则周氏私人，而切切于风雨鸡鸣之夕者，皆若辈也。时家狐野豸，相率连鸡，而周氏忽以分家告。夫室有暗夫，怀无弱雏，渠将谁遗？无乃不在夫，而在黠兄乎？乃求分不得，遂至盗卖，若问谁教猱？当日"吾兄教我卖"也；印须我友，蒋氏之告，岂曰无名？而奸嫂一纸，其出周氏掌中者，何突坠一奇兵也？今召周氏诘之，则谓"麟孙启户，实于残钟断角之候，而麟孙登阁，即为牵帷解衣之举"。信斯言也，周氏何缓于自护而急于算人乎？且体有衣，床有刀，岂至诚可以前知乎？且一手持刀，一刀剪发，何拒侮甚忙而布着甚闲乎？且麟孙两手，岂有鬼物束缚之？而既不往格，亦宜自护，何手面无纤痕之损乎？今问而叔发尚在。不曰，在也，则此妇之发可擢矣。姑以诬告徒赎。周一忠、王因之唆使有心，朋捏无据，各拟城旦。王尚臣等并杖。若王麟孙本无奸情，所不能措词者，我乃无兄耳。欲洗鹑雀谤，

宁受豺狼名，慎无曰"嫂溺援之以手者，权也"。[1]

此案载周氏夫王祖述患有疯病，几成弃物，周氏与人私通，且在其兄的唆使下向姑蒋氏提出分家，不遂，于是盗卖家产。蒋氏上告，周氏以夫弟王麟孙强奸来应词。对于周氏的强奸控诉之词，李清从多个方面予以反驳，指出："体有衣，床有刀，岂至诚可以前知乎？且一手持刀，一刀剪发，何拒侮甚忙而布着甚闲乎？且麟孙两手，岂有鬼物束缚之？而既不往格，亦宜自护，何手面无纤痕之损乎？"证实周氏确属诬告，此案属于尊长诬告卑幼，因此依照"干名犯义"条，"诬告者……小功、缌麻，减一等"，照一般人犯罪减一等，断周氏徒赎。

这是一件比照亲属容隐制度依律断决的案子。尽管传统宗法伦理所提倡的是父慈子孝、夫妻恩爱、兄友弟敬的和谐氛围，但在现实生活中，父子反目成仇、兄弟阋墙之争等亲属纠纷也时有发生。在这一类的案件中，告发尤其是诬告亲属的做法直接伤害了亲属之间的感情，与容隐原则不相符，违背儒家伦理，与审判官的价值观念不符，因此容易招致他们的抵触和反感，使他们对亲属间相告行为的审判也鲜明地体现出对"亲亲相隐"的维护。容隐制度的存在一定程度上削弱甚至剥夺了个人告发检举亲属犯罪的权利，告发于律得相容隐的亲属可能要受到法律制裁甚至会为此付出生命，对告或诬告亲属的行为进行处罚，也是保障容隐

1　〔明〕李清著，陆有珣等注释：《折狱新语注释》，第391—392页。

制度实现其立法目的的重要措施。

中国古代是一个情、礼、法合治的社会，以法律为治理国家的基本手段，同时又通过情与礼的协调，试图实现民情、礼俗与国法相平衡的理想状态。在中国古代的司法实践中，往往会出现"民情"与"国法"相冲突的情况，明代容隐制度的司法实践体现的是以礼入法，以情屈法。以礼入法，也就是强调在法律实施的过程中重视礼仪法度。而情则是指民情道理，在传统观念中当人情与法理出现冲突时，通常会选择以情变法，《商君书·壹言》中谈到，"法不察民情而立之，则不成"[1]，民情是永恒的，而法则是可以变通的[2]。明代统治者在法律制定中十分注重情、礼的作用，明太祖朱元璋在制定《大明律》时，以"明礼以导民，定律以绳顽"[3]为指导思想，将一些政策写入《大明律》中，如八议、老幼废疾收赎、亲属得兼容隐、犯罪存留养亲之类，以礼入法，以情屈法。

因此，在明代容隐制度的司法实践中情、礼、法的结合表现得更为明显。"明代司法官员的审语中，经常以'姑'字引入情、理，与法进行调和"[4]。清人黄六鸿认为"古人立法，止在于生人而不

1　〔战国〕商鞅撰，张觉校注：《商君书校注》，岳麓书社 2006 年版，第 80 页。

2　马小红：《礼与法：法的历史连接》，北京大学出版社 2004 年版，第 244 页。

3　〔清〕张廷玉等：《刑法一》，《明史》卷九十三，第 2284 页。

4　吴艳红：《明朝法律》，南京出版社 2016 年版，第 166 页。

在于杀人"[1]，所以州、县官在审理的过程中，"当思此案何处有可轻之情，所犯何人有可生之路、有可宽之罪，于律例有何条可引，恰与之相合，求全案之可轻而不可得，则于所犯之人而求之，于所犯之人求其可生可宽，而又不得，则于律例中求其可相援引者，而委屈以合之"[2]。这种兼顾情礼的法制观念，是容隐制度蕴含的重要法制特征。以情礼变法，看似是对法律公正性的破坏，但实际上与中国传统的道德伦理观念相一致，在维护社会和谐稳定方面发挥了重要作用。

2. 清代容隐制度在社会治理中的应用

清代是多民族融合的朝代，容隐制度不仅适用于汉族人，在少数民族生活的地区，也有容隐制度的存在。其中既有一般适用即正常依据律文判定为容隐的案例，也有非正常使用容隐规定的情况。

（1）汉人生活地域使用容隐规定断案的情况。上文已对《大清律例》中"亲属相为容隐"中所规定的同居亲属作了解释，其中《大清律例》认为"同谓同财共居亲属，不限籍之同异，虽无服者亦是"[3]，即亲属尽管已属无服，但仍有对其容隐的义务。但同时还规定"无服之亲减一等"[4]，即无服之亲作为容隐主体时，

---

1 〔清〕黄六鸿：《福惠全书》，《四库未收书辑刊》第3辑第19册，北京出版社1997年版，第204页。

2 同上。

3 田涛，郑秦点校：《大清律例》，第120页。

4 同上，第121页。

仍要对其进行处罚，只是有所减轻。查阅司法实践案例后发现，在汉族依律容隐的案例中，对亲属的界定一般严格按照律文规定，但实践中仍有多个容隐主体属无服之亲而被处罚的案例。

《驳案汇编》中记载了"听从妻母将妻勒毙"[1]一案。张翔鹄的妻子赵氏因赌博欠钱而偷取他的钱去还赌债，张翔鹄遂告知赵氏之母赵张氏，赵张氏训斥其女，因其女不服管教而心生杀意，与张翔鹄一起将其女勒死。武清成作为张翔鹄的雇工，听从其指示帮助埋尸。判令为"武清成听从张翔鹄指使匿报，帮同抬埋，系张翔鹄雇工，律得容隐，应免置议"。该案中武清成作为雇工，符合《大清律例》"亲属相为容隐"律文中"奴婢、雇工人（义重）为家长隐者，皆勿论"。本案对于武清成的判处是严格依律进行的。

《驳案汇编》中记载了"父私和兄命首告父免罪依干名犯义"[2]一案。徐仲诗与宋尚佩因房屋问题厮打在一起，在殴打过程中，徐仲诗被宋尚佩打死，徐仲诗父亲徐允武欲报官，宋尚佩托人说和阻止了他报官，后徐仲诗其弟徐仲威知道了这件事情，就去官府报官。

该案的判词稍为复杂，先是认为"尸父徐允武私和子命，得银五十两，折实库平纹银四十九两六钱，虽系伊次子徐仲威告发，但未将受赃首出。徐允武应照'尸亲得财私和人命，准枉法论

1　〔清〕全士潮、张道源等纂辑，何勤华、张伯元、陈重业等点校：《驳案汇编》，法律出版社 2009 年版，第 329—331 页。

2　同上，第 32—35 页。

四十五两，杖一百、流二千里；无禄人减一等'律杖一百、徒三年。尸弟徐仲威告县官改供诳详审虚，但所控胞兄被宋尚佩殴死属实，应照律免罪"，依律办理，没有过错，但又认为该案是父子兄弟之狱，与寻常案件主体有所不同，故又查律载："犯罪自首者免罪。若法得容隐之亲属为首，如罪人自首法。"又注云："卑幼告言尊长，尊长依自首免罪，卑幼依干名犯义科断。"又"干名犯义子告父，虽得实，亦杖一百、徒三年"。也就是说徐仲威在知道父亲与凶手私和之后，选择去报官，虽然其父没有主动自首，但他知道案子一定会被侦破查出原委，所以与其自首无异。而徐仲威去报案出于手足情谊，不忍胞兄死于无辜，但他在报案时也忽略了其父亲，怎么忍心其父亲"杖一百、流二千里"呢？这般不顾纲常伦理理应受到惩罚。

该案最后依"干名犯义"律文："凡子孙告祖父母、父母，妻、妾告夫及告夫之祖父母、父母者，（虽得实，亦）杖一百、徒三年。"对徐仲威杖一百、徒三年。本案与前两案不同的点在于，前两个案例直接适用"亲属相为容隐"的律文进行判处，该案适用了"干名犯义"的律文，同居亲属没有不相隐的自由，有罪要相互隐瞒是具有强制性的，间接体现了司法实践中一定要确保当事人履行容隐的义务。

《续增刑案汇览》中记载了"祖母之族曾孙并非律得容隐"[1]一案。王潮雄抢夺了贾士成的钱物，因犯罪事发，便藏匿在罗建

1　〔清〕祝庆祺等编：《刑案汇览三编》，北京古籍出版社2004年版，第32页。

中家里。司法官审理过后认为，王潮雄是罗建中的祖母族曾孙，属于无服亲属，法律规定的亲属相为容隐范围中对无服亲属容隐的行为应判处"应照知人犯罪藏匿在家减罪人一等律"，于是司法官便依据律令处罚罗建中。

该案例中，容隐的主体虽在法律所规定的范围内，但属无服之亲，故对容隐行为施以处罚。

《续增刑案汇览》中记载了"无服之亲藏匿罪人律得递减"[1]一案。赖逢春因抢夺勒赎逃逸，经赖武列容留住宿，赖武列和赖逢春是同族无服，后听说官兵查拿，赖武列又给赖逢春通信让其逃跑。官府判令"赖武列依官司追捕罪人而露泄其事，致令罪人逃避减罪人一等律拟以满徒，本部以赖武列与赖逢春等系无服之亲，应再减一等，改为杖九十，徒二年半"。

根据判词可知，赖武列为赖逢春隐瞒的行为依然被判处了刑罚，和"祖母之族曾孙并非律得容隐"案一样，都是其主体虽符合法律的规定，但也规定了该类主体若是容隐要比没有亲属关系的容隐减一等的处罚。

上述是关于清代容隐规定适用情况的考察。还有一些案子并非严格按照该规定进行处罚，但是实践中也记载了许多亲属之间互相隐瞒罪行却被处罚的案件，大部分都与亲属相犯有关。亲属之间容隐本应依律文对其免予处罚，当事人也都如此认为，所以愿为亲属容隐。但涉及亲属相犯，则要具体情况具体分析，亲属

1　〔清〕祝庆祺等编：《刑案汇览三编》，第32页。

相犯中有关亲属间容隐受到处罚的情况分为三类：一是以卑犯尊，二是亲属相奸，三是疏杀亲。这恰恰体现了容隐制度的目的，即维护纲常伦理，维护社会秩序。亲属间有关纲常伦理的犯罪处罚都要重于常人，不能对亲属间此类犯罪容隐，多数情况也于法于理相符。

《刑案汇览》中记载了“犯母溺爱致子杀父尤复不报”[1]一案。郭杨氏平时溺爱她的儿子郭春年，致使其性格乖张，后入了匪窝，害死了他的父亲。郭杨氏知道后，不但没有及时报官，反而主动包庇纵容郭春年，使得郭春年几次逃过了官府的抓捕。判令“应比照故纵与囚同罪至死减一等律拟流，该犯妇昧大义而纵恶逆，应不准收赎，实发驻防为奴。郭春年之妻马氏事后知情，应于郭杨氏罪上减一等拟徒收赎”。作为犯人的母亲，一旦以卑犯尊，违背了纲常伦理，在实践中也是不得为其容隐的。

《刑案汇览》中记载了“弟违犯致父自尽兄听从匿报”[2]一案。周正沅违犯教令，使得他的父亲周彬才气忿自尽，周正沅的兄长周正敖听从他的话私埋隐瞒。该案判令为“查周正敖明知伊父自缢系由伊弟违犯教令所致，自应即时报官治伊弟以违犯之罪，乃因伊弟畏罪求免，置伊父自尽于不问，辄即殓尸允埋匿报，即与私和无异”。周正沅并没有对他的父亲行凶致其死亡，而是他的父亲自己生气自尽而死。即使没有行凶，但在古代的司法实践中，

1　〔清〕祝庆祺等编：《刑案汇览三编》，第 1341 页。

2　同上，第 1339 页。

因卑幼的关系而使尊长自尽而死等于卑幼对尊长行凶，责任依然归于卑幼。既然尊长死亡归咎于卑幼，那就如上文以卑犯尊的案例性质一样，其他亲属不得对其容隐，容隐就将受到处罚。

《驳案汇编》中记载了"毒死继母之母按照新定服制斩决"[1]一案。王锦是王超民的儿子，出继给堂伯王超士为儿子，与继母王苗氏和她的母亲苗赵氏在一起生活，王锦继父死后，他便外出游荡，花费较多银钱，继母王苗氏便训斥他，王锦便疑心是继母的母亲苗赵氏怂恿继母斥责他，便怀恨在心。后继母王苗氏欲改嫁，她的母亲苗赵氏对其阻拦，王锦愈加怨恨继母的母亲苗赵氏，于是便起了杀害之心，在粥内下毒让苗赵氏喝，苗赵氏中毒身亡。王苗氏欲报官，王锦的父亲王超民和母亲王陈氏对其进行阻拦。判例认为苗赵氏为其继母之母，在服制上属小功，以卑犯尊。王超民作为其生父，阻拦王苗氏报官，为儿容隐，"应照'不应'重律，杖八十"。

《续增刑案汇览》中记载了"胞弟误毙长兄听从私埋匿报"[2]一案。黄汶兹因为被胞兄拿着耙子追赶殴打，情急之下用胳膊肘抵挡了一下，不料误伤到胞兄黄汶琴致其死亡，黄价人对于弟弟黄汶兹误伤胞兄黄汶琴致其死亡这件事，听从隐匿瞒报。判令为"将黄价人比照父为母所杀，其子容隐例，杖八十"。在这个案件中，

1　〔清〕全士潮、张道源等纂辑，何勤华、张伯元、陈重业等点校：《驳案汇编》，第414页。
2　〔清〕祝庆祺等编：《刑案汇览三编》，第307页。

黄汶兹没有想致胞兄死亡的意图，只是误伤使其死亡，依然是不得容隐的。

在《续增刑案汇览》中还有"兄被子杀死胞弟贿和匿报"[1]一案。张旺得想要自杀，于是便让自己的儿子张燕帮忙，张牛庇作为张旺得的胞弟，得知胞兄自杀成功是侄子张燕从旁协助，并不上报官府，后还用银钱贿赂官府的人员，使胞侄张燕逃匿。判令"将张牛庇比照子妇殴毙翁姑，犯夫贿和绞决例量减一等，杖一百，流三千里"。

这两个案例，一个是犯罪人没有杀害的意图，误伤到胞兄，亲属隐瞒其罪行；一个是犯罪人被要求帮助其父自杀，也无杀害的意图，可以说是不出于自己的意志，亲属为其隐瞒罪行。不论是犯罪人故意杀害，还是无意杀害，只要以卑犯尊，一旦亲属为其隐瞒，都对亲属判处了刑罚。由此可知，由于受中国自古以来长幼尊卑的伦理宗法影响，卑幼杀害尊长时，一般是服制越近处罚越重，而尊长杀害卑幼时，却是服制越近处罚越轻。不管是故意还是过失，涉及以卑犯尊的案例都要对卑幼处以比常人更重的刑罚，更不要说是否可以容隐了。且以上几个案件中的亲属都主动为犯罪的亲属容隐，明知其以卑犯尊，不为纲常伦理所接受，依然主动为其容隐，自是要判处刑罚的。

在司法实践中，主动为以卑犯尊亲属容隐的都会被处以刑罚。即便不是主动为亲属隐瞒，而是遭受了胁迫不得不为亲属容隐也

1　〔清〕祝庆祺等编：《刑案汇览三编》，第 307 页。

要受到处罚。

《刑案汇览》中记载的"胞叔被兄殴死听从埋尸匿报"[1]一案即是犯罪人以卑犯尊后，威胁亲属为其容隐，后司法官对其亲属处以刑罚的案例。林痴上的堂兄林痴生将其胞叔林文殴毙，后林痴上被其堂兄林痴生威胁听从收殓抬埋，判令"该司将林痴上比照期亲尊长被杀，卑幼私和拟徒律，为从减一等，拟杖七十，徒一年半，洵属允协，似可照办"。因司法官认为该案中林痴上是被堂兄胁迫，且没有毁尸灭迹，而是将尸体掩埋，依照期亲尊长被杀，卑幼私和而定罪，因被杀之人是胞叔，胞叔是尊长，不能以为堂兄容隐的理由而免罪。

与其相似的还有《刑案汇览》中记载的"父被胞弟谋死犯兄畏累不报"[2]一案。佘长才子谋死他的父亲佘帼兴，后逼迫其胞兄佘均山隐匿私埋，判令为"将佘均山比照故纵与囚同罪至死减一等律，于佘长才子等死罪上减一等，杖一百，流三千里"。上一个案件尚且只是侄子对胞叔，此案是更为直接的亲情关系——父子关系，在该案中，对容隐人的处罚更重。

亲属间的各种犯奸行为也有与容隐有关的案例，比如《刑案汇览》中记载的"犯奸不得容隐埋尸亦系侵损"[3]一案。陈孙氏的胞弟孙万全，他知道孙氏犯奸却还是为她容隐，"至犯奸则辱没

1　〔清〕祝庆祺等编：《刑案汇览三编》，第 1338 页。

2　同上，第 1340 页。

3　同上，第 185 页。

祖宗，在亲属均有义忿防闲之责，故尊长有纵奸科罪之条"。亲属之间理应互相容隐，但亲属之间犯奸违背纲常伦理，有辱祖宗教化，亲属之间就不能互相容隐了，应主动告发，若知道还隐瞒则要判处刑罚。此案中官府的判令是"惟孙氏业已出嫁，孙万全分属卑幼，无管束之责，尚可免议"，免于孙万全处罚的缘由是他属于卑幼，且孙氏已然出嫁。

此外《刑案汇览》中记载了"被逼卖奸喊告其夫与人通奸"[1]一案。赵五是贾氏的丈夫，却与范王氏通奸，并且还让贾氏和范王氏上街唱曲卖淫，贾氏不从。赵五又让贾氏和范王氏住在一起，言语辱骂，贾氏害怕丈夫赵五还让她去卖奸，于是告发丈夫。若丈夫没有逼迫妻子卖奸，仅与范王氏通奸，妻子贾氏告发丈夫赵五就应依"干名犯义"律文"凡子孙告祖父母、父母，妻、妾告夫及告夫之祖父母、父母者，杖一百、徒三年"来处置，但"今因喊告逼奸，致将伊夫犯奸之处据实供出，并非有心摘发伊夫阴私，且不允卖奸，情愿随夫苦度，是该氏尚属贞良之妇，伊夫实属无耻之徒，似未便将该氏仍照妻妾告夫律拟徒，该司声请免议，似可照办"。因丈夫赵五逼迫贾氏卖奸，故贾氏可以不受"干名犯义"律文的约束而告发丈夫，也说明了清代对于纲常伦理看得极为重要，涉及纲常伦理的行为，不仅不得容隐，还要告发。

《续增刑案汇览》中记载了"杀死奸夫案内奸妇之兄移尸"[2]

1　〔清〕祝庆祺等编：《刑案汇览三编》，第 1794 页。

2　同上，第 195 页。

一案。张庭斗是奸妇张么的兄长，本是要将奸夫宋挺捉奸送交官府，他的父亲张华山却把奸夫宋挺打死，张庭斗便听从父亲将尸体藏匿，隐瞒包庇父亲张华山的杀人行为。该案中本要将奸夫奸妇送往官府的行为是完全正确的，若是不送往官府，依律文则要对其判处刑罚。而该案中对张庭斗处以"杖八十，系为从减一等，杖七十"的刑罚是因为张庭斗对其父张华山的行为进行了隐瞒，"照地界内有死人不报官司，私自掩埋例"。

《大清律例》中也有关于亲属相奸的规定[1]，其中对亲属犯奸的处罚是要重于常人之间犯奸的，亲属之间关系越近，处罚越重，与历代相比，清代对于亲属相奸的处罚是最重的。《大清律例》中也规定了亲属容许捉奸、不得容隐："本夫之兄弟及有服亲属皆许捉奸，如有登时杀伤（奸夫）者，并依已就拘执而擅杀律；若非登时杀伤，以斗杀伤论。……尊长杀卑幼，照服制轻重科罪。"[2]有服亲属都允许捉奸，如果在捉奸时将奸夫、奸妇杀死，就不再对其处以刑罚，如果事后去将奸夫或者奸妇杀死，就以斗杀论处刑罚。若是卑幼将犯奸的尊长杀死，则依殴论处，若是尊长将卑幼杀死，依照服制对其减轻处罚。也就是说，因亲属相奸而被杀死，要么不判处刑罚，要么判处较轻的刑罚，有服亲属都允许捉奸。这是因为清代极重视纲常伦理，亲属之间犯奸会使整个家族蒙羞，

1　田涛、郑秦点校：《大清律例》，第487页。

2　〔清〕薛允升著，黄静嘉编校：《〈读例存题〉重刊》（二），成文出版社1970年版，第131—132页。

为了维护以父权夫权为核心的家族体系，对奸情零容忍，便赋予捉奸之人以杀奸的权利。

中国古代，亲属间的亲疏是严格依照服制划分的，服制有五等，依亲到疏依次为斩衰、齐衰、大功、小功、缌麻。若与自己关系较远的人杀害了关系较近的人，自己却为之隐瞒，属于疏杀亲的行为，要受到处罚。比如《刑案汇览》中记载的"胞兄被嫂谋杀听从埋尸灭迹"[1]一案，孙癸娃的嫂子与陈纬通奸，谋杀了他的胞兄，孙癸娃被胁迫听从埋尸灭迹。判令为："查毁缌麻以上尊长死尸罪应拟斩，弃而不失减一等，为从又减一等，应拟满徒。惟该犯于伊嫂杀死胞兄并不首告，反随从弃尸应酌加一等，拟杖一百，流二千里。"孙癸娃与胞兄之间的服制是期亲，而与伊嫂仅为小功关系，很显然与自己胞兄的关系更为亲近，亲疏有别，在与自己关系较远的人杀害了胞兄之后还听从其胁迫埋尸灭迹，有违亲情伦理，故此种疏杀亲的情况不得容隐，容隐要受到处罚。

《刑案汇览》中还有"妻违犯母自尽其夫听从匿报"[2]一案。李赵氏作为李磌的妻子，违犯了教令，婆婆李陈氏因此而自尽。自己的母亲自尽之后，李禄又隐匿了这件事情。母亲李陈氏因儿媳违犯教令自尽而死，在古代就相当于李陈氏是由儿媳李赵氏杀害的。依据我国古代的服制，李禄与母亲的关系是斩衰，与妻子的关系是齐衰。斩衰比齐衰更亲，在这种情况下，若是还为其妻

1　〔清〕祝庆祺等编：《刑案汇览三编》，第 745 页。

2　同上，第 1620 页。

隐瞒罪行，则不合情理。判令为："应将李碌改照子妇殴毙翁姑，犯夫贿和匿报拟绞立决例量减一等，拟以满流。"[1]由此可知，司法实践中对于疏杀亲的行为是不允许容隐的。

此外《续增刑案汇览》中记载了"父被母杀不报听从移尸图赖"[2]一案。江王氏掐死丈夫江相明，又逼迫儿子江玉淋移尸图赖，江玉淋明知父亲被母亲掐死，仍听从母亲的话转移尸体，到官府后又隐瞒不说实情，实在有蔑纲常伦理。判令为："将江玉淋除父为母所杀隐忍不言轻罪不议外，依将父尸图赖人拟徒律上酌加一等，杖一百，流三千里。"《大清律例》以及乾隆年间所颁布的一则条例，都对此种现象有所规定："其告谋反、大逆、谋叛、窝藏奸细，及嫡母、继母、慈母、所生母杀其父，若所养父母杀其所生父母，及被期亲以下尊长侵夺财产，或殴伤其身，应自理诉者，并听告，不在干名犯义之限。"[3]乾隆年间的条例为："父为母所杀，其子隐忍于破案后，始行供明者，照不应重律，杖八十。如经官审讯，犹复隐忍不言者，照违制律，杖一百。若母为父所杀，其子仍听依律容隐，免科。"[4]从这两则条文可以看出父亲与母亲的权利是不平等的，乾隆年间的条例是对《大清律例》的进一步补充，律文中仅规定了母杀父不得容隐，并没有明确说父杀母是否可以容隐，而条例中进一步说明了父杀母可以容隐，

---

1 〔清〕祝庆祺等编：《刑案汇览三编》，第1620页。

2 同上，第306页。

3 田涛，郑秦点校：《大清律例》，第120—121页。

4 同上，第487页。

体现了当时男性的社会地位较高，所以男性的服制也要高于女性的服制，律文更加维护纲常伦理的父权。"父被母杀不报听从移尸图赖"一案恰好满足乾隆年间所颁行的这则条例，且该案中江玉淋到官府后还不说实情，正符合条例中所规定的经过官府审讯，仍然选择隐瞒，因而加重刑罚的条件。

（2）少数民族地区对亲属容隐法律规定的使用。清代作为少数民族入主中原的朝代，为更好统治社会，清朝沿用汉民族律法，那清代的少数民族地区在司法适用中是依然按照他们旧时的习惯法还是也遵循清军入关以后颁布的《大清律例》呢？

据此以维吾尔族所在的天山南路地区为研究对象，查找有关容隐的案例。中国第一历史档案馆收藏的军机处录副奏折、朱批奏折等清代档案中，保存了大量天山南路地区命盗等刑事案件审理的材料，其中有各城司法官员依据"亲亲相隐"原则量刑的一些案例[1]。

在"乌舒尔挟嫌故杀残毁尸身案"[2]中，阿墩齐回庄的乌舒尔因汉民张步富多次向他讨要欠款，他没有能力偿还，而心生杀意。乌舒尔将张步富杀死后，将他的尸身和随身携带的物品藏匿起来，并吩咐孩子、妻子都不能告诉外人。这是一起典型的妻为夫、子

1　王东平：《清代天山南路地区刑案审判中的"亲亲相隐"》，《新疆大学学报（哲学·人文社会科学版）》2019年第6期。

2　参见喀什噶尔参赞大臣铁保、伊斯堪达尔：《奏为审明英吉沙尔回犯乌舒尔挟嫌故杀残毁尸身一案按律正法事》，嘉庆十五年十二月二十一日，中国第一历史档案馆藏朱批奏折，档号：04-01-26-0023-084。

为父容隐的案例，案件暴露后，天山南路地区官员在审理案件时认为本案中乌舒尔的妻、女对他的犯罪行为知情，但没有举报，依据《大清律例》中"亲属相为容隐"的律文，乌舒尔妻、女的做法符合律文规定，不应追责。

在"斯迪克图财谋毙阿布都拉依木案"[1]中，阿布都拉依木是一个商人，斯迪克贪图其钱财，于是将其诓骗到家中，阿布都拉依木半夜因酒醉而熟睡的时候，斯迪克用锄地的物件将他打死。后斯迪克逼令妻子一起将阿布都拉依木的尸体抬去掩埋，又告诉了姐姐这件事情，让姐姐隐瞒不给外人说，后事发。在天山南路地区官员审判该案件时，对斯迪克妻子和姐姐的量刑，与前一个案例相同，也是适用了"亲属相为容隐"的律文，"该犯之姐托胡他爱连、犯妻帕特万和卓，实属知情，讯无同谋情弊，例得容隐，交阿奇木伯克管束"。

在"图尔第私铸钱文案"[2]中，图尔第和妻子、女儿在英吉沙尔本城居住，平时以用铁铸铜为生。因家中贫苦，图尔第便想偷铸钱文使用，就做了一个铸钱的木模坯子，在所住的屋内偷偷铸

1　参见乌什办事大臣奇成额、景昌：《奏为审拟阿奇木伯克回子斯迪克图财谋毙阿布都拉依木一案事》，道光十一年八月二十六日，中国第一历史档案馆藏录副奏折，档号：03-3866-015。

2　参见喀什噶尔参赞大臣永芹：《奏为拿获私铸铜钱各犯审明定拟事》，道光三年六月十七日，中国第一历史档案馆藏朱批奏折，档号：04-01-35-1360-061。另见喀什噶尔参赞大臣永芹、布彦泰：《奏为拿获私铸铜钱回犯并审明定拟事》，道光三年六月十七日，中国第一历史档案馆藏录副奏折，档号：03-9496-020。

造，让他的妻、女帮忙换替烧火，使用偷铸的钱币。该案在判处时认为图尔第的妻子和女儿依照"亲亲相隐"原则，予以宽免，"该犯之妻苏尔坦比、亲女铁列比例得容隐……均应照例省释"。

从天山南路地区的维吾尔族有关容隐的案例中可以看出，少数民族地区在司法运用中有关容隐的案例仍然遵照《大清律例》相关律文判处，不论双方都是少数民族，还是一方为少数民族另一方为汉族，判处时都没有对此进行额外的区分，官员都依律直接进行判处，可见容隐这一制度并没有因为地区风俗和犯罪双方身份不同而有所改变。

总之，容隐法律在清代社会广泛适用，但也并非绝对适用。一方面涉及谋反、谋大逆、谋叛类案件是不许容隐的，另一方面涉及干名犯义及亲属相犯的案件又有不适用的情况，甚至本该使用容隐的情况，可能根据具体判官和具体情况，也有不适用容隐规定判案的。这反映了容隐原则性适用，特殊性也可不适用的情况。大概是整体上保障社会稳定，案结事息即可。另外唐宋明等时代同样存在此类情况，不能以今日类案类判的绝对化要求去评判。

三、 清末民国法制改革中的容隐制度

容隐制度自唐代完善之后，历经后世各代不断继续发展，尽管各朝法制有一定变化，但是容隐制度始终被得以保留。清朝是一个多民族融合的朝代，容隐制度在汉族和少数民族地区的适用

范围整体类似，但是也有细微差别。发展到清末和民国时期，法制改革对容隐制度也进行了一定的变革，通过对容隐制度自清末至民国时期的发展历程的整理分析，可以发现容隐制度相较于我国古代时期发生了较大的变化，由于经济发展水平的进步和对外交流的增加，容隐制度也呈现出一种中西价值融合的倾向和趋势，其本质和目的都发生了较大的变化。

（一）清末民国法制改革中的容隐立法内容

前文我们对唐、宋、元、明、清时期的容隐制度进行了详细的介绍和分析，自唐朝容隐制度发展完善始，直至今日，容隐思想一直在延续，不管法制如何变革，容隐制度一直得以保留，所以要对容隐制度有较为全面的了解，清末民国时期的法制改革对容隐制度的继承和变化也值得我们研究分析。

1. 清末时期的亲属容隐制度

清末法制变革是中国法制史上的重大事件。在这一时期，具有数千年传统的中国古代法制开始了向近代法制的重要转型。晚清政府在内外矛盾交织，列强不断施压的情势下，因应时势，变法图强，放弃闭关锁国政策，推行新政以自救，容忍西风东渐，积极移植外法。因此，清末法制变革应运而生。

清末法制变革，以刑律方面的成就最为突出，大致可以分为两个阶段。1901 至 1905 年间的改革由于在保留君主专制的前提下进行，因此仅对旧律做了相关的变通工作，并没有突破传统封建体制的局限。

1905 年至 1911 年间，"预备立宪"后，清政府的法制改革在范围上和内容上有了一定的进步。首先，在刑事法律制度方面，借鉴大陆法系国家的改革模式，对旧律进行较大幅度的删减，在此基础上增添了新内容，成《大清现行刑律》以应稳定法制之急；其次，由于闭关锁国状态被打破，新类型的社会问题不断出现，针对此种情况出台了如《违警律》《禁言条例》等单行法令法规；再次，对外国刑法开展大规模的翻译工作，确定中文文本，以便修订新律时借鉴参考之用；最后，清政府在此基础上出台《大清刑律草案》和《大清新刑律》，从内容、形式上均对标大陆法系的主流刑法理论。

新刑律的内核是西方的刑法理论、法律精神和价值取向，这与中国传统的法律文化不可避免地出现冲突，因此遭受了一系列的非难，并引发了旷日持久的"礼法之争"。此种争论，可见于各诏谕奏折，如宣统元年（公元 1909 年）正月二十七日《凡旧律义关伦常诸条不可率行变革谕》记载：

> 惟是刑法之源，本乎礼教，中外各国礼教不同，故刑法亦因之而异。中国素重纲常，故于干犯名义之条，立法特为严重，良以三纲五常阐自唐虞，圣帝明王兢兢保守，实为数千年相传之国粹，立国之大本。今环海大通，国际每多交涉，固不宜墨守故常，致失通变宜民之意，但只可采彼所长，益我所短。凡我旧律义关伦常诸条，不可率行变革，庶以维天理民彝于不敝。该大臣务本

此意，以为修改宗旨，是为至要。至该大臣前奏请编订现行刑律，已由宪政编查馆核议，着一并从速编订，请旨颁行。以示朝廷变通法律循序渐进之至意。[1]

又如光绪三十四年（公元 1908 年）十二月十五日《浙江巡抚增韫覆奏刑律草案有不合礼教民情之处择要缮单呈览折》："中国风俗，如干犯伦常，败坏名教，既为人心所同恶，即为国法所不容。今草案伤害尊亲致成残废，贷其死罪，将使伦纪纲常，翻然废弃，则忤逆之徒，罔知敬畏，非所以安上而全下也。"[2]

清末的法制变革，总体来说是外部压力导致的结果。在中体西用的原则指导下，清末修律无法抛弃中华传统法律伦理中关于礼教纲常的内容，但又不得不套用大陆法系的法律体系。在如此激烈的冲突之中，"亲亲相隐"同时作为"中"的思想内容和"西"的形式表现在法条的草案和制定成文中。在法律与亲情的伦理冲突上，中外法律达成了意外的一致。

1907 年，清政府着手《大清新刑律》的修订。由于在清末法制变革时期并未完全废除封建体制，所以诸多修订资料都以上谕、奏折的形式留存。在 1907 年的《大清新刑律（草案）》中，可见这样的条文，其中第 177 条规定："犯罪人或逃脱者之亲族，为

1　怀效峰：《清末法制变革史料》，中国政法大学出版社 2009 年版，第 3 页。
2　同上，第 59 页。

犯罪人逃脱者利益计而犯本章之罪者，免除其刑。"[1]

在此条文之下，草案注明："沿革：《汉书·宣帝纪》：地节四年，令子首匿父母、妻匿夫、孙匿大父母皆勿坐，其父母匿子、夫匿妻、大父母匿孙罪殊死，皆上请。《唐律》：诸同居大功以上亲及外祖父母、外孙若孙之妇、夫之兄弟妻有罪相为隐，部曲奴婢为主隐，皆勿论。即漏露其事及摘语消息，亦不坐。其小功以下相隐，减凡人三等。若犯谋叛以上者，不用此律。宋《刑统赋解》：外祖父母改婚姻之家，部曲奴婢为主隐句改奴为主隐、不为奴隐，余与唐律同。明律于外孙下增妻之父母、女婿，部曲改工人凡人三等，下增无服之亲减一等。现行律同。"[2]该附注对前朝法律中关于"亲亲相隐"的内容进行了考证，这与本文前述的内容是相吻合的。

在178条下注明："注意：证人有得依民刑诉讼法及其余律例为证人者及不得为证人者，从其区别而谓之曰适法之证人。例如律例虽有近亲不得为证人之说，然近亲为证人者纵陈述虚伪，不得以本条为之。"[3]这说明，近亲本身在法律上是无法成为证人的适格主体的。

后制定成文的《大清现行刑律》卷三十二，在"捕亡——知情藏匿罪人"一节规定："凡知他人犯罪事发，官司差人追唤，而将犯罪之人藏匿在家，不行捕告，及时指引所逃道路、资给所

1　高汉成主编：《〈大清新刑律〉立法资料汇编》（第1版），社会科学文献出版社2013年版第105页。

2　同上，第384页。

3　同上，第385页。

逃衣粮、送令隐匿他所者，各减罪人所犯罪一等。'各'字指藏匿、指引、资给说。如犯数罪，藏匿人止知一罪，以所知罪减等罪之。若亲属纠合外人，藏匿亲属，虽免罪减等，外人仍科藏匿之罪。其事未发，非官司捕唤而藏匿，止问不应。"[1]

《钦定大清刑律》（即《大清新刑律》）第 180 条规定："犯罪人或脱逃人之亲属，为犯罪人或脱逃人利益计而犯本章之罪者，免除其刑。"[2] 可见，容隐的理念是一直被统治者所认可并沿用体现在律法之中的。

2. 清末至民国时期亲属容隐制度的发展

北洋政府在 1921 年颁布了《刑事诉讼条例》，该法借鉴了《刑事诉讼律（草案）》，第一次将特免权立法付诸实施。该法第 105 条规定，证人与被告若有以下关系可拒绝作证：亲属、未婚配偶、代理、监督监护、保佐。

国民政府形式上统一全国后，开始了全面的立法工作，分别于 1928 年和 1935 年两次编立了《中华民国刑法》和《中华民国刑事诉讼法》。

以今天的眼光来看，从清末变法至民国末期的法制变革，富有魄力，影响深远。中华法系历经两千年积累的法传统被摒弃极多，其中"亲亲相隐"制度历经改造，最终得以保留。从《大清新刑律》到 1928 年、1935 年《中华民国刑法》及《中华民国刑事诉讼法》，

1　高汉成主编：《〈大清新刑律〉立法资料汇编》（第 1 版），第 413 页。

2　同上，第 482 页。

对亲属容隐的相关行为均规定了免罚或者轻罚。在这一重要时期里，立法者对"亲亲相隐"制度的设计更加体系化，也更加完备，可以明显看出，有关尊卑差别和不平等的内容被逐渐除去，同时通过列举式设计的法条对亲属容隐的各种情形进行阐释，与唐律的设计有异曲同工之妙。

《大清新刑律》第 180 条[1]、《中华民国暂行新刑律》第 180 条、1928 年《中华民国刑法》第 177 条、1935 年《中华民国刑法》第 167 条均规定："为亲属利益的藏匿行为和销毁证据行为得减免其刑。"1928 年《中华民国刑法》第 183 条规定："为保存自己或亲属之名誉而为者免刑。"1935 年《中华民国刑法》第 162 条规定："间接便利亲属脱逃者得减轻其刑。"《中华民国暂行新刑律》"补充条例"第 2 条及 1935 年《中华民国刑法》第 164 条、167 条规定："为保护亲属而顶替者免刑。"1935 年《中华民国刑法》第 351 条规定："为犯盗窃罪之亲属销赃匿赃者得免除其刑。"1935 年《中华民国刑事诉讼法》第 32 条规定："对直系尊亲属（包括姻亲）或配偶不得提起自诉。"[2]1935 年《中华民国刑事诉讼法》第 180 条、186 条、191 条及 1935 年《中华民国民事诉讼法》第 307 条均规定："近亲属得拒绝证言，其自愿作证者不得令其具结，司法官讯问恐证言有害亲属而不愿作证之人。"

上述规定大多至今仍在我国台湾地区沿用，其二十世纪八十

1　高汉成主编：《〈大清新刑律〉立法资料汇编》（第 1 版），第 482 页。

2　何勤华：《中华民国刑法》（第 1 版），中国方正出版社 2006 年版，第 14—47 页。

年代以来的历次刑法和刑事诉讼法的修正基本均未对此类条文做出改变。这些规定与舶来的大陆法系相关规定本质上基本一致。不同的是，清末法制改革在这方面的主要目的是保留和继承部分中华法系的法传统，如刑部郎中吉同钧所言："刑法之可弼教化者在此，之所以为国粹者亦在此。"[1]而在民国时期，西学东渐的思想潮流愈盛，法制改革的目标是建设西方国家模式的现代法制环境，建立现代化国家，于是"干名犯义"等以亲属容隐作为强制性的或伦理纲常上的义务的规定被取消，经修改推敲之后成为权利性规定。"亲亲相隐"从义务到权利的转变，在这一阶段发展并大体完成。

（二）清末至民国容隐制度的变迁

容隐制度自完善以来一直被沿袭下来并得以不断更新细化，发展到清末民国时期，西方文化开始对我国的传统法制有了一定冲击，儒家文化也在国家和社会的不断更迭变化过程中受到了不同程度的打击，所以发展到清末民国时期的容隐制度，其本质和目的都发生了较大的转变。

1. 容隐本质：从法定义务向法定权利演变

关于"亲亲相隐"的定义，《大百科全书·法学卷》认为其属于一项法律义务，认为对于亲属所犯的罪行不能积极告发，而

1　〔清〕吉同钧撰，栗铭徽点校：《大清现行刑律讲义》，清华大学出版社2017年版，第72页。

要为其隐瞒，亲属如果积极告发了亲属的罪行反而会受到刑事处罚。而作为一种义务，它还经历了从道德义务向法定义务的演变。在东周时期，不论是从周襄王时的元咺诉君案来看，还是考察《礼记》中"事亲有隐无犯"的描述，"亲亲相隐"都具有道德义务属性。到汉朝，汉武帝时刘爽告父"弃市"。《礼记》有云："刑人于市，与众弃之。"[1] 子告父对应的刑罚遽然严厉，说明从此时开始"匿尊亲"已变成极严格的法定义务。待到汉宣帝发诏，尊长为卑幼隐的行为才被正式赋予合法性。虽然该诏局限性较大，但确实反映出权利属性的踪迹。虽然最终决定权在于皇帝的个人态度，但至少在按律应判死罪时，有保全性命的可能。至魏晋南北朝时，"拷妻证夫""拷子证父""鞭父母问子所在""以妹责兄"等行为一再受到人们的批评与诘责，人们认可的不仅是卑幼为尊长隐，也认同尊长为卑幼隐，这种容隐是双向的，由此可见"亲亲相隐"权利属性的萌芽。《唐律疏议》则正式、全面地肯定了"匿卑幼"的行为，相关规定的表达形式也是以权利设定的方式进行。除了谋叛以上的罪行之外，对其余种类亲属犯罪的容隐行为基本不受处罚。

清末法制变革之后，这种权利属性扩张的趋势出现了大幅度的变化：对于一定血缘关系范围内的所有亲属，不论容隐行为的主体是尊长或者卑幼，基本都得到了法律的许可，法律也不会惩戒告发亲属的行为，反而设定了对特定亲等内亲属的容隐行为轻

---

1 〔汉〕郑玄注，〔唐〕孔颖达疏，李学勤主编：《礼记正义》，第359页。

罚或免罚。这意味着最初作为义务存在的容隐制度已经在一定程度上转变成了一项权利，成为维护家庭和睦和社会稳定的重要手段。尤其在《大清新刑律》中删去了"亲属相为隐"和"干名犯义"的条文，将与其含义相近的规定置于"关于藏匿罪人及湮灭证据之罪"中，由此可看出西方权利观念对我国现代刑法观念的影响，不再将容隐规定为一种法定义务，也没有和传统的纲常伦理思想结合，而只是单纯地指出，作为个人可以为自己亲属的利益考虑，可以根据自己的判断来自行决定是否要为亲属隐匿或拒绝作证，保护了个人的权利，容隐制度关于权利的体现更加突出。1935年《中华民国刑法》和《中华民国民事诉讼法》中关于法官不得逼迫被告的亲属作证的规定也是典型的范例。对于私权利来说，法无禁止即可为；对于公权力来说，法无授权不可为。而民国时期关于"亲亲相隐"的法律规范本质上是符合这种精神的。

2. 容隐目的：从维护封建伦常转向保障人权

"亲亲相隐"制度本身源出于礼，其存在必然有维护伦常之目的，在法律规范中的表现主要有两点：第一，在很长一段时间内司法都只强调卑幼对尊长的容隐义务，而关于尊长隐匿卑幼的规定出现的时间节点远远落后于卑幼隐匿尊长的规定时间；第二，亲属血缘关系的远近亲疏决定了容隐义务的轻重，对血缘关系越近的亲属容隐义务越重，反之同理。

但中华法系的传统中向来存在对人自然权利的基本尊重，自唐朝开始这种精神在法律规范中体现得越来越明显，直至清末民国时期与西方的人权思想风潮产生交汇，促生了法制的巨大变革。即使作为过渡性法律的《大清现行刑律》，也大量删除了原《大清律例》中有悖于人道主义和人权保护的条文。自《大清新刑律》开始，到1935年《中华民国刑法》颁行时，保护人权已经成为法律的重要目的之一，其中"亲亲相隐"的内容更与此相合：法律能够容忍任何一个人不论尊卑地容隐自己的犯罪亲属，也不允许法律和法官强人所难地去要求、强迫犯罪者的亲属作证，对容隐犯罪亲属行为给予的刑罚，根据不同的情况也都有不同程度的减罚，或者免罚。这些规定的内在精神与大陆法系国家在"亲亲相隐"方面的规定是契合的，也体现了资产阶级革命后立法者的思想立场——反对没有约束的司法权限，制止封建株连，保障人们的基本权利和基本尊严。

　　容隐制度发展到近现代，其中对亲情人伦的保护，对个人利益的保护，都给冰冷的法律条文增添了很多温暖的色彩，使得我们的法律能够得到普通民众的支持并自觉自愿遵守，也为家庭的和谐和睦以及社会的良性稳定发展提供了重要保障。本质上，容隐制度属于约束人们的伦理道德行为的一项制度，其强制力如若不明确规定在法律条文中，则主要依靠人们内心对亲情的保护，而发展到如今，我国的刑事法律规范中也吸纳了容隐制度，其实就是将人的情感需求注入我国法律对人们利益的保障之中，尊重人性的本真，重视亲情人伦的维护，保障人权。

第五章

容隐制度的理论探源与创造性转化

自先秦容隐观念产生到汉代"亲亲得相首匿"容隐原则的确立，再到《唐律疏议》中以"同居相为隐"为内容的一系列容隐法律制度明确与应用，容隐在礼法融合背景下不断法制化，这些制度的实施又对礼法社会秩序重构及长期稳定发挥了重要作用。容隐制度功能的发挥并非某一时代某一民族特殊的需要，而是有着深厚的理论基础，并彰显出深刻的历史必然性、科学性及合理性。纵观人类法制文明的发展，容隐制度始终没有缺场，随着对该制度理论研究的持续深入，我国当代容隐制度的创造性重构也势在必行。

一、 中国古代容隐制度发挥功能的理论基础

容隐制度作为一种伦理义务，强调亲情相爱，不可相互揭短甚至揭发犯罪导致亲情撕裂。同时容隐又是呵护与保护亲情的一种法律权利，亲情对外有犯，必然会遭到公权依法追究，沉默包容不仅是维系亲属关系及家庭声誉的权利，在一定程度上也为以家庭乃至宗族为单位进行民事赔偿、达成和解与谅解提供了宽松环境。容隐制度在我国古代社会长期运行，很好地推动了家庭及宗族的和合有序，发挥了风俗教化功能，始终维护着社会伦理，促进社会和谐，蕴含着丰富的"治亲安邦"价值和智慧。

（一）中国古代容隐制度的社会治理功能

本书在考察唐代容隐实践部分已经扼要分析了容隐在唐代礼法治理中发挥的功用，并将其功能概括为"序""教"。"序"即为序亲族，"教"即是教化。在考察宋明以降容隐制度时，更多以案例说明容隐制度在社会治理中的应用，没有对其功能进行深入挖掘。因此，在探索容隐制度的理论之前有必要对其所发挥的主要功能从序宗族、淳民风、治乡里三个方面进行概括总结。

1.睦亲情而序宗族

早在西周时期，华夏民族就确立了"出礼入刑"的礼治原则，春秋时期的容隐观念实际上是基于出礼入刑中一些特殊情况的总结和补充。诸如亲属之间的一般相犯，允许亲属隐匿而不入刑，亲属在外犯非"殊罪"，则可以沉默甚至在一定程度上进行隐匿。如果禁止亲属容隐，甚至强制犯者亲属举报作证，公权力在取证、对质、捕囚等方面自然能够提高办案效率，减少办案成本。但是，逼迫亲属检举告发，势必引发亲属自危，感情撕裂。从人性角度看，几乎没有人会因亲人犯罪去主动协助公权办案；从历史层面看，秦奖励告奸、酷刑连坐不仅是其速亡的重要原因，也是当时大规模农民暴动的导火索。可见，强制告奸导致人人自危，不仅使家庭鸡犬不宁，还会引发社会矛盾，危及政权稳定。

汉初在禁止亲属连坐过程中，容隐观念随着儒家思想登堂入室而在司法实践中受到特别重视，并以皇帝敕令确立了"亲亲得相首匿"的司法原则。该原则的确立使得宗族内部不再有亲情"首匿"罪而导致的恐惧及压力，亲情凝聚成为一种可能。而且在汉代文献资料中，已有诸多因为告亲而被惩罚的案事例。唐宋以降，告亲入罪在制度方面不断扩大和完善，本书第三章也列举了不少相关事例，足见亲属容隐在唐宋睦亲方面发挥着重要功能。明代重修乡饮酒礼，在乡饮酒礼"敕谕"中向全国百姓明示："孝顺父母，尊敬兄长，和睦邻里，教育子弟，各安生理，毋作非为。"[1]元代和清代乃中华民族大家庭中的两个少数民族统治的王朝，两个朝代的法律制度同样继承了容隐制度。元代还在容隐制度基础上新增"干名犯义"罪名，《元史·刑法志》中记载了当时《大元通制》的规定："诸子证其父，奴讦其主，及妻妾弟侄不相容隐，凡干名犯义，为风化之玷者，并禁止之。"[2]该规定被明清法典继承，并广泛使用，就是为了严禁卑幼告发尊长，严禁奴仆告发主人，以实现睦亲情而序宗族的目的。

孝悌是中国古代维护家庭、家族和睦和谐的法宝，其路径方法自然多种多样，尤其是通过教育教化，使得儒家孝悌之礼融入人们内心，塑造修身齐家的基本道德人格和家庭美德。但是对于严重违背孝悌的行为，通过震慑性质的刑律进行制裁和防范，防止亲属相犯而导致亲情撕裂，防止状告亲属而导致亲情撕裂，防止公权对亲情关系超越限度地扭曲侵犯，都涉及亲属容隐内容。

1　杨一凡：《皇明制书》第二册，社会科学文献出版社 2013 年版，第 728 页。

2　关于违反规定的处罚，在第四章已经详细考察并说明，此处不再赘述。参见〔明〕宋濂等撰：《刑法志》，《元史》卷一百〇五，中华书局 1976 年版，第 2671 页。

无论在古代社会，还是在当代社会，我们无法想象一个将儿子的犯罪进行揭发的父母，在宗族中如何能够抬得起头，在晚年能够理直气壮地让儿子尽心尽力赡养终老。也正是容隐制度及后来归为容隐范畴的"干名犯义"，协同孝悌教化，凝筑了两千多年比较稳固的和美家庭风气，使得宗法人伦制度得以长期稳定并且宗族相序。

2. 化人格而淳民风

和美家风是形成基层社会普遍和谐的基础，也是淳化民风民俗的基础。对于这一点，早在西周初期，面对夏商时代民风质朴粗野的遗风，周公便通过制礼作乐进行淳化。尤其是周公儿子伯禽被封到东夷鲁地后，非常注重以亲情丧礼"革礼""变俗"[1]。即便战国时期的法家也强调"错法成俗"，即"制度时，则国俗可化而民从制"[2]。秦简中的"非公室告"虽非容隐制度，但实质上也发挥着限制告亲功能，以防止淫风恶俗。然而由于秦朝对"公室告"犯罪采取了与"非公室告"相反的极端政策，加之整体的"错法成俗"理念失误，结果民风不仅未能向好，反而愈加衰败，以至于"妇姑不相说，则反唇而相稽。其慈子耆利，不同禽兽者亡几耳"[3]。

1　〔汉〕司马迁撰，〔南朝宋〕裴骃集解，〔唐〕司马贞索引，〔唐〕张守节正义：《鲁周公世家》，《史记》卷三十三，第1524页。

2　蒋礼鸿：《商君书锥指》，第59—60页。

3　〔汉〕班固撰，〔唐〕颜师古注：《贾谊传》，《汉书》卷四十八，第2244页。

　　面对这种婆媳不和、子争父财的局面，刘汉政权认识到，需以孝亲之礼凝聚亲情，淳化民风。通过一系列教化及亲情关系法律化规制，不仅扭转了秦世风日下的局面，而且淳化了民风民俗，还初步塑造了华夏民族尊老爱幼的民族风格。西汉政权以容隐制度对秦"公室告"中的"非殊罪"进行补充，逐步强调亲属之间不相能告。所以作为礼法融合的容隐制度在两汉社会淳化民风中同样发挥了重要作用。东汉末到曹魏时期，可谓天下大乱，然而在这种兵荒马乱时期，单就兄弟相争赴死的事例就足以展现出经两汉四百年亲情礼法教化形成的淳朴民风。既然兄弟遇事争死，又哪里会出现兄弟相告？

　　事例1：东汉末，广戚人姜肱，兄弟互相友爱。"肱与季江俱乘车行适野庐，为贼所劫，取其衣物，欲杀其兄弟。肱谓盗曰：'弟年幼，父母所怜悯，又未娉娶，愿自杀身济弟。'季江言：'兄年德在前，家之珍宝，国之英俊，乞自受戮，以代兄命。'盗戢刃曰：'二君所谓贤人，吾等不良，妄相侵犯。'弃物而去。肱车中尚有数千钱，盗不见也，使从者追以与之，亦复不受。"[1]

　　事例2：东汉末，鲁人孔融，兄弟争义。高平人张俭"与融兄褒有旧，亡投褒。遇褒出……融知俭长者……因留舍藏之。后事泄，国相以下密就掩捕，俭得脱走，登时收融及褒送狱。融曰：'保纳藏舍者融也，融当坐之。'褒曰：'彼来求我，罪我之由，

1　〔南朝宋〕范晔撰，〔唐〕李贤等注：《姜肱传》，《后汉书》卷五十三，注引谢承书，第1749页。

非弟之过，我当坐之。'兄弟争死，郡县疑不能决，乃上谳"[1]。

事例3：曹魏时期，吴国"仲膺名邵。初，伯膺亲友为人所杀，仲膺为报怨。事觉，兄弟争死，皆得免"[2]。

事例1讲的是姜肱兄弟遇到盗贼，兄长姜肱请求劫贼杀了自己，留下弟弟，而其弟也请求盗贼杀了自己，保留哥哥性命。两人相友爱的行感动了盗贼，盗贼竟然感慨，认为从事打劫乃不良行为，随即弃物而去，弃恶行善。有意思的是姜肱把自己的钱财追送给盗贼，盗贼也不收受，可见盗贼是真的感动了。事例2中，孔融兄长孔褒被张俭牵连有罪，官府将孔融兄弟逮捕入狱时，兄弟二人不是推诿脱罪，而是争相揽下罪名，这种行为导致郡县不能决狱。在提请朝廷断决时，二人事迹感动朝廷，皆被赦免。事例3实乃标准的容隐案件，事发后，兄弟同样争死，结果皆被赦免。

总之，汉魏时期仅仅兄弟亲情之间表露出的友善，就已凝筑了质朴良善的华夏民风民俗根基。此后历代相序传递，并向四方辐射，两千年间，助推华夏民族礼法教化，始终表现出"老吾老以及人之老，幼吾幼以及人之幼"淳厚民族风尚。

3.限公权而乡里治

中国古代社会中，自秦汉以降皇权政治一直不断加强对社会

1　〔晋〕陈寿撰，〔宋〕裴松之注：《魏书·崔琰传》，《三国志》卷十二，注引《前汉书》，中华书局1964年版，第370—371页。

2　〔晋〕陈寿撰，〔宋〕裴松之注：《吴书·宗室列传·孙邻》，《三国志》卷五十一，注引《博物志》第1210页。

的控制，但基于小农经济社会自给自足的封闭特点和儒家德主刑辅教化思想的要求，以血缘为纽带的乡村宗法社会始终秉承自我管理的特点。所以，中国古代社会具有"皇权不下州县"的治理模式特点，即基层社会处于较为宽松的自治状态，乡里治而天下安。

皇权不下州县绝非中央政权不愿或不能控制地方。恰恰相反，朝廷官吏督促地方教化时，已经利用亲情关系将中央意识形态和政策落实到民间，有效加强了皇权政治对百姓的控制。还通过一种关联性的准司法活动，将国家司法与家法族规以及乡里自治活动联系起来。主要是官方授予家族一种近似司法的权力，以此保障家族和睦，乡里社会和谐。但这种准司法活动非纯粹的家族司法处置。如汉代的"三老""王杖"制度、明代的"申明亭"制度，均由乡里推举公正廉直的老人担任，调解乡里一切纠纷。这些制度虽具有教化功能，实际上已经是通过半官方的司法性调解进行教化。明太祖时《教民榜》内容涉及乡里理讼范围、程序、刑罚及对违背榜文行为的惩处，要求凡民间户婚、田土、斗殴相争等事，不许动辄告官，必须经由本地的里甲或乡老参与理断。如果不经地方调解处置而直接上告，"不问虚实，先将告人杖断六十，仍发回里甲、老人理断"。这样，民间大量普通民事案件和轻微刑事案件都必须经过乡里调解的前置程序，只有少数奸盗、诈伪、人命等重大案件，才呈告官府。对此，杨一帆教授认为，《教民榜》"堪称是中国历史上一部极有特色的民事管理和民事诉讼法规"[1]。

1　杨一凡：《明代榜例考》，《上海师范大学学报（哲学社会科学版）》2008年第5期。

这种过渡性司法实际上是公权力的一种让渡，使得民间大量普通民事案件和轻微刑事案件以乡里处置的方式化解矛盾。它由官方明确规定，不同于家族法规的完全自治，但其基础又整体上依据家庭及宗族的血缘纽带，其处置完全遵守处置结果与亲情关系远近亲属有密切关系的处置模式；亲情关系越近，以卑犯尊处置越严，以尊犯卑处置越轻，反之关系越远，则与常人相犯处置越接近。并且处置结果也多以教化、训诫、财产补偿或理赔等方式为主，尽量通过乡里化解纠纷，实现和睦和谐的族群及乡里关系。

乡里族群在被赋予权利实现自治的同时，最大限度争取限制公权对私权的干预和控制。只要不触及皇权统治，乡里自治实际上就是服务并有利于皇权政治的统治。亲属容隐制度就是一项适度限制公权干预、争取乡里自治的制度。

容隐既是亲情之间的一种伦理义务，也是一种法律权利。维护这种亲情人伦和谐、保障法律权利的难点在于，如何面对国家公权的不当干扰甚至侵害。在司法与行政没有明确区分的古代中国，亲情关系遭遇公权干扰及侵害突出表现在两个方面，即遭遇亲属犯罪被连坐的打击以及被强制检举控告亲属犯罪的痛苦。亲属连坐违背了"恶恶止其身，善善及子孙"[1]的礼法原则，故在西汉初期即开始持续进行限制。在两千余年的古代皇权历史上，虽然"殊罪"连坐始终未能绝迹，但自东汉时期已经处罚宽缓。而

1　〔战国〕公羊高，〔汉〕何休解诂，〔唐〕徐彦疏，李学勤主编：《春秋公羊传注疏》，第 511 页。

与"首匿"科罪相关的亲属容隐原则和制度自汉代至清末一直被皇权律典认可，成为维系亲情，实现乡里和谐自治的一种制度。

这种乡里自治本质上讲是私权自治和公权管控相得益彰，尤其是在刑事司法方面，当公权允许私权容隐后，私权就表现出对其亲属犯事的应对处理。在亲属侵犯其他私权方面，积极予以和解，为受害人或其家庭、家族主动认错赔偿，从而防止基层矛盾升级，有利于实现公权期望的社会稳定局面，比如保辜制度即是如此。保辜制度涉及的双方一般不强调亲情关系，处置过程虽有官方参与，但更多由乡里族人主持，双方积极主动落实。而族人及家人积极参与的前提应该是，加害人家庭或家族都未受到来自公权力的恐吓及威逼，而是基于道德和乡情产生愧疚，主动尽责赔付。如果一开始就威逼加害人或犯者家人及家族，又如何能与受害者沟通与和解？其出路只有衙门硬判，保辜制度就根本无法实现。因此，该制度的实施必然建立在容隐及类似制度的基础之上。同时，在家族内部，为了维护家族声誉和信誉，积极对犯者进行教育，以达到促使犯者自身改过自新，促进全体族人知礼守法的效果。

正是在这一分析基础上，笔者曾就汉代"亲亲得相首匿"诏书发挥的功能进行总结，认为该诏彻底否定了秦朝首匿观念及汉武帝时又潜藏的重首匿之科理念，开启了以礼法适度对抗公权侵害私权的历史[1]。没有这项限权就很容易导致公权在司法方面的扩张，根本无法实现乡里矛盾的全面有效和解与社会和谐。由是，

1　陈鹏飞：《"服制定罪"创制探原》，《现代法学》2015 年第 2 期。

该制度在后世历代被承袭发展,运行莫不如此,真正实现了孔子"其为人也孝弟,而好犯上者,鲜矣;不好犯上而好作乱者,未之有也"[1]的思想。

（二）支撑容隐制度发挥功能的理论

上述容隐制度发挥的功能当然是与孝道及宽缓慎刑等一系列制度相伴而行的结果,但就容隐制度自身而言,该制度的独特性质决定着其功能的不可替代性。然而,要想在现代法治文明背景下吸收容隐制度的治国智慧并进行创造性转化,绝非简单的文献梳理与功能探索所能解决。需要在此基础上进行深度理论探索或探源,以便在马克思主义法学理论与中华优秀传统文化有机结合的基础上寻求制度转化的路径。笔者在几年思考中决定从如下三个方面对容隐制度的理论进行探索。

1. 伦理和义务：容隐制度中的个人伦理与国家伦理的契合

容隐制度自身基于血缘纽带而产生,因此,自然需要从亲情的伦理义务开始探讨其理论根源。毋庸置疑,该制度以伦理为基础,然而将该制度放在国家治理（或国家统治）与基层自治乃至古代家族自治的背景下,就必须考虑个人或家族的亲情伦理与国家层面的伦理是否吻合。没有这一理论基础,任何片面的解释都不足以从伦理层面解释该制度的合理性和科学性。

自汉代礼法融合以后,以"尊""亲"为基本内容的礼以一

1　〔魏〕何晏等注,〔宋〕邢昺疏,李学勤主编:《论语注疏》,第 3 页。

种人伦及道德精神融入法律或成为法律规范，至唐代，礼法融合达至成熟，《唐律疏议》在立法方面可谓“一准乎礼”，在司法方面也被后世称赞“得古今之平”。这种以血缘纽带为基础的“礼”首先体现了亲情道德要求和人伦关系，因此诸多亲情法律制度和原则基本要义就是一种人伦义务，容隐制度亦不例外。

我国研究容隐制度的学人，或许是仅仅注意到容隐体现的是一种家庭人伦关系，忽视了容隐作为一种国家制度存在，忽略了容隐本身也是国家伦理的需要，因而也就没有注意到该制度的国家伦理与亲情伦理契合问题。正是由于此种忽视，在近代法权主义背景下，人们很容易批判容隐制度中的亲情伦理，将容隐制度片面理解为对亲情的庇护，有碍于国家法律行使，有碍于保障他人的合法权益。

伦理的本质并非只是维护亲情关系和睦有序，它是人们为过善德生活而要求人际关系和睦和谐的德性。伦理所强调的美德和正义，也旨在使家族内外达成一种行为和价值的共同认知，这些认知或基于对自然规律的经验体悟，或基于人类对生活常识的提炼总结，以观念或原则交流表达，最终成为处理人际往来的准则。遵守这些准则能够确保家庭和睦、保障族群内部稳定有序，进而成为不同族群之间在社会交往中的行为标准，以美德相处，以正义相守。如此，以血缘为纽带的家庭个人伦理逐渐上升为各个部落族群乃至整个大的民族社会认同的民族伦理或社会伦理。由此看来，古代社会就彰显了个人及家族、社会与民族的多元伦理观念，而非单一的家庭伦理。

　　早在我国春秋时代，孔子就提出一系列国家伦理观，"克己复礼，天下归仁"[1]，"为政以德，譬如北辰，居其所而众星共之"[2]，"礼之用，和为贵。先王之道，斯为美"[3]，"言忠信，行笃敬，虽蛮貊之邦，行矣"[4]等等。同时他还提出个人与国家相融合的伦理思想，《论语·宪问》记载："子路问君子，子曰：'修己以敬。'曰：'如斯而已乎？'曰：'修己以安人。'曰：'如斯而已乎？'曰：'修己以安百姓。修己以安百姓，尧、舜其犹病诸！'"文中的"修"就是加强伦理美德修养，这种美德沟通了个人与国家。同一时期的古希腊柏拉图也提出了个人伦理及国家伦理，以及二者之间的沟通。在《理想国》中，柏拉图指出，个人灵魂中的理智、激情、欲望三者和谐就可以实现个人伦理善德的基本要求，就是个人正义。他又通过社会分工方式指出国家正义就是每个人干自己的事情而不干涉他人的事情。国家正义中，那些智慧的人、勇敢的人、有欲望的人各司其职，但都要节制。这样的国家伦理实际也是个人伦理的一种放大。柏拉图的学生亚里士多德在《尼各马可伦理学》中指出，求得个人善是伦理的目的，求得社会群体善是政治的目的。人生最高目的是求得至善，至善就是幸福。亚里士多德既注重家庭的伦理，也注重城邦的伦理，他认为："父母爱子女，

1　〔魏〕何晏等注，〔宋〕邢昺疏，李学勤主编：《论语注疏》，第157页。

2　同上，第14页。

3　同上，第10页。

4　同上，第208页。

是把他们当作自身的一部分。""子女爱父母，是因为父母是他们存在的来源。""兄弟间的友爱……因为他们出于同一个祖先，而这样感情的强弱，也总是与同始祖相距之远近相应。"[1]他还认为："具有公正德性的人不仅能对他自身运用其德性，而且还能对邻人运用其德性。"[2]至善被认为是人的一种自足，其范围包括他的"父母、儿女、妻子"，广而言之还包括"朋友和同邦人，因为人在本性上是社会性的"[3]。可见，个人及家庭伦理与国家伦理不可分割。

　　容隐制度实质上是在亲情和睦的基础上追求社会和谐，是家庭伦理与国家伦理相契合的结果。我国古代礼法文化被视为伦理文化，无人质疑"亲亲得相首匿"制度背后的伦理基础。其中的"父父、子子、夫夫、妇妇"之礼基于亲情和血缘而制定，而这种人伦关系又扩大到社会层面的"君君、臣臣"之礼，可谓"家天下"之礼。个人及家庭伦理道德在形成国家伦理过程中实际形成了一种地域或民族文化，因而是早期各民族或地区文化形成的关键，甚至成为那些文化的核心内容。

　　早期各文明的伦理文化形态有所不同，华夏文化是世俗的宗法伦理文化；巴比伦较早成为世俗的法制文化，人伦道德涵摄于法律规范之中；古希腊城邦追求的正义观念既是个人幸福生活的

1　［古希腊］亚里士多德：《尼各马可伦理学》，廖申白译注，商务印书馆2017年版，第251—252页。

2　同上，第130页。

3　同上，第18—19页。

伦理目标也是城邦民主的伦理目标；希伯来和印度文化都以宗教方式表达了个体及民族国家对伦理道德的诉求，但二者又有着不同的形态，前者将伦理道德作为人神及人人约定的内容，后者则将伦理道德作为灵魂善业增减的内容和标准。早期文化中的个体伦理与集体伦理有机结合，维系着家庭、家族与团体的和谐有序生活。可见文化的本质实际上是个人与团体两种伦理的高度统一，其实现方式就在于运用蕴含着伦理的道德规则去影响人的内在思维，约束人的外在行为。

作为整体文化的伦理，在教化和评价方面都需要表现为一种国家和社会整体标准，所以国家伦理就作为整个社会团体的伦理而发挥价值功能。典型的华夏伦理就是将家庭与"族邑"逐步一体化，最后形成共同认可的"家国一体化"伦理。在西方民主摇篮的古希腊文化中，上文已经提到，柏拉图在探索正义论时同样将个人正义和国家正义同时提出并进行比较。个人的善德及正义是灵魂和谐的一种状态，即灵魂中理智调节激情和欲望，达到三者平衡状态；而国家善德和正义则是依据分工合作，每个人做自己合适做的事情，这个合适的工作是依据自己智慧、勇敢及节制等要素的综合能力而定，实际上是个人善德的群体化实现，这也是个人正义与国家正义相通的理念。

家庭伦理国家化的一种常见形态是家庭集体承担由家庭成员给家庭外成员造成的伤害。早期同态复仇和血亲复仇之所以被赔偿乃至赔命价取而代之，就是因为复仇使得家庭成员合力对付矛盾冲突的一方，这种结果不仅导致家庭不宁，甚至易导致族群的整体毁灭。进入文明社会后，开始以家庭或家族为单位赔偿给他人造成的损害，以征得他族的谅解。这样，家庭及家族以集体名义自觉地履行义务，争取本族群在伦理道德方面被原谅，进而避免复仇，息事宁人，换得与其他族群和睦相处。进入法制时代，国家法鼓励这种做法，常常通过减轻或不追究肇事一方责任，以便消除肇事方对抗国家的情绪和压力，使之为确保家族尊严和息事宁人，在晓知纠纷后既不张扬，又能积极主动谋划和解与谅解策略，诸如我国古代的容隐制度和保辜制度均是如此。中外历史上古代的乡村自治实际上也都蕴含着这些内容。

在以马克思主义理论为指导的当代中国，容隐制度本应被继承和发展，然而一些学者在研究"国家"这个概念时"将国家视为一种纯粹的政治实体"，"忽视了国家、国家伦理功效的存在及发挥"[1]，导致诸多社会问题难以解决。比如在我国，曾经将国家简单视为统治阶级镇压被统治阶级的暴力工具。这种阶级分析论将犯罪简单化为阶级对立，需要对之严厉制裁，进而片面认为，容隐制度在马克思主义理论中没有理论根基。持该观点的人忽视了无产阶级国家是为绝大多数人民谋福利的实质，不清楚国家"没有任何同整个无产阶级的利益不同的利益"[2]。无产阶级国家旨在

---

1 陆华：《国家伦理的内涵解读》，《东南大学学报（哲学社会科学版）》2009年第1期。

2 中共中央马克思恩格斯列宁斯大林著作编译局编译：《马克思恩格斯选集》（第1卷），第413页。

实现全体人民追求的正义价值和利益，这是无产阶级国家伦理的基本观点，这样的国家是为人民幸福而谋福利。在今天中国的全过程民主政治中，这种幸福生活要求公民个人和家庭应参与到具体的生活管理中，关照家庭和睦与社会和谐。个体的犯罪涉及国家也涉及家庭和所在团体，需要共同教育，使犯罪者及早回归社会，这是中国传统儒家法律文化的宗旨，同样也是当代我国在"社会主要矛盾不再是阶级斗争"的背景下改造犯罪的宗旨。

今人以传统儒家法律文化强调宗法伦理和等差有序为由，批评其具有不平等特点，有悖于现代人格平等的公平法律，有悖于普遍正义的伦理精神；而我们研究容隐制度，则呼吁当代法律制度对古代容隐制度进行改造并且予以体现，必须让学界、实务界、官方甚至所有普通民众理解，容隐制度背后蕴含的伦理基础不仅在古代是合理且必须的，它既能维系家庭亲情和睦，又能与国家层面的伦理相协调；更重要的是在时代变迁之后，今天的亲情伦理和国家伦理依然需要该制度来实现家庭和睦、社会和谐。也就是说，必须阐明容隐所蕴含的能够支撑法律的国家伦理思想和要求才是今天该制度创造性恢复不可忽视却又很容易被忽视的理论依据。

2. 权利与利益：容隐制度中的私权与公权的契合

容隐制度的理论不只表现为亲情伦理与国家伦理的契合，还表现在法权理论中个人权利与国家权力的契合。

伦理层面的容隐制度体现了亲人之间的包容义务，但该制度一旦成为司法原则和法律制度就体现了亲属之间相互保护的权利。前述对容隐功能的分析已经指出，自汉代"亲亲得相首匿"原则确立开始，国家层面允许私权对公权适度限制的历史已经开启了。公权的适度让步，旨在更好保障私权不受侵害，进而保障私权所确立的亲情和睦关系。然而，容隐制度中亲情之间的私权与国家公权是否在理论上存在契合，这是需要深入探索的又一个理论问题。如果存在契合，这就为容隐制度的创造性转化提供了理论基础。如果不存在理论契合，转化就面临着难以逾越的鸿沟。

就权利与权力而言，都是现代法治的两个基本范畴。"权利"虽是近代法才有的概念，但权利观念自古有之，泛指与百姓生产生活休戚相关的利益，而这种利益又是理所应得或本应得到[1]。近代以来，西方思想家们提出了多种权利观念，但主流观念是将意志说与利益说进行融合，认为权利是按照自己意志为或不为一定利益的资格。"权力"则指"一种普遍的强制性的力量"[2]，权力的力量无论是为特殊群体服务还是为普通民众服务，都具有超越个体或群体的强制性，具有"将一种意志强加在其他行为者之上的可能性"[3]。

按照权利与权力通说概念的界定，如果从主体视角看，二者

1　参见［美］吴尔玺：《公法便览》，［美］丁题良译，同文馆 1877 年刊印本，"凡例"，第 2 页。

2　［法］卢梭：《社会契约论》，何兆武译，商务印书馆 1980 版，第 41 页。

3　［英］罗德里克·马丁：《权力社会学》，丰子义、张宁译，生活·读书·新知三联书店 1992 年版，第 72 页。

有着既对立又统一的复杂关系。权利以物质或精神利益为客体，具有私权性质，而超越个体或群体的强制性权力则意味着以权利为客体，具有公权性质。这样，个体或群体追求利益的私权利与超越个体与群体的强制性公权力明显具有对立性。但是，权力以权利为客体又意味着"权力中有权利，权利上有权力"[1]，显示出公权力与私权利具有密切的关系。权力意志虽然指向权利，但它仍以利益为主要内容，区别只是在于保障谁的利益。如果保障全体公民利益，那么公权力与私权利整体上具有一致性，权力与权利的协调就是必然的。如果权力只是保障少数人的利益，那也需要两个基本前提：一是由于特权贵族利益需要从劳动者那里取得，劳动者基本生存和发展所需的利益必须得到权力的保障；二是劳动者生产利益的社会也必须是稳定的。这就决定着公权力必须保障和协调劳动者的利益。因此，虽然公权力在私权利之上，但它具有服务权利和调节权利与权力平衡的义务。

在理解权利与权力关系的基础上，我们说亲情容隐作为一种维护家庭亲情和睦的自由权利或免遭打扰的人格权利，与惩处犯罪的国家公权绝非简单的对立关系。行使国家公权的司法机关有服务和保障家庭亲情和睦的天然责任和使命，而个人对于容隐权利的行使也正是为了确保亲情和睦，两者有一致的目标。因此，容隐从性质上讲具有适度对抗公权力的作用。这种对抗需要界定

1　参见刘杨：《基本法律概念的构建与诠释——以权利与权力的关系为重心》，《中国社会科学》2018 年第 9 期。

和引导，对于不符合容隐规定的情况不能以容隐权利为名对抗公权，但也不可拒绝和否定合乎人情又有利于社会和谐稳定的那些容隐。读到这里，读者应该认识到，那些认为容隐有悖于公共权力的观点，在理论上显然站不住脚，因而具有很大片面性。

从权力来源角度看，古今都将保障民众权利和利益视为统治权的真正来源。在古代中国，虽然皇权来自天命，但统治者自己也承认"天命靡常"，需要具备一种美德才能匹配天命，而这种美德是保民生存、予民幸福的"德"。在古希腊城邦时代公权力直接由城邦公民行使，"人天生是政治的动物"，一切由公民大会民主投票决定。在古罗马，权力也直接源于城邦公民而非源于上帝，虽然皇帝的意志具有至高权威，但这是人民通过王权法授予他的，人民旨在通过授权皇帝立法或执行权力而从帝国分得利益。

近代以来，无论是西方资产阶级思想家还是研究马克思主义的学者，都强调权力来自人民的意志。就古典自然法学而言，社会契约论强调法律是人民公意的表达，是一种社会约定；就马克思主义而言，强调法律是人民意志的体现。这种约定或意志表达的法律旨在保障人们的权利，不能破坏人民的权利。而容隐既然是保障亲情之间的人格权利，法律就不能迫使亲情作证，否则既违背民众的利益，又不符合人民赋予的法律权利，更是直接破坏亲情共同的意志。所以，容隐制度具备私权与公权相契合的理论基础。

3. 天人合一：容隐制度中的自然规律与哲学智慧

容隐制度的产生具有更深层次的理论根源及智慧，它是一个民族在长期生产生活中从大自然发现的一种生活能力及智慧，因而需要从理论的最高维度——哲学层面对容隐制度的合理性进行探讨。哲学是探索自然规律及人类智慧的学问，古今中外，社会治理无不建立在政治哲学基础之上。但凡稳定繁荣的社会，一定是所依据的政治哲学智慧在制度和政策层面得到了有效发挥。

哲学旨在探索宇宙和人类社会的规律和真知，并为人类造福，正是在这个基础上才将哲学定义为人类探索自然和社会智慧的学问。但是许多人却误认为哲学就是"知识"和"智慧"本身，并将哲学庸俗化理解为工具主义的知识，遮蔽了哲学解决社会矛盾的方法论功能。哲学所言的知识并非近现代科学视角下任何写在书本中的知识，哲学也不单是知识或智慧本身。从"哲学"词语的含义看，其英文拼写为"philosophy"，由古希腊哲学（φιλοσοφια）一词的音（非洛索非亚）义转化而来。古希腊哲学一词由"φιλο"和"σοφια"两个词根组成，也即英文拼写中的"philo""sophia"，前者意为"追求""喜爱"，后者意指"知识""智慧"。由此看来，"哲学"一词完整的含义是"爱智慧""追求智慧"，并非知识和智慧本身。也可以理解为，对"知识""智慧"的"爱""欲"和"追求"才是哲学的本意和魅力所在。即便后来基督教哲学强调"爱上帝"，也是将上帝视为正义和善的化身而加以"追求"和"爱"，是否能发现智慧也因人而异。

　　容隐制度追求的是家庭、家族及社会的和睦与和谐，必然有着哲学根基和魅力，那就是在追求和实现家庭和睦、乡邻和谐过程中体现和积淀的智慧、方法以及所体现的魅力。研究古代容隐制度缺少这一层面的探索，既有研究不到位的缺憾，也是难以说服官方或部分民众接受容隐理念的根本原因。

　　古希腊哲学所言的"爱智慧"，其根本目的是让城邦及公民过上幸福生活、有善德的生活。古希腊米利都学派的第一个哲学家泰勒斯曾以天象经验预测来年橄榄将大丰收，他运用天象知识作为经商智慧赚了大钱[1]，并向嘲讽他的人证明哲学对幸福生活的功能和魅力。古希腊七贤之一的梭伦在世袭贵族与平民冲突一触即发时，提出了协调性改革理论，其理论正是受大自然所启发[2]。希腊哲学就是通过追求知识、运用知识蕴含的智慧来寻求好的方法，实现个人和集体的幸福安宁。不仅如此，在个人、家庭与社会集体的关系方面，哲学发挥着同样作用。古希腊和古罗马哲学将人视为自然的一部分，无论是斯多亚学派提出的自然神论，还是伊壁鸠鲁学派提出的原子自然凝聚力，都强调人要相互团结、

1　当时希腊地区连续几年橄榄近乎绝收，榨橄榄油的器械空置无用，泰勒斯观天象认为，来年橄榄将丰产，于是用廉价的租金将附近城邦所有的榨橄榄油器械租赁并集中保存。待到第二年橄榄油丰收，需要榨油时人们只好与泰勒斯违约，以缴纳违约金的方式提前收回榨油器械，泰勒斯由此毫不费劲地赚取了一笔不小的财富。

2　古希腊人已经认识到，冷热空气相遇导致电闪雷鸣，而雷雨过后大自然复归宁静。梭伦由此得到启发，他认为城邦有矛盾和冲突，但不能像大自然那样，等到矛盾激化冲突爆发，双方杀伐之后迎来死寂般的平静，而是要主动协调化解矛盾，换取城邦和谐安宁。

相互亲近，这是自然法则。尤其强调亲情之间更不可有离心离德之恶行，否则神将惩罚这种恶行。古希腊和古罗马均从哲学高度将父子相讼或举证父亲有罪行为视为恶行和轻慢神的行为，认为这违背了自然法则和神灵意志。古希腊哲学思想中阐发出禁止城邦亲人之间的诸种恶行，又以禁止亲人相讼或作有罪证明等具体制度作为确保家庭与城邦和睦和谐的行为准则，这就是哲学的智慧和魅力所在。

古希腊哲学为亲情容隐和禁止亲情之间的恶行提供了理论支撑，而中国古代哲学在此方面也不逊色。华夏自商周或更早时期便开始将日月天地运行、昼夜寒暑交替现象和规律抽象概括为"阴阳相合"之道，并将其作为指导社会管理的智慧，《周易》是这方面最早的哲学智慧结晶。《周易》将早期人们认识到的天（乾）、地（坤）、山（艮）、泽（兑）、水（坎）、火（离）、风（巽）、雷（震）的知识综合应用到生产、生活及社会治理方面。其中六十四卦中的家人卦和讼卦明显体现了亲属容隐的哲理。

在家人风火卦（☲）中，以最旺盛的夏季之火（离☲）作为主卦、内卦，以春夏之际的暖风（巽☴）作为客卦、外卦。自然界中风助烈火，多为不利。但是在家庭煮饭时灶火需要吹风相助，这种风助灶火是吉利的。故该卦命名为家人卦，意在指通过灶火旺盛表征家庭兴旺。该卦中，灶火由女人打理，故为主卦，女人主内并将家庭打理得红红火火；男人外出劳作并将收获带回家，以满足家庭需要，一家人似沐浴春风一样煦暖祥和。家人卦的爻辞和卦辞强调家人要相亲相爱，家庭成员若有过错，要帮助改正。

在讼卦（☰）中，凶险下行之水（坎☵）为主卦，刚健苍穹之天（乾☰）为客卦，天水相离相向，恰似争斗之纠纷，强者欺弱。需要有德行的"大人"居中调处，方可平衡，故曰讼卦。讼卦将讼视为"天水相离"，其爻辞和卦辞要求有德行的"大人"公正断案，若证据不足，一定要化解矛盾，以和为贵，不然耗时耗财伤感情。

从家人卦和讼卦看，骨肉之间若相互诉讼或相互举证，其性质就类似"天水相离"，有违亲人相爱之本，可见家人卦和讼卦为亲属容隐提供了充分且坚实的中国早期哲学依据。春秋战国时期，儒、墨、道各家学派的哲学思想均强调爱亲教化，反对公权力任何形式的逼供酷刑，当然包括禁止亲属检举导致的亲情撕裂。这也是在汉代儒、墨、道、法诸家学派融合背景下，容隐制度能够制度化的深层学理根源。

近代中国法制是在国际及国内极为复杂的环境中进行转型，法治现代化又在中西方政治哲学对立冲突中艰难地借鉴、移植和自我探索。以近代西方法制为主导的话语体系和法律概念均在异质文化背景下生成，机械的照搬严重影响了我国现代法治的学理沉淀与自我生成，不仅造成移植与借鉴的法律制度在司法实践中多有不适，而且就很多自主创制的法律制度而言，由于制定过程中缺乏本土深厚的学理基础，立法者对诸多西法东渐的概念及规范理解都存在歧义，使法律实效难以达到立法目的，包括容隐制度在内的许多古代合理的法律制度受到盲目排斥也就不足为怪。

当代中国法学需要通过实践和学理探索，对已有的制度进行法哲学层面的反思。马克思主义基本原理与中华优秀传统文化相结合，能够促进中国古代法制思想和那些传播到中国的域外法制思想交流互通，乃至相融和包容，便于当代人更好地理解和传承中国古代合理的法律制度，并以其善治智慧解决当代中国社会问题，构建我国新型法治理论体系和制度体系。对于容隐制度，同样需要将中国传统哲学中的天人合一思想、中庸智慧与唯物论、辩证法智慧互通相融，从哲学理论层面考察其思想基石，方可让实务界进而让更多民众真正重视和接受现代容隐理念。

二、　容隐制度的礼法价值及其当代转化

容隐制度在我国古代礼法社会治理过程中发挥了重要功能，有着重要价值。这些都说明，该制度的历史存在具有合理性、科学性，为其当代制度转化重构提供了坚实基础。

（一）容隐制度的礼法价值

本书在前述几章内容的基础上，尝试将容隐制度蕴含的礼法价值概括为四个方面：调适礼法的方法论价值、和睦亲情的天理人道价值、认同社会的观念价值和适度对抗公权的法哲学价值。

1. 调适礼法的方法论价值

战国至秦时期，礼法在发展中出现了第一次内部不适，并由此导致了秦朝速亡。秦朝法律苛急严酷自然是统治者急功近利之手段，但客观上也在于统治者未能认识到当时礼法发展的内在特点。一方面秉持韩非"法，事最适"[1]的思想，坚持事断于法；而另一方面又忽视礼法中礼的价值统摄功能及其必不可少的社会功能，将韩非"凡治天下，必因人性"主张颠倒为"以刑去刑"改造人性的恐怖政策。秦统治者在将礼法割裂运用的同时，又用律令绑架礼制中的亲情，在亲情中实施奖励告奸、亲属连坐，禁止亲属相为隐。礼法被割裂，司法中的亲情被撕裂，社会处于极度恐怖的混乱状态。

秦亡汉兴，虽然陆贾、贾谊等思想家对秦制进行了深刻反思，但这些反思偏重于经验主义，缺乏追问终极原因的思辨理性，因而缺乏对秦代制度的深刻思考和总结。最典型的例子是，汉初将秦亡简单归结于秦法和秦之郡县制推行，对秦法虽有承袭，但也不过是实际生活的急用。这种观念和实践的悖离，恰恰说明缺乏对秦法的深刻认识。汉初因误将秦末"豪杰并起"认为是郡县制导致，因而要以刘氏诸侯分封制度进行防范，又杂糅黄老无为思想作为治国理念。

实际上，自战国时期以来随着经济与社会的发展，礼法内部

1　〔清〕王先慎，钟哲点校：《韩非子集解》，第 429 页。

催生出不同于礼制规范的律令规范。律令规范最初主要是对"物"进行"定纷止争",法最初则重在对排他性权益的彰显,也具有一视同仁、各得其所的平等观念。这一方面是对周礼"等差"秩序中世袭大宗贵族依靠身份盘剥小宗的反叛;另一方面并未否定礼制本身,韩非的"隆礼重法"先强调的是隆礼,可见礼是重法的基础,即便用刑,教化也是刑杀的前提。秦朝法家最大的过失在于没有找到调适礼法内部礼制与法令的具体措施。

此问题汉初学者及统治者虽均未发现,但孝治政治本身却蕴含治亲安邦的理念。汉魏时期持续限制亲属连坐、规制亲属违礼相犯等司法活动,已经用亲情服制作为调适礼法内部冲突的方法。因此,以容隐制度为代表的礼法治理开启了汉代礼法内部调适的新方法、新路径。这作为一种方法论,通过限制违礼相犯,保护亲情关系融洽和睦,将秦朝礼制和律令冲突关系加以理顺,使得礼法内部的礼成为统摄律令的思想与价值,在此基础上,突出了礼的事前教化功能,也突出了法的事后规制作用。同时,也使战国时代韩非隆礼重法的礼法观念在汉代形成了一元化的礼法理论。两汉以降,尽管法制内容丰富,表现形式多样,但是均以儒学仁义之道为统领,以人性的"三品"设计作为开展教化、实施法令的着力点,以实现家庭和睦和社会和谐为治理目标。这样,礼法内部多种实体规范相互交叉,其功能和作用相互补充,使得礼法须臾不可分离。基于此,礼法理论并非礼与法的理论,而是一元的价值规则——礼法——的理论。

总之，法律的价值不仅在于能够符合客观规律，还要符合人类人伦道德的诉求。但如何将具有国家强制力的法令规范与人伦礼制规范有效融合呢？限制连坐、亲属容隐在中国古代通过长期社会实践开辟了融合、调适二者关系的方法论道路。尤其清末以来，在中国法制近代化所导致的礼法内部再次不协调甚至撕裂的情况下，亲情之礼和人伦道德仍然是协调亲情与法制的重要方法论，值得继续探索和运用。

2. 孕育着亲情和睦的天理人道价值

"天理""人道"为中华法文化中极为常见的词语，其内涵十分丰富，但是皆融于人伦道德的礼制当中，尤其是将"天理""人道"称作一种人伦有序的记载颇为常见。

"天理"有时又称"天道"，《礼记》中有"天理"的论述，言人天性不见物则无欲，若受外物诱惑，则因"物之感人无穷，而人之好恶无节"，便易"灭天理而穷人欲"[1]。此处"天理"实际指人不贪婪的本质天性。人的过度欲望会导致天性泯灭，亦即灭天理，于是便有"悖逆诈伪之心"，并有"淫泆作乱之事"及"老幼孤独不得其所"之事的发生。《汉书》明确将"乱人伦，暴长虐老"[2]等违背美好人性的恶逆之事称为逆天理，还强调"天道在于崇德博施"。《后汉书》又言"子母之性，天道至亲"[3]。唐人

1　〔汉〕郑玄注，〔唐〕孔颖达疏，李学勤主编：《礼记正义》，第1083—1084页。
2　〔汉〕班固撰，〔唐〕颜师古注：《卫青传》，《汉书》卷五十五，第2473页。
3　〔南朝宋〕范晔撰，〔唐〕李贤等注：《申屠刚传》，《后汉书》卷二十九，第1012页。

孔颖达疏《左氏春秋》言："天道以卑承尊，人道以小事大。"[1]
唐人杨士勋疏《穀梁春秋》亦言："天道先尊而后亲。"[2]可见，
就人性而言，"天理""天道"就是"尊尊"的礼，就是孝道。
宋代程朱理学及王阳明的心学均认为天理即是明德、明理（礼），
因为天理既在宇宙，同时也在人心。

　　对于"人道"的阐释，我国古代经典及正史记载则更为丰富，
而且比较明晰地显示出，人道就是人伦之道。《礼记》将"亲亲、
尊尊、长长，男女之有别"视为"人道之大者也"[3]，同时认为，
只要讲仁、明义、知礼、有智，人道就具备了[4]。在所有的人道之中，
正夫妇之婚姻乃人道之开端。何休强调："夫妇者，人道之始。"[5]
孔颖达认为："婚姻人道之始，安可以无礼义乎？"[6]此中不仅强
调了夫妇之礼，更为重要的是强调夫妇教育孩子的重要性。故而，
人道中最为重要的就是亲情孝道。汉初高皇帝就认为，人之至亲，
莫亲于父子，"故父有天下传归于子，子有天下尊归于父，此人

1　〔周〕左丘明传，〔晋〕杜预注，〔唐〕孔颖达正义，李学勤主编：《春秋左传正义》，
　　第 562 页。

2　〔晋〕范宁集解，〔唐〕杨士勋疏，李学勤主编：《文公二年》，《春秋穀梁传注疏》
　　卷十，北京大学出版社 1999 年版，第 161 页。

3　〔汉〕郑玄注，〔唐〕孔颖达疏，李学勤主编：《礼记正义》，第 966 页。

4　参见〔汉〕郑玄注，〔唐〕孔颖达疏，李学勤主编：《礼记正义》，第 1673 页。

5　〔战国〕公羊高，〔汉〕何休解诂，〔唐〕徐彦疏，李学勤主编：《春秋公羊传注疏》，
　　第 32 页。

6　〔汉〕毛亨传，〔汉〕郑玄笺，〔唐〕孔颖达疏，李学勤主编：《毛诗正义》，第 140 页。

道之极也"[1]。尊父孝父之孝道被列为人道中极为重要的内容，并由此推及尊祖敬宗，所以有"人道亲亲故尊祖，尊祖故敬宗"[2]，这样就扩大了孝的人道内容。晋代"人道之始莫先于孝悌，初命讲《孝经》于崇正殿"[3]，"人道所重，莫过君亲，君亲所系，忠孝而已"[4]，且后世皆以此为准。

至于天理与人道的关系，恰如西方的自然法与实在法关系一样，西方人要在实在法之上寻求一个最高的评价标准——自然法。在古希腊索福克勒斯的《安提戈涅》悲剧中，当国王克瑞翁下令阻拦安提戈涅为兄尸葬时，安提戈涅直接指出这种命令违背了神的自然法[5]。看来，中国古代的宗法人伦礼制与古希腊的自然法是吻合的。同样，认为人道法天道，不仅指出了人道的来源基础，而且将天道作为评价人道的最高标准，比如董仲舒的"天人感应"学说即是如此。但是，关于如何认识天道的问题，中国古人却不像西方那样依据自然法而制定人定法，而是讲"人道正则天道定"[6]。这一点，恰恰为发挥人道的主观能动性提供了条件。

我国古代容隐制度在督促和监督天理人道的教化方面发挥了

1　〔汉〕班固撰，〔唐〕颜师古注：《高帝纪》，《汉书》卷一上，第 62 页。

2　〔汉〕班固撰，〔唐〕颜师古注：《宣帝纪》，《汉书》卷八，第 238 页。

3　〔唐〕房玄龄撰：《晋书》，中华书局 1974 年版，第 1510 页。

4　〔唐〕房玄龄撰：《儒林列传·范弘之》，《晋书》卷九十一，第 2365 页。

5　〔古希腊〕索福克勒斯：《安提戈涅》，载《罗念生全集》（第二卷），上海人民出版社 2004 年版，第 307—308 页。

6　〔战国〕公羊高，〔汉〕何休解诂，〔唐〕徐彦疏，李学勤主编：《春秋公羊传注疏》，第 54 页。

重要作用，强调亲情之间要遵守礼制，以礼相待，和睦相处。亲属有过可批评教化，但若向外宣扬则有悖于天道和人道。所以，容隐及干名犯义制度，最终目的是维持家庭和家族亲情之间的和睦相处。当然，人道"有大人之事，有小人之事"[1]。"大人之事"是人君对天下实施教化，这一点恰恰是国家确立容隐制度的目的。"小人之事"则是农工商事，这是对整个天下人而言，大概不仅指赵岐注的农工商，还应包括士人及百工。士农工商者同样要修身齐家，皆要有礼，同时还要教化子女，以期成人或光宗耀祖。无论是国家的礼制还是后来发展的家训、家法、族规，皆是以"三纲""五常"等人伦之礼为基础。基于此，我们可以说容隐饱含并孕育着亲情和睦的天理人道价值。

3. 蕴含着社会认同感的观念价值

社会认同是基于习惯或价值观念的一致性，对族群、其他群体乃至整个社会的一种心理认可。个体在与不同人交往时，会扮演不同角色，如父亲、朋友或同事，因而任何个体的认同都与他人的"逆认同"密切相关[2]，这种相互的心理认可会随着时间的推移，使得个体心理获得越来越积极的安全感和幸福感，最后形成

1　〔汉〕赵岐注，〔宋〕孙奭疏，李学勤主编：《孟子注疏》，第145页。

2　Peter J. Burke, "The Self: Measurement Requirements from an Interactionist Perspective," *Social Psychology Quarterly* 43, no. 1 (1980): 18–29.

类似与邻居、同学、同事之间的友好感情[1]，更多地接受他们的言行，甚至包容他们的缺陷，不与其发生强烈对抗。从这些认同理论中可以发现，人的认同感最初来源于血缘关系。不过，在现代民主社会这种基于血缘的认同似乎与民主国家的政治认同具有一定的张力，哈贝马斯在他的《论包容他者》一书中指出，现代民主政治是由公民依据契约理论而建立的政治共同体，人们对这种政治共同体具有认同感。但是那些天生同宗同源的人们，由于共同语言和历史而铸成的共同体及其认同感似乎与之具有一些紧张，即"平等主义的法律共同体与历史命运共同体之间的紧张"，这就是他所讲的"民族具有的两副面孔"[2]。这一紧张问题在我国当代同样十分严重，而在我国古代却不然。

孔子曾指出，为人孝悌者，很少会好犯上；而对于那些不好犯上者，就根本没听说过他们会作乱。也许这是儒家创始人的一种理想。两汉以后随着儒家孝治政治的逐步成熟，这一理想基本上得到实现。汉初大兴礼义，以德化民，文帝时，曾经出现每年断狱只有几百起的情况，刑罚几乎被放置[3]。到了唐代，以德教民的礼法之治更是取得了前所未有的效果，贞观四年（公元630年），全国被断死罪者只有二十九人。贞观六年（公元632年），皇帝又亲录囚徒，"闵死罪者三百九十人，纵之还家，期以明年秋即

1　P. A. Thoits, "Personal Agency in the Accumulation of Role-Identities" (paper presented at The Future of Identity Theory and Research: A Guide for a New Century conference, Bloomington, IN, 2001).

2　［德］哈贝马斯：《论包容他者》，曹卫东译，上海人民出版社2002年版，第135页。

3　参见［汉］班固撰，［唐］颜师古注：《文帝纪》，《汉书》卷四，第135页。

刑；及期，囚皆诣朝堂，无后者，太宗嘉其诚信，悉原之"[1]。开元二十五年（公元 737 年），"天下死罪惟有五十八人"[2]。虽无法要求古代具有一家之私的皇权政治代代清明，但是推行礼制教化出现的"文景之治""昭宣中兴""光武中兴""贞观之治""开元盛世"，已经足以说明礼制教化对社会治理的莫大功能。

一代盛世的开启固然有多种因素，然以尊亲及家庭敦睦为核心的德礼教化却是诸种重要因素中不可缺少的一种。春秋时期，管仲曾强调"仓廪实而知礼节，衣食足而知荣辱"。然而，反观近代以来的中西方社会，实则未必。近代以来，科学技术发展导致上百年中所创造的财富比此前人类创造的所有财富都多，但是社会秩序则未有根本好转。西方社会的现代病包括人与人之间漠不关心，东方社会在现代化追赶的路上，同样存在这些问题。许多国家内部矛盾重重，或者对外侵略以转移国内民众视线，昔日夜不闭户的美好时代成为人类的历史和传说。民众缺乏社会认同的价值观念，这是社会犯罪高发及矛盾冲突频出的重要原因之一。

中国古代的孝礼文化正是利用血缘关系，将家庭、家族乃至整个国家都紧密联系在一起。从西周的封建亲戚以藩屏周到春秋《诗经》的"恺悌君子，民之父母""岂弟君子，民之攸归"[3]，

1　〔宋〕欧阳修、宋祁撰：《刑法志》，《新唐书》卷五十六，中华书局 1975 年版，第 1412 页。

2　〔后晋〕刘昫等撰：《刑法志》，《旧唐书》卷五十，第 2150 页。

3　〔汉〕毛亨传、〔汉〕郑玄笺、〔唐〕孔颖达疏、李学勤主编：《毛诗正义》卷十七，第 1124、1125 页。

已经将德和能作为人们尊敬的楷模的评定标准。秦汉之后的国君及各级官吏皆称"民之父母"，这是王道政治中爱民、为民楷模的标志，这些均体现了"家国一体化"的亲情纽带作用。"身体发肤，受之父母，不敢毁伤，孝之始也"[1]。由此推及一种包含着权利义务的观念，即《晋书》所言的"其理既均，其情亦等，生则养，死则哀"[2]。容隐制度在人格上保护亲情，正是这种亲情价值观念的体现。

孝不仅是对尊亲的尊敬和侍奉，侍君、立身扬名都属于孝的范畴[3]，孝道在爱亲基础上由己推人，形成了"老吾老以及人之老，幼吾幼以及人之幼"的普遍爱人价值观，并由此铸造了"仁""义""礼""智""信"等古代核心价值观念。古代礼制以忠信仁义为本，无论与亲人交往还是陌生人交往，无信不能立身，治理国家则要取信于民，无信不可立国。信由亲情出之，最终达成了安身立命和治国安邦的普世价值。就仁义而言，人们甚至舍生取义。但是儒家的重义并非排斥利，而是言利取之有道，先义后利，当利和义务发生冲突时，以义统利，舍利求义，"有仁义而已矣"。即重在讲究人际关系包容和谐，通过信义达成价值观念认同。由此可见，延续 2000 多年的中国古代儒家皇权政治，

1　〔唐〕李隆基注，〔宋〕邢昺疏，李学勤主编：《孝经注疏》，第 3 页。

2　〔唐〕房玄龄撰：《晋书》卷二十《礼志》，第 613 页。

3　孝始于事亲，中于事君，终于立身。所谓"终于立身"，即立身行道，扬名于后世，以显父母，孝之终也。参见〔唐〕李隆基注，〔宋〕邢昺疏，李学勤主编：《孝经注疏》，第 4 页。

形成了以家庭、家族为主导的民族文化与政治文化相互融合的价值观念，将"中国古代政治认同和文化认同紧密地结合在一起"[1]，这也符合范式研究中"元范式"的重点强调。

4. 私权适度对抗公权的法哲学价值

中国古代虽然缺乏西方近代意义上的权利观念，但在天下为公的传统文化中，个体反抗特权的意识十分强烈，这实际上是一种限制公权、保护私权的观念。在汉魏以降的司法活动中，容隐制度突出表现出对公权力侵犯私权的限制。如果说，官方律令赦诏限制亲属连坐属于公权自身的一种自觉性限制，那么，它实际上给容隐的私权适度对抗公权侵犯提供了合法依据。拙文《"服制定罪"创制探原》曾经指出，汉宣帝"亲亲得相首匿"诏彻底否定了秦朝及汉武帝时潜藏的重首匿之科理念。用今天的话语说，就是以明确的法律允许隐匿亲属的违法犯罪。这无疑开启了私权以礼法合法地适度对抗公权的历史。俞荣根先生也认为，"亲亲相隐"就其性质而言，体现了人性人伦的私权保护，其最大的法律价值就在于依据亲属相为隐的法律规定，弱势的家庭成员可以拒绝公权的侦查和拘捕，可以抗拒公权的司法刑讯，可以拒绝因亲属犯罪而牵连入狱[2]。

前文提过元明清时代将亲属相犯的干名犯义也纳入了容隐范

1　任勇：《从嵌入到断裂：中国社会认同的轨迹变迁》，《内蒙古社会科学（汉文版）》2009 年第 4 期。

2　俞荣根：《私权抗御公权——"亲亲相隐"新论》，《孔子研究》2015 年第 1 期。

围，但在涉及私权限制公权方面，二者还是有一定区别。因为从现代法理学视角分析，容隐是一种授权规则或制度，属于权利范畴。既然是授权，这种亲情权无疑来自公权的让渡，故而容隐基于公权让渡而限制或适度对抗公权。但是"干名犯义"在古代社会首先是禁止性行为，属于法律义务范畴，履行法律义务很难说是私权对抗公权。但从干名犯义被纳入容隐要实现的目标来看，同样为实现亲情和睦和宗族稳定，只不过干名犯义禁止的亲属范围远大于容隐规定的亲属范围，而且干名犯义还可能包含某些特定的亲属相犯现象。其实，无论容隐还是干名犯义要实现的家庭和睦和宗族和谐稳定，都是为了通过一种和合秩序追求家庭或家族的荣誉和长远物质利益，仍属于权利诉求范畴。就此而言，可以说干名犯义既是一种义务也是一种权利，这与现代法理学中对某些规范界定为"既是权利规范又是义务规范"的情况不相矛盾。

公权对私权的适度让渡还有着减轻司法成本的考量。由于家法族规的成长，汉唐以降乡村社会走向了具有儒家特色的自治道路。家族法规承担着教育教化家族成员的功能，还承担着协调家族甚至乡里宗族矛盾纠纷的功能，只要不侵犯皇权、危及社会秩序，许多民事纠纷、家族亲属之间的违礼相犯纠纷，甚至包括一些轻微刑事案件，都不必通过官方词讼处置，家族乡里会依据家法族规做出符合公道的裁决。这样，一方面维护了基层社会秩序，降低了公权力运行的成本，这也是古代皇权政治喜闻乐见的。故而，古代皇权止于州县。另一方面，基层社会自治权扩大有效减少了公权力对民生的滋扰。

这种私权自治方式甚至扩大到公权司法活动领域，最为典型的是中国古代的保辜制度。在完全由公权进行司法处置的刑事案件中，对于一些普通伤害案件甚至严重人身伤害案件，自汉代起均允许加害方戴罪为受害方疗伤。辜限内受害方伤势恢复，一般不再对加害方进行处罚，或减轻处罚；造成残疾者一般减刑处罚，只有辜限内受害方死亡才严格依律处置加害方。保辜制度设置的主要目的是，在官方、两造家庭及宗族参与下达成和解，缓和双方矛盾，防止宗族报复。当然，这对确保基层社会秩序的稳定起到了良好作用[1]。所以，保辜制度实际为民间族内或乡里不同族群之间的和谐和睦而设置。在族内或不同族群之间发生斗伤案件后，虽然官方参与案件的全程处置，但实际上是由族内长者依据家法族规加强教化，督促双方和解，或者由族群之间的长者共同参与，调和双方关系，督促双方和解。《唐律疏议·斗讼》将其扩展到"故斗、谋杀、强盗"范围，甚至同谋共殴人成伤者，不论"元谋"或"为从"皆适用保辜制度[2]，此后明清律典皆如是规定。如此，家族私权或民间私权完全参与了本由公权处置的刑事司法案件，其结果消除了公权对个体的过度干涉及不当处罚，进而通过保障亲情权利实现亲情和睦与乡里和谐。

（二）容隐制度重构的域外借鉴

容隐制度不仅存在于中国古代社会，古希腊和古罗马也有近

1　参见薛梅卿：《新编中国法制史教程》，中国政法大学出版社 1995 年版，第 184 页。
2　〔唐〕长孙无忌等撰：《唐律疏议》，中华书局 1983 年版，第 389—390 页。

似规定，近现代西方法律制度中还保留并完善了这些规定。我国当代法律制度吸收古代容隐制度的精华，创造性转化该制度，借鉴域外在此问题中的规定和运行经验同样必要。

1.古代域外类似容隐的观念及制度

从目前能够明确查到的资料来看，古希腊、古罗马、古代希伯来都有近似容隐的一些观点和制度。

柏拉图《游叙弗伦》对话篇中有关于游叙弗伦打算告父亲杀人的记载。苏格拉底和游叙弗伦在谈论对神的虔诚时，游叙弗伦告诉苏格拉底，他的一个雇工因为喝醉酒杀死了游叙弗伦一个奴隶，游叙弗伦父亲便把这个醉酒雇工捆绑扔进沟渠里，导致其死亡。因此，游叙弗伦控告他父亲杀人，他的父亲和亲属都对他怀恨在心。众人都劝说游绪弗伦："儿子控告父亲是不虔诚的，就像杀人一样。"[1]从讨论中对神的虔诚论证来看，在古希腊文化中儿子控告父亲是对神的不虔诚，近似我国古代干名犯义背景下的容隐。这种禁止在古希腊伦理和自然法层面也被视为是合理的。这一结论还可从亚里士多德的著作中得到明确印证，在他看来，任何"恶行如果发生在非亲属之间，人们看得较轻，如果加到父母或近亲身上，就成为伤天害理之罪恶"[2]。因为家庭的友爱中父母是孩子自身的来源，孩子则是父母自身的一部分，兄弟则是相互分离的

---

1   ［古希腊］柏拉图：《柏拉图全集》（第一卷），王晓朝译，人民出版社2002年版，第236页。

2   ［古希腊］亚里士多德：《政治学》，吴寿彭译，商务印书馆1965年版，第50页。

同一个存在[1]。

也许是古希腊精神对古罗马法律产生了影响，也许是罗马万民法吸收了各行省的民族习俗，古罗马法对于亲情之间控告和作证有明确的禁止。古罗马五大法学家之一的盖尤斯在其《法学阶梯》中写道，古罗马法律规定："对于某些人，未经裁判官许可不得传唤出庭，比如：尊亲属……违反这一规定的人将被判处罚金。"[2] 东罗马皇帝查士丁尼所编纂的法典对亲属相告有禁止性规定。在此将《法学总论》中的相关规定进行梳理（参见表5-1）。

表5-1：罗马法中的容隐规定

序号	规定内容	核心点
1	对未事先获得许可而向法院告其父亲或保护人的人，大法官可依其职权对他提起刑事诉讼	禁止告尊亲
2	对毁损大法官告示牌的人、对未事先获得许可而向法院告其父亲或保护人的人、对用暴力或欺诈手段使第三者带走法院所传唤者的人所提起的诉讼	禁止告尊亲
3	大法官对家长和保护人，甚至对男女保护人尊卑亲属表示这样的尊敬，以致子女和被解放的自由人，如不事先获得大法官的准许，即不得传唤这些人到庭	禁止亲属作证

除上表法律条文之外，梅因在考察古罗马法时还就整个罗马时代的容隐问题进行了分析。一是古罗马时代不仅卑幼不能控告尊长，尊长也不能随意控告卑幼，即亲属之间不能相互提起控诉

1　［古希腊］亚里士多德：《尼各马可伦理学》，廖申白译注，第252页。

2　［古罗马］盖尤斯:《法学阶梯》，黄风译，中国政法大学出版社1996年版，第372页。

或作证[1]。二是亲情不能互告或作证的原因在于罗马有一种"人格统一"，故而法律规定"家父"与"家子"因"人格统一"，不允许"在父权下"的父子相互提起控诉或作证。虽然名称上没有提及容隐，但法律规定的效果和中国古代的容隐制度（本质属于元明清扩大了的容隐制度，即更近似于干名犯义范畴的容隐）如出一辙。

　　犹太文明中也留有容隐的思想痕迹。尽管《新约》中强调"凡遵行我天父旨意的人就是我的兄弟姐妹和母亲"[2]，但那只是让人遵循唯一的道义，其实希伯来文化很注重维持亲情关系。《旧约》强调："兄弟为患难而生。""宁可遇见丢崽子的母熊，也不可遇见正行愚妄的愚昧人。""遮掩人的过，寻求人的爱。"[3]此外，域外学者还考证，早期犹太人有句谚语："父亲不应当置儿子于死地，儿子也不应当置父亲于死地。"[4]并且基于此，后来犹太人编纂法典还留下"禁止父母提供不利于其子女的证言"[5]的片段。

1　［英］梅因：《古代法》，沈景一译，商务印书馆 1984 年版，第 83 页。

2　《马太福音》12：46。此外，范忠信教授也指出了《旧约·申命记》明确要求将叛教的亲属送至公共场所处死，他认为教会法在宗教犯罪方面禁止容隐。不过他也指出，《圣经》中未见反对亲属之间容隐世俗犯罪的记载。参见范忠信：《中西法律传统中的"亲亲相隐"》，《中国社会科学》1997 年第 3 期。

3　参见《圣经·旧约·箴言》的 17：12；17：25；17：9 等三部分内容。

4　Aaron Kirschenbsum, *Self-Incrimination in Jewish Law* (New York: Burning Bush Press, 1970), 40–41.

5　Simcha Mandelbaum, "The Privilege Against Self-Incrimination in Anglo-American and Jewish Law," *American Journal of Comparative Law* 5, no. 1 (1956): 115.

这些思想、谚语、箴言或法律与我国古代容隐思想及法律规定基本相通，在此不再阐释。

域外早期禁止亲属相告的规定与我国古代一样，基本上都出于伦理道德防止家庭关系撕裂。这不仅体现出法律与伦理道德的密切关系，还体现了早期人类文明中各民族都注重让渡公权力保障私权利，以便更好实现统治、管理以及社会的治理。

2. 现代域外类似容隐的法律规定

古代西方法制中有类似容隐的规定，经过漫长的中世纪之后，近现代以两大法系为标志的西方法制是否继承了这些容隐性质的制度呢？如果这些制度得以传承发展，说明这些制度自身具有合理性和科学性，如果未得到传承发展，则说明这些制度只适用于古代，今天再探讨的意义并不大。

（1）大陆法系国家刑事法律中涉及容隐的规定。大陆法系国家法律法典化是一个重要特点，通过对刑事法律的梳理，发现一些大陆法系国家法典对亲属作证和包容都有规定。

法国是近代大陆法系形成奠基国。《法国刑法典》和《诉讼法典》对亲属作证和容隐规定如下。《法国刑法典》在第四卷"危害民族、国家及公共安宁罪"之第三编"危害国家权威罪"第四章"妨碍司法罪"第434—1条第1款规定："任何人了解某一重罪，在其尚有可能防止该重罪发生或可以限制其后果时，或者在罪犯有可能实行新的重罪，但可以制止时，却不将此种情况告知司法当局或行政当局的，处3年监禁并科30万法郎罚金。"该条第 2 款规定："除针对不满 15 岁之未成年实行的重罪外，下列人员不属于前款规定之列：（1）重罪之正犯或共犯的直系亲属、兄弟姐妹以及这些人的配偶；（2）重罪之正犯或共犯的配偶或者众所周知同其一起姘居的人。"[1] 该条指：对于某一不特定的重罪，在出现"有可能防止该重罪发生""可以限制其后果""罪犯有可能实行新的重罪"三种情况时，"可以制止""却不将此种情况告知司法当局或行政当局"的，以"妨碍司法罪"重罪论，"处 3 年监禁并科 30 万法郎罚金"，但罪犯的直系亲属、兄弟姐妹及其配偶不适用该款规定。这意味着对于具有法律规定的亲情关系没有制止上述情况的义务，也没有告知司法当局或行政当局的义务。这是当代法律赋予亲情相容隐的一种权利。

第 434-6 条规定："向重罪之正犯或共犯本人提供住所、隐蔽场所、生活费、生活手段或其他任何逃避侦查逮捕之手段的，处 3 年监禁并科 30 万法郎罚金。经常实行此种犯罪的，所受之刑罚加重至 5 年监禁并科 50 万法郎罚金。"该条第 2 款又规定，下列之人不属于前述规定之列："（1）重罪之正犯或共犯的直系亲属、兄弟姐妹以及这些人的配偶；（2）重罪之正犯或共犯的配偶或者众所周知同其一起姘居的人。"[2] 该条规定的情况与中国传统社会的容隐规定几乎没有区别。可见，在法国近亲属间及有同居关系的人实施窝藏、包庇等行为，不受刑罚处罚，这同样属于法律容

1　《法国刑法典、刑事诉讼法典》，罗结珍译，国际文化出版社 1997 年版，第 142 页。
2　同上，第 143—144 页。

隐的亲情权利。

此外，法国《刑事诉讼法》第 335 条规定："下列人员的证言不得经宣誓接收之：1. 被告人的父亲、母亲或其他任何直系尊亲属，或者在场并接受同一庭审的被告人之一的父亲、母亲或者其他任何直系尊亲属；2. 子、女或其他任何直系卑血亲；3. 兄弟姐妹；4. 同亲等的姻亲；5. 夫或妻，对已离婚的夫妇，亦适用。"[1]从法典规定看，法国的重罪审判过程中亲属不能作证[2]，他们的证言不允许宣誓后有效，不宣誓当然无效。这就有效防止了对亲属的逼供。

同为大陆法系的主要形成国家德国在刑法及刑事诉讼法中也有相关容隐亲情权的规定。《德国刑法典》第二十一章包庇和窝赃部分的第 257 条规定了"阻挠刑罚罪"[3]，但该条第 6 款规定："行为人为有利于其亲属而实施该行为的，不受处罚。"这是非常明确的对亲属容隐行为授权的规定。如果说这是实体法方面的容隐规定，那么在刑法典和诉讼法典中还对亲属作证进行容隐规定。其中《德国刑法典》第 157 条在涉及紧急状态下的虚假陈述，

1　《法国刑法典、刑事诉讼法典》，罗结珍译，第 474—475 页。

2　该法典的第 448 条规定在轻罪审判中，作为民事证据接受亲属作证。参见《法国刑法典、刑事诉讼法典》，罗结珍译，第 508 页。

3　第 258 条"挫败刑罚"第一款规定："行为人意图地或者明知地全部或者部分地挫败他人根据刑法因为某一违法行为而被处罚或者被置于措施之下的，处五年以下的自由刑或者金钱刑。"《德国刑法典》，冯军译，中国政法大学出版社 2000 年版，第 153—154 页。

将亲属可以容隐的权利详细予以规定，法条规定："如果证人或者专家有责任地作了伪誓或者虚假的未宣誓的陈述，法院可以根据其酌量轻处刑罚和在未宣誓的陈述情形中也可以全部免除处罚；如果行为人说出了不真实的东西是为了避免亲属或者他自己被处罚或者被置于剥夺自由的改善或者保安处分之下的危险。"[1] 虽然德文的直译略显晦涩，但含义比较明确，即为避免亲属或自己被处罚或被剥夺自由或被安保处分，作伪誓或虚假陈述，法院得依是否经宣誓而裁量减轻其刑或全部免除其刑。《德国刑事诉讼法》第 52 条规定了出于个人原因拒绝证言权的情况，其中第 1 款规定："下列人员有权拒绝提供证言：1. 被指控人的订婚人或被指控人许诺与其建立生活伴侣关系的人；2. 被指控人的配偶，即使婚姻关系已不再存在；2a. 被指控人的生活伴侣，即使生活伴侣关系已经不存在；3. 现为或曾为被指控人直系血亲或直系姻亲，三亲等内之旁系血亲或两亲等内之姻亲。"[2] 国家法律明确亲属拒绝作证的权利，这是程序法对亲属赋予的容隐权，至少对于被指控者亲属无论是否知情都不予追究，予以包容，维系了亲情关系。

除了法国和德国之外，同为大陆法系国家的意大利、日本、俄罗斯的法律对容隐都有规定。

《意大利刑法典》在国事罪部分第 270 条 –3 规定："除共同犯罪或者包庇的情况外，为参加第 270 条（颠覆性结社）和第 270

1　《德国刑法典》，冯军译，第 105 页。
2　宗玉琨译注：《德国刑事诉讼法典》，知识产权出版社 2013 年版，第 26 页。

条—2（恐怖主义结社）列举之团体者提供保护、膳食、接待、交通工具或通讯器材的，处以 4 年有期徒刑。对于连续提供上述协助的，加重处罚。为近亲属实施行为的，不受处罚。"[1] 这是意大利对于危害国家安全类的政治性犯罪所规定的可以容隐的情况。此外，在侵犯司法管理罪部分第 384 条规定："在第 361 条、第 363 条、第 369 条、第 371 条 –2、第 371 条 –3、第 372 条、第 373 条、第 374 条、第 378 条规定的情况下，因保护自己或近亲属的自由或名誉免受严重的和不可避免的损害而被迫实施行为的，不受处罚。"[2] 上述法条规定情况分别是：第 361 条为"公务员不报告"、第 363 条为"受委托从事公共服务的人员不报告"、第 369 条为"自我诬告"、第 371 条 –2 为"向公诉人提供虚假情况"、第 371 条 –3 为"向辩护人虚假陈述"、第 372 条为"虚假证明"、第 373 条为"虚假鉴定或翻译"、第 374 条为"诉讼欺诈"、第 378 条为"人身包庇"。可见，《意大利刑法典》规定为亲属而做出的这些妨碍司法等公务行为不受法律处罚，已经超出了中国古代的容隐规定范围，属于标准的容隐制度。该法典的第 386 条的"协助脱逃"还规定："帮助因犯罪而被依法逮捕或监禁的人脱逃，或者为脱逃提供方便的，处 6 个月至 5 年有期徒刑。如果行为是为了帮助被判处死刑、无期徒刑的人脱逃而实施的，处以 3 年至 10 年有期徒刑。如果犯罪人为实施行为使用了前条第 2 款的某一手段，刑罚予以增

1　黄凤译注：《最新意大利刑法典》，法律出版社 2007 年版，第 100—101 页。
2　同上，第 137 页。

加。"但又同时规定："有下列情形之一的，刑法予以减轻：1）如果犯罪人是被帮助人的近亲属。"该法典的第 418 条规定："除共同犯罪或包庇的情况外，为参加犯罪集团的人提供藏身地、膳食、接待、交通工具或通讯器材的，处以 2 年至 4 年有期徒刑。"但"为帮助近亲属而实施上述行为的，不予处罚"。注意，第 386 条规定的不是帮助犯罪嫌疑人脱逃，而是帮助已决犯脱逃。将该条与第 270 条、第 386 条、第 418 条结合看，帮助犯罪嫌疑人脱逃是不追究刑事责任或不处罚的，而只有帮助已决犯脱逃才适用减轻处罚的规定。这些规定同样属于亲属容隐制度。

　　《意大利刑事诉讼法》第 199 条关于近亲属的回避权规定："被告人的近亲属没有义务作证。"如果作证也是对基于近亲属对被告的控告或受到被告犯罪侵犯时作证，即法典规定的但书，"但是，当他们提出控告、告诉或申请时或者他们的近亲属受到犯罪侵害时，应当作证"。该条第 3 款还规定："第 1 款和第 2 款的规定还适用于同被告人有收养关系的人，上述规定还适用于下列人员，但以在配偶共同生活期间发生或者从被告人那得知的事实为限：1）虽然不是被告人的配偶，但与其像配偶一样共同生活的或者与其共同生活的人；2）已同被告人分居的配偶；3）对其宣告撤销、解除或者终止同被告人缔结的婚姻关系。"[1]该条规定实际上是对亲情拥有刑事司法拒证权的确认，只要不是被告对该亲属的侵犯，该亲属都没有义务作证，也即有权拒绝对被告有罪作证。这是十

1　《意大利刑事诉讼法典》，黄风译，中国政法大学出版社 1994 年版，第 70 页。

分典型的亲属容隐权利制度规定。

《日本刑法典》第七章第 103 条规定"藏匿犯人等""处二年以下惩役或者二十万元以下罚金",第 104 条规定"隐灭证据等""处二年以下惩役或者二十万元以下罚金",第 105 条则规定："犯人或者脱逃人的亲属,为了犯人或者脱逃人的利益而犯前两条之罪的,可以免除刑罚。"[1]可见日本刑法将犯罪亲属为犯者提供脱逃、毁灭证据及"藏匿"等行为排除在刑罚之外。此外,《日本刑事诉讼法》第 147 条的拒绝证言权规定:"任何人,都可以拒绝提供有可能使下列的人受到刑事追诉或者受到有罪判决的证言:一、自己的配偶,三代以内的血亲或二代以内的姻亲,或者曾与自己有此等亲属关系的人;二、自己的监护人、监护监督人或者保佐人;三、有自己作为监护人、监护监督人或者保佐的人。"[2]该条具体规定了刑事案件拒证权的亲属范围,同样属于明确的容隐制度范畴。

新修订的《俄罗斯联邦刑法典》第 316 条第 2 款规定:"包庇配偶或近亲属所实施的犯罪而非事先承诺的,不负刑事责任。"[3]《俄罗斯联邦刑事诉讼法典》也规定了亲属拒证权,法典的第 56 条第 4 款规定:"证人有权拒绝对本人、自己的配偶和本法典第 5 条第 4 项所列其他近亲属不利的证明。在证人同意陈述时应事先

1　《日本刑法典》(第二版),张明楷译,法律出版社 2006 年版,第 42 页。

2　《日本刑事诉讼法》,宋英辉译,中国政法大学出版社,第 34 页。

3　《俄罗斯联邦刑法典》,黄道秀译,中国法制出版社 2004 年版,第 169 页。

向其说明他的陈述可能在刑事案件中，包括在他以后放弃这些陈述时被用作刑事案件的证据。"[1] 俄罗斯无论在实体法还是在程序法方面都在亲属容隐方面做出了具体规定。

（2）英美法系国家刑事法律中涉及的容隐规定。英美国家虽然没有"容隐"的规定，但法律规定了夫妻之间具有保守秘密的权利，对于父母子女之间拒证也有规定，这些都具有容隐性质和功能。

在英国，1853 年的《英国证据法修正案》规定："不能强迫丈夫泄露在婚姻存续期间从妻子处获知的任何信息；不能强迫妻子泄漏在婚姻存续期间从丈夫处获知的任何信息。"[2] 但这一规定只限于民事诉讼领域，直到 1898 年英国法律才首次规定了在刑事诉讼中夫妻保守秘密的权利。

美国的早期法律受英国法律影响较大，其夫妻保守秘密权利也经历了一个发展过程，但是到 21 世纪，美国至少有三十多个州确立了这一制度[3]。本研究仅就美国法律中的婚姻特免权进行概括介绍。所谓婚姻特免权指婚内夫妻交流内容在法庭上免于作证的权利。美国法律中有两种婚姻特免权，即婚内交流特免权和夫妻

1　《俄罗斯联邦刑事诉讼法典》，黄道秀译，中国人民公安大学出版社 2006 年版，第 61—62 页。

2　Joseph A. Fawal, "Questioning the Marital Privilege: A Medieval Philosophy in a Modern Society," *Cumberland Law Review* 7 (1976–1977): 312.

3　感兴趣的读者可以参阅王剑虹的博士学位论文《亲属拒证特权研究》，该文对美国夫妻拒证权分析较为详细，资料也颇为丰富。

证言特免权。美国各州的某个司法区可能只有其中一种特免权，或者两者都有。但美国联邦法院则对两种特免权都予以认可[1]。《美国联邦刑事审判制度》规定："美国法律认为有些社会关系是非常重要的，为了保护这些关系不受破坏，在法庭审判中，这种关系的双方或其中一方不能被迫对另一方作证。这些关系包括：夫妻关系。""丈夫为被告，检察官不能强迫妻子出庭作证丈夫曾告诉她说他要杀死某个人。"[2]该规定明确规定，为了确保婚姻家庭关系不受破坏，法律必须在规定事项上让步，不能迫使夫妻出庭作证。

除此之外，英美法中，尤其美国法中也存在父母子女之间的拒证特权现象，美国现在也仅有明尼苏达州、马萨诸塞州及爱荷华州等少数州认可该特权。例如马萨诸塞州基本法 1986 年规定："与父母一起生活的未成年子女在大陪审团调查程序、一审程序、上诉审程序或其他刑事程序中有权不提供不利于其父母的证言，但前提是该诉讼中的受害人不为其父母之家庭成员或共同居住的其他家人。且本条中所指之'父母'乃子女之生身父母。"[3]该规定就具有明确的子女为父母容隐的性质。此外，曾经的英联邦成员国的澳大利亚、加拿大、南非的刑事诉讼法中都有夫妻拒证权

1　[美]艾伦、[美]库恩斯、[美]斯威夫特：《证据法：文本、问题和案例》，张保生等译，高等教育出版社 2006 年版，第 976 页。

2　李义冠：《美国刑事审判制度》，法律出版社 1999 年版，第 106 页。

3　Mass. General Law, c.233 § 20, http://www.mass.gov/legis/laws/mgl/233—20.htm.

及近亲属拒证权的相关规定。

（三）容隐制度的创造性转化

通过前述对容隐制度的功能分析、理论探索以及对域外古今容隐制度的考证，读者一定会感到该制度不是某一民族、某一时期独有的历史现象，而是整个人类古今都具有的制度。容隐的核心在于，保持家庭这个社会细胞不因公权介入而受伤害。但是我国进入现代社会以后，多种复杂条件导致该制度以及制度蕴含的理念都被彻底废除。甚至有些学者认为废除该制度是基于现代先进文明的"人人平等"思想理念。然而当我们梳理率先进入近现代法治文明的西方法制时，发现该制度不仅未被取消，还基于"夫妻一体"[1]"家庭一体""家族保护制"等理论将容隐制度创造性转化为现代或当代法制的亲属举证权或亲情容隐权。这反映出我国简单废止古代容隐制度存在很大缺陷，需要在现代法治社会尊重和保障人权理念保障中，对该制度进行创造性转化[2]。在此，我们先对我国当代法律中禁止容隐的实体法和程序法进行分析，然

---

1 英国已故法官丹宁勋爵对夫妻双方保守秘密的拒证权解释道，夫妻双方靠结婚所获得的一切法律上的权利、义务都有赖于夫妻是人身结合这一原则。参见［英］丹宁勋爵：《法律的正当程序》，李克强等译，法律出版社 2003 年版，第 218 页。这是从夫妻法律权利和义务视角对拒证权的解释，它源于夫妻一体化、一条心的道德基础。因为基督教指出："人要离开父母，与妻子连合，二人就成为一体。"（《新约·马太福音》19：3）

2 俞荣根、蒋海松：《亲属权利的法律之痛——兼论"亲亲相隐"的现代转化》，《现代法学》2009 年第 3 期。

后再提出修正性建议，使之融入容隐思想。

1. 我国现行禁止容隐的法律规定及分析

我国现行法律对于容隐的禁止规定主要体现在刑法和刑事诉讼法相关条文中，这些条文规定有着深深的时代烙印。在此略作说明和分析。

（1）涉及容隐的常见规定。《中华人民共和国刑法》中有四条规定通常被认为容易涉及亲情容隐，分别是第二百七十七条妨害公务罪规定；第三百零五条伪证罪的规定；第三百零七条妨害作证罪，帮助毁灭、伪造证据罪的规定；第三百一十条窝藏、包庇罪的规定。《中华人民共和国刑事诉讼法》中共有四条明显涉及容隐规定，即第六十二条、第八十四条、第一百一十条、第一百九十三条等之规定。《中华人民共和国民事诉讼法》中有一条明显涉及容隐规定，即第七十二条。

在《刑法》的相关规定方面，第二百七十七条规定了"以暴力、威胁方法阻碍国家机关工作人员依法执行职务的"入罪。该条规定之所以容易成为嫌疑人近亲属在案件侦查中被"入罪"的条款，主要是因为侦查人员到犯罪嫌疑人家庭了解情况或搜集相关证据引发嫌疑人亲属不满或抵抗。其实，仅仅了解或询问情况一般不会引发矛盾冲突，发生冲突可能是办案人员迫使嫌疑人亲属说出知情或不知情线索，同时嫌疑人家属在自己的家中感到了公权力的严重威胁而导致。

第三百零五条规定"在刑事诉讼中，证人、鉴定人、记录人、翻译人对与案件有重要关系的情节，故意作虚假证明、鉴定、记录、翻译，意图陷害他人或者隐匿罪证的"入罪，该规定容易导致亲属因作伪证入罪。实质上该条与亲情容隐没有多大关系，但在刑事侦查或诉讼中，尤其在侦查活动中，侦查人员往往会对犯罪嫌疑人的父母等近亲属进行询问，要求他们提供犯罪嫌疑人涉罪的相关证据，这一过程中难免引起不知情或略知情的近亲属的抵触情绪。如果办案人员出现严厉质问等情况，很容易激发犯罪嫌疑人近亲属不适当的言语，甚至让办案人员感到不安全等处境。由此看，该条与第二百七十七条最类似的地方在于，侦查人员在工作方法上诱发嫌疑人近亲属情绪、言语和行为"不当"。从中国裁判文书网公布的一些相关案件看，有犯罪嫌疑人父母或兄弟最终以"伪证罪"被入罪的情况，这种案例较少，主要是侦查过程中嫌疑人近亲属不配合所导致。

如果对第三百零五条规定进行仔细分析就会发现，条文中"意图陷害他人或者隐匿罪证"入罪之规定有一个必要前提，即"证人、鉴定人、记录人、翻译人对与案件有重要关系的情节"。而在此情况下，近亲属只有"证人"一种情形。在绝大多数情况下，近亲属都不适合纳进证人范畴，他们基本不可能事前知道案件相关情节，否则就为共犯。将近亲属不配合或抵触的行为归为伪证罪显然不合适。

《刑法》第三百零七条规定"以暴力、威胁、贿买等方法阻止证人作证或者指使他人作伪证的"入罪。该条与刑法第二百七十七条相比，前者针对办案人员，后者针对非办案的知情人。如果出现该条情况，则多不属于办案人员态度或工作方法所致，所以该条实质上很难涉及容隐问题，如果出现则属于嫌疑人近亲属围观导致证人不愿举证，进而被办案人员粗暴地认定。

第三百一十条规定"明知是犯罪的人而为其提供隐藏处所、财物，帮助其逃匿或者作假证明包庇的"入罪，该规定是最常见的涉及容隐问题的规定，尤其是为作为嫌疑人的近亲属"提供隐藏处所"。接下来我们将重点进行分析。

在《刑事诉讼法》的相关规定方面，第六十二条规定："凡是知道案件情况的人，都有作证的义务。""凡是知道案件情况的人"有两点需要注意，即案件情况及凡是知道该情况的人。就案件情况而言，参与其中为知道，没参与其中也可能会因各种情况而仅是略知一二。如果近亲属参与其中毫无疑问属于共犯，不涉及容隐；如果因亲属关系而略知一些情况，这就涉及容隐问题。

《刑事诉讼法》第八十四条规定任何公民都可以将"（一）正在实行犯罪或者在犯罪后即时被发觉的；（二）通缉在案的；（三）越狱逃跑的；（四）正在被追捕的"人立即扭送公安机关、人民检察院或者人民法院。如果亲属实施了该条"（一）""（二）""（四）"之规定，依法律规定属于自首，但是亲属对该条规定沉默的属于容隐。

《刑事诉讼法》第一百一十条规定："任何单位和个人发现有犯罪事实或者犯罪嫌疑人，有权利也有义务向公安机关、人民检察院或者人民法院报案或者举报。" 将对"犯罪事实或者犯罪嫌疑人"的报案或举报规定为义务，就涉及法律强制亲属报案或举报。如此对亲属强制要求显然难以实现，反而导致亲属陷入囹圄，违背了人之常情。此条涉及容隐问题。

我国《刑事诉讼法》显然意识到亲属人伦的特殊关系，故而在 2012 年修改《刑事诉讼法》时对强制亲属到庭作证进行了修改，增加了"第一百八十八条"，即今天《刑事诉讼法》第一百九十三条呈现的内容："经人民法院通知，证人没有正当理由不出庭作证的，人民法院可以强制其到庭，但是被告人的配偶、父母、子女除外。"配偶、父母、子女不被强制出庭不等于免除了作证义务，前面已经从实体法角度说明，侦查或办案人员到嫌疑人家中了解情况、询问或取证实际上增加了亲属的惧怕心理，更容易一言不合出现冲突。

此外，我国的《民事诉讼法》第七十五条归定也涉及容隐问题，该条规定："凡是知道案件情况的单位和个人，都有义务出庭作证。"同样属于强制亲属作证。民事案件中强制亲属作证的心理压力显然小于刑事案件中的强制亲属作证情况，但民间纠纷涉及土地、宅基、婚姻、借贷等诸多错综复杂的人际关系、财物赔偿及乡土人情，强制作证同样属涉案人近亲属心之不愿。

（2）现行制度缺失容隐规定的原因。对于现行法律制度将容隐制度彻底废止，学界就其原因也进行了探索，虽然各有说辞，但不外乎以下几个方面。

第一，反封建的新文化运动是该制度被废除的主要原因。在急促嬗变的近代中国，新文化运动和五四运动将反封建推向了巅峰，反对专制提倡民主自由，反对特权主张平等。旧的文化和制度摧枯拉朽，连传统文化中的诸多合理思想和制度都遭到颠覆，大有洗澡盆中金娃娃被倒掉的无奈感觉。容隐制度同样被贴上等级特权标签，不利于平等保护人民的权利，被彻底废止。尽管上一章列举了1935年《中华民国刑法》《中华民国刑事诉讼法》《中华民国民事诉讼法》相关容隐的规定，但新中国建立后废止"六法全书"，这些制度从此退出历史舞台。

第二，阶级斗争扩大化将人民内部矛盾上升为敌我矛盾，亲情容隐绝无立锥之地。马克思主义的阶级分析方法旨在将矛盾规律运用到社会历史领域，更好把握无产阶级与反动政权的斗争。但是将阶级斗争扩大化，就无法正确运用矛盾律斗争合作及转化的辩证思维，将一家人因为观点的不和的矛盾上升到阶级斗争、敌我殊死斗争的矛盾。范忠信教授在论及阶级斗争扩大化否定亲属容隐时引用了邓子恢曾经的说法，邓在对"出身不纯的同志"的镇压运动中如何对待亲属态度时曾要求："不要同情家庭。要劝他们向人民低头。"如果劝不听"就要受到制裁，就要有大义灭亲的精神"。这是标准的阶级斗争扩大化表现，以至于在"文革"时期乡村社会一家人夫妻之间、父子之间、兄弟姐妹住着同一房，吃着一个锅里的饭，却分属不同阶级，相互揭发和批斗。

第三，捡拾一些西方自由平等的皮毛，便将容隐制度永久"打入冷宫"。西法东渐逐步让中国社会各阶层接触到西方的自由平等观念，随着马克思主义政治经济学作为教材的普及，更多人了解到劳动力的前提是自由。而劳苦大众的解放不仅意味着自由，更重要的是平等参与及表达的重要性。轰轰烈烈的解放战争和社会改造，彻底让长期受压迫的广大民众感受到人身自由、平等人格、平等参与、平等保护的好处。尽管人性天然具有亲情相隐倾向，但小农经济和政治运动又让兄弟、婆媳之间因家庭琐事揭短互撕。亲情容隐在社会层面不具备内在安全感。而民众很少知道西方的平等自由法律中明确禁止亲属相告，这既是义务更是权利。

　　第四，片面理解传统文化中的大义灭亲，将撕裂亲情视为传统文化瑰宝，将容隐制度斩草除根。如果说阶级斗争扩大化政治运动以及对自由平等肤浅认识是国民普遍误解乃至漠视容隐制度的外在影响因素，那么对中国传统文化中大义灭亲的错误认知则是拒绝容隐制度的内在致命因素。大义灭亲本质上强调忠与孝发生冲突时要超越亲情服制，顾全国家社稷的大局稳定。"大义灭亲，故周公诛弟，石碏戮子，季友鸩兄"[1]说的是周公的弟弟管叔、石碏的儿子石厚、鲁庄公弟弟叔牙，都因为行为祸及国家，分别遭到兄长、父亲依法严惩。这一原则在整个中国古代社会都存在，尤其"十恶"中涉及皇权社稷安危的犯罪，不在容隐之列。但即便这样，在中国古代两千年的容隐制度史中，司法事件中即便涉

1　〔晋〕陈寿撰，〔宋〕裴松之注：《魏书·毋丘俭传》，《三国志》卷二十八，注引俭、钦等表，第765页。

及一些政治斗争而入罪者还常依据《春秋》"善善及子孙"的原则予以赦免，更不用说对于一般犯罪律条明文明确禁止相告，允许容隐。然而多种综合条件导致传统文化断裂，社会主义新文化需要将马克思主义与中华优秀传统文化融合并不断发展和完善。受阶级斗争扩大化影响，一定时期内传统文化断裂导致的文化真空难以扭转对优秀传统文化的领会。在容隐制度这一问题上大义灭亲甚至被视为文化瑰宝，从思想上阻遏了容隐制度的重构。

（3）缺失容隐制度的社会风险。当容隐制度存续的深层理论未被挖掘和理解，当传统亲情伦理维系模式和制度遭遇摧毁，当"善及子孙"的优秀传统文化被视为糟粕，如此等等情况下，禁止亲属容隐也就不足为奇。但是禁止容隐明显违背亲情伦理、违背天道人道、违背作为上层建筑制度自身的延续性，而且又确实给家庭、社会、国家造成不同程度的危机。

首先，禁止亲属容隐容易造成亲情撕裂。禁止亲属容隐在当下司法中既表现在实体法方面，也表现在程序法方面。实体法方面突出表现在涉及亲属包庇、窝赃的违法犯罪，当然也有因极个别司法人员工作粗暴诱发的妨害公务违法犯罪；程序法方面主要是亲属拒证权问题。这些可能触及违法犯罪的行为焦点均在于亲属有义务举证之规定。如果亲属拥有拒证权，上述可能遇到的相关违法或入刑问题就可以避免；而亲属不具有拒证权很容易导致亲属不自愿或被迫作证，造成亲情关系撕裂。尤其家庭亲情关系中夫妻关系撕裂，不仅导致家庭破裂，还常常引发双方家庭、家族及各自亲属团队大面积反目成仇。中国民间流传着"夫妻本是同林鸟，大难临头各自飞"的谚语，大概是秦法家鼓励夫妻告奸遗风所滋生。所以传统社会中夫妻关系被视为最难经营的关系，成为家庭关系中的最大危机和隐患。

而事实上，古今中外，无论在感情上还是法律上，都强调夫妻白头偕老，以便维系好整个家庭关系。夫妻关系的基石是相互信任，故而夫妻之间的容隐非常重要，这也是西方近现代两大法系均规定夫妻必须拥有拒证权的理由。尽管我国古代有男尊女卑的社会现象，但为强化夫妻关系法律上还是将夫妻视为一体，比如"父母""大父母"的规定就体现了子女、孙子女对男性长辈和女性长辈同样尊重，如此父母与子女之间的容隐实际蕴含着夫妻之间的亲密关系。如果存在夫妻反目成仇，法律则称之为"义绝"。在此情况下，夫妻撕裂必将造成子女终生心理的创伤，引发双方家庭亲属的撕裂与仇恨，司法中这种情况并不少见。

其次，禁止亲属容隐导致社会诚信危机。禁止容隐直接导致家庭撕裂，但也引发基层社会撕裂。秦律多有奖励亲属告奸之规定，诸如《法律答问》第 170 简规定："夫有罪，妻先告，不收。"如果法律强制每一个家庭都必须夫妻相告，将形成天下男女皆难互信的社会局面，婚姻也只是临时媾和繁衍种群的形式，没有谁可以信赖、值得信赖。如此，人类自私到为自保或求荣连亲情都出卖，相互之间无时不提防，哪有合作征服大自然之说？人类如同鸟兽，哪还有社会之说？然而事实并非如此，人类文明发展到如今证明人类是相亲相爱的。故而，禁止容隐势必会引发社会信任危机，导致社会及至文明发展的进程受阻。

再次，禁止亲属容隐造成司法成本过高及国家公信力降低。禁止容隐，通过强制亲属提供证据，似乎很快捷又很轻松就获得了案件直接证据，加快了办案进度，降低了办案难度，看似节约了司法成本。实则不然，因为涉及亲属作证的案件，由于亲属作证基本是心理高度紧张状态下的不自愿所为，侦查机关庭前获得的这些证据，经常在庭审或二审中被证人直接否定。在庭前侦查中，当犯罪嫌疑人亲属被迫作证后，亲属、邻居及其随后介入的律师在进行综合会诊时都会让证人"幡然醒悟"，认为侦查中的作证具有强迫性质，所作的证言也有违亲情和天理。因此，大多都会将亲属作证的情景与我国《刑事诉讼法》第五十二条、第五十五条、第五十六条、第五十七条、第五十八条、第六十一条分别或综合进行关联，从而在庭审、上诉审或再审中坚决果断否定侦查时的"作证"。其中第五十二条规定"严禁刑讯逼供和以威胁、引诱、欺骗以及其他非法方法收集证据"；第五十六条规定"采用暴力、威胁等非法方法收集的证人证言、被害人陈述，应当予以排除"；第五十七条规定，人民检察院接到"举报或者发现侦查人员以非法方法收集证据的，应当进行调查核实"；第五十八条规定，庭审中对于可能存在的第五十六条规定情形的，"应当对证据收集的合法性进行法庭调查"；第六十一条规定"证人证言必须在法庭上经过公诉人、被害人和被告人、辩护人双方质证并且查实以后，才能作为定案的根据"。第五十五条规定，一切案件"重调查研究，不轻信口供"。尤其是第六十一条及第五十五条规定给否定前期侦查中亲属作证提供了法律保障，使得审判工作因证据不足难以继续开展，也使得侦查工作陷入被动，甚至使得一部分案件丧失了最佳取证期，长期滞留不能处理。如此，这种翻供造成的反复侦查、长期侦查现象，浪费了大量司法资源，甚至造成司法公信力下降。

就容隐给国家造成的司法公信力危机而言，远不止翻供导致案件难结、民众认为司法无能等情况，缺失容隐导致的犯罪者亲属触及窝赃包庇罪更让司法公信力普遍遭受质疑。从中国裁判文书网搜索可以看到，有近六百个案子涉及窝赃包庇罪，而其中有相当一部分就是亲属犯罪导致；还有一些没有发布到网上的类似案子，侦查取证中犯罪嫌疑人亲属不同程度地遭受"包庇""窝赃"警告。这些涉案家庭、家族、亲属、朋友关联起来形成了不小的社会面，他们通过个案对司法"威逼"取证和亲朋"包庇""窝赃"入罪抱有不小的司法抵触情绪，又将这些情绪宣泄到政府各个治理方面，动辄表达不满，政府公信力遭到普遍质疑甚至诋毁。可见一个小小的容隐制度，不定时地会涉及不确定的家庭，失却容隐制度就势必对国家政治统治造成影响，还使得国家治理能力遭到质疑。

2. 我国当代亲情与亲权融汇的法律续造

对中国历史上长达两千多年的容隐制度进行创新性恢复和建构已经成为当下立法和司法势在必行的任务。2012 年 3 月 14 日第十一届全国人民代表大会第五次会议上对《中华人民共和国刑事诉讼法》进行了修改，其中增加了第一百八十八条（目前的第一百九十三条），"经人民法院通知，证人没有正当理由不出庭作证的，人民法院可以强制其到庭，但是被告人的配偶、父母、子女除外"。该条貌似容隐规定却又不是，但显然是经过学界努力，官方和法律实务界在容隐制度的第一次尝试立法。该条款明确后，在司法实践中，被告人的近亲属不被强制出庭作证，也基本没有出庭作证情形。但从前面法律梳理及司法判决实际分析看，禁止容隐并没有实质性改观，带来的问题也非常突出，因而需要对禁止容隐的法律规定进行修正和法律续造。从本书的探索看来，创新性恢复容隐制度亟需先集中解决以下三个问题，即在司法中明确家国协同教育原则，法律禁止夫妻之间的不利证言，法律补充规定直系血亲可以不举证。

（1）司法领域引入家国协同教育原则。教育教化是人类文明进步与维持的主要支柱。古代中国社会注重礼乐教化和礼法教化，在对待犯罪方面先秦就提出了"不教而杀为之虐"的司法原则。这一刑事司法理论或原则强调，国家对待犯罪者需坚持以教化感化为主，同时要求家庭配合国家进行教育感化。古代推行以孝道为主的家国一体教化，认为在家做到孝悌者就不会违礼犯上，如果一个人不会出现违礼犯上，就不会做出违法乱纪的事情。汉宣帝地节四年（公元前66年）的"亲亲得相首匿"诏首先强调的是"父子之亲，夫妇之道，天性也"，然后在谈到卑幼隐匿尊长时，"皆勿坐"。但论及尊长隐匿卑幼时，"罪殊死，皆上请廷尉以闻"。二者明显要求不同。主要原因应该在于尊长对卑幼负有教化责任和义务。隐匿亲情属于人道，不能违背；但教化有失，可否隐匿是需要"上请廷尉"，由官方据情论断。到唐代，容隐虽未区别卑幼对尊长隐匿和尊长对卑幼隐匿的条件，但唐律一准乎礼，贵在教化，朝廷对待犯人尚且法外施恩以感化其痛改前非，也就不再斤斤计较于天下父母教化有失了。唐代容隐制度设计不仅在于感化犯者，亦在于感化其家人。

而我国法制近代化乃至现代化，受西法东渐影响，过分强调了西法中法律强制性规范旨在约束外在行为，道德宗教规范旨在约束人的内在思想，于是强调法律规范对外在行为规制与道德对内心规制的区别。司法中虽然也注重教化感化犯罪者，但时常一刀切将国家司法劳教与家庭配合教化割裂。受阶级斗争扩大化影响，以至于将人民内部矛盾视为敌对矛盾，任何犯罪者及其亲属都成了国家和人民的公敌或嫌疑敌人。这种割裂导致官方司法教化思想难以在实践中实现，百姓戏谑"坦白从宽，牢底坐穿"，体现了国家司法改造的感化失却，与普通民众的期望有着很大隔阂。古代经典四书之一的《礼记·大学》就总结道："其家不可教而能教人者无之。"[1]可见当下司法官员应该明白，不注重协同家庭教育断然无法教化好误入歧途的犯罪者，极端的改造甚至使改造者也无法自教。

1　〔汉〕郑玄注，〔唐〕孔颖达疏，李学勤主编：《礼记正义》，第 1599 页。

　　创造性重塑容隐制度，根本上讲是重塑国家与家庭协同教育犯罪者。没有这样的大环境，容隐制度基本不可能重塑。在前一节我们论证了容隐制度既是一种伦理义务，同时也是一种法律上的亲情权利。既然容隐亲属犯罪是一种法律权利，那必然要以一种合适的方式来承担一定程度的义务，这是一种基于伦理情感的责任。当然承担这种责任并非意味着替亲属坐牢或者受惩罚，而是本着教育悔改目的，劝导犯罪者积极主动交代所犯过错，为自己的行为承担责任，尽快重新回归社会重新做人。所以，容隐制度要发挥一个家庭甚至一个家族的团体作用，向受害者个体及家庭，向社会发出积极信号，让受害者及家人逐步谅解，引导犯罪亲属痛改前非直面人生，具有担当精神和责任情怀。一般来讲，犯罪者亲属在犯罪行为被暴露或被追究之时，首先要向受害者家庭表示慰问，了解和分析原因，甚至在司法机关协同下，尽早就附带民事赔偿达成协议。犯罪者家庭并不知晓犯罪过程，或者事后了解某些细节不愿向侦查机关或司法机关透露，但他们已经为征得司法机关及受害人的理解做出了积极努力，为案件的和解或最终裁判创造有益条件。

　　刑事裁判旨在依据法律和事实有效弥补被损害的正义。这种弥补、修复或矫正不只是针对犯罪客体，还涉及被侵犯的直接对象。后者在以往教学和研究中重视不够，导致司法实践中刑事附带民事赔偿常常得不到落实，成为司法实务的痛点和难点。在司法中真正引入和融入家国协同教育原则，发挥犯罪者亲属教育犯罪者的功能，尤其是积极同受害人及其家庭和解沟通，帮助犯罪者早日回归社会，这也是当代建立诉源机制、提升诉源治理能力的重要一环。

（2）禁止夫妻之间的不利证言。家庭是社会的细胞，家庭关系中首要的是夫妻关系。父母是孩子成长过程中的启蒙教师，夫妻关系和睦与亲密度决定着家庭未来的幸福度，也决定着子女品格、心理等方面健康发展情况。结婚意味着未来的家庭从结婚开始延伸发展。在所有家庭关系中，夫妻关系为基础，然而夫妻关系似乎又最薄弱，因而法律特别注重保护婚姻关系以及保护由此建立的新家庭。为此我国《宪法》第四十九条特别强调："婚姻、家庭、母亲和儿童受国家的保护。"父母与子女的关系基于血缘，无论是从生物学角度还是社会学角度看，这种血缘纽带关系是最为牢固的。兄弟姊妹关系虽然面临着若干年后的树大分支，但仍然血浓于水；就中国传统宗法文化而言，宗亲服制关系远高于姻亲服制关系。根本问题可能在于婚姻关系是感情的契约，而血缘关系是无法选择的注定。当感情因各种生活琐事或外在因素遭遇创伤时，这一契约就失去了永恒性。故而家庭关系中最基础的婚姻关系成为最薄弱的关系，需要夫妻精心经营和呵护，需要双方家庭理解和关心。一旦婚姻关系出现破裂，家庭子女抚养教育都会出现不同程度的伤害，甚至难以培养出人格健全的子女。

就容隐制度而言，夫妻之间的容隐是最为首要的。从前面的制度考察可知，近代以来无论大陆法系国家还是英美法系国家多对此进行了明确立法。当前的一些研究者建议从我国现行《刑事诉讼法》第一百九十三条的出庭豁免权着手改革，扩大不出庭亲属范围 [1]。然而这种改革意义不大，扩大强制出庭豁免权的亲属范围，不等于确立了亲属拒证权，只是隔靴搔痒且无实质意义的建议。如果夫妻之间不具有保守秘密的拒证权，纵然姻亲关系的亲属不出庭作证，也不妨碍他们庭下提供对子女、配偶不利的证据。所以，关键是要确立配偶之间的拒证权。

其实，我国现行《刑事诉讼法》第五章证据篇的第五十四条、第五十五条、第五十六条已经为续造确立夫妻拒证权提供了空间。第五十四条第一款内容有："人民法院、人民检察院和公安机关有权向有关单位和个人收集、调取证据。有关单位和个人应当如实提供证据。"这意味着知道案件情况的单位和个人都必须作证。第五十五条第一款内容有："只有被告人供述，没有其他证据的，不能认定被告人有罪和处以刑罚；没有被告人供述，证据确实、充分的，可以认定被告人有罪和处以刑罚。"该规定旨在明确只有被告有罪供述不能被认定有罪并处罚。第五十六条第二款规定："在侦查、审查起诉、审判时发现有应当排除的证据的，应当依法予以排除，不得作为起诉意见、起诉决定和判决的依据。"该规定旨在排除不合适证据或不合适取证的证据。这三个条款先讲

---

[1] 有学者撰文认为将近亲属强制作证豁免权从配偶、父母、子女扩大至同胞兄弟姐妹、祖父母外祖父母、外孙子女、孙子女、岳父岳母及其女婿、儿媳等血亲或姻亲关系。参见刘昂：《论不完整意义上的亲属拒证权》，《证据科学》2014 年第 1 期。

一般性规定，然后又限定知道案情被告提供证据需要其他证据证明，最后又进行证据排除，可见证据制度的严肃性和严谨性。

从这三条规定看，证明配偶有罪的证据就更加特殊，需要更加慎重。夫妻是特殊的精神和物质利益共同体，甚至是生命共同体，配偶互证其罪实质相当于只有被告有罪供述，如此就符合第五十五条"只有被告人供述，没有其他证据"的情形，当然也就符合第五十六条规定的排除情形。夫妻之间不是绝对不可作证，或者作证绝对无效。如果妻子遭受丈夫家庭暴力，当然可以举证，如果夫妻是共同犯罪，也当然要如实交代。排除这些情况，一般而言举证自己的配偶有罪不仅理论上可推论为是被告人的证言，而且在情感、伦理、风俗方面都难以被接受。如此，"配偶除非遭遇对方家庭暴力或者共同犯罪，可以拒绝提供不利于对方的证据"可否作为一个新的立法就非常值得实务部门和立法部门考虑。因为这样也可以使得第五十五条"对一切案件的判处都要重证据，重调查研究，不轻信口供"规定与第五十四条、第五十六条立法逻辑自洽和周延。

（3）直系血亲可以不举证。讨论当代刑事法律中夫妻之间的容隐制度创新性转化，只是给出了家庭关系中最基本关系的容隐探索，另一个直系血缘纽带之间的容隐制度创新性转化同样不可忽视，涉及人多面大。对于父母子女之间甚至兄弟姐妹之间的容隐才是古代容隐制度的核心内容，也是当代两大法系容隐举证规定的重要内容。

从前文看，大陆法系很多国家在刑法中对包庇、窝赃等有利于亲属的行为规定不予处罚，而且各国规定有别，其中意大利刑法规定容隐的条款最多，涉及十多条内容。这一点我国目前恐怕不容易做到，在实践过程中，司法实务部门及普通民众也都难以接受。因为除非他们自己遭遇被迫提供亲属犯罪证据，否则都将多少知道一些亲属犯罪情况而不据实交代，由此成为亲属容隐制度转化构造的最大障碍。如果再提及借鉴域外他国刑事法律规定在刑法中进行容隐构造，不仅容易被视为崇洋媚外，也不适合中国国情。

在此情况下，我们创新性转化容隐制度是否可以举重若轻，在前面理论分析被基本接受的基础上，再从民众心理能够接受之处入手。这个切入点仍然是《刑事诉讼法》第五十四条、第五十五条、第五十六条对于证据的规定，因为民众和实务部门都认为于法有据，建议在配偶拒绝提供不利于对方的证据的基础上，增加其他亲属可以不作证原则或具体规定。当然，父母子女在遭受犯者家暴和与之共同犯罪情况下，显然要举证。于是对配偶容隐及父母子女的容隐可以进行条款合并，"除非遭遇被告家庭暴力或与之为共同犯罪，配偶、父母和子女可以拒绝提供不利于被告的证据"似乎成了立法及实务部门考量的关键。

我们的法律建构采用了"可以"并非意味着配偶、父母和子女可以提供不利于被告的证据。因此需要进行说明和分析。

首先，这一补充虽然属于程序法规定，但侦查机关的侦查取证本身属于一种司法程序，完全可以适用该条款。侦查人员在向犯罪者亲属了解情况时，由于法律规定他们可以拒绝提供不利于嫌疑人或犯罪者的证据，也就没有心理压力，这有利于程序法与实体法在司法实务中的有机衔接。

其次，"可以"拒绝意味着不拒绝与侦查人员进行化解案件的协同教育教化。在增加容隐规定的新情境下，侦查阶段入户不再是为了取证，而是为了了解情况，推动案件侦查向有利方向发展。侦查机关与犯者亲属的对接也是为了了解案情，共同教育教化犯罪嫌疑人或犯罪者，这样二者一般就可能在宽松融洽氛围中进行交流。对于轻微刑事案件，犯者家属甚至希望积极主动向侦查机关交代所了解的案情，便于官方居中与受害方达成和解，以减轻或免除处罚。对于严重的刑事案件，亲属不排除为能够从轻或减轻对犯者的处罚，积极寻找劝其投案自首，如此就有机衔接了我国《刑法》第六十七条关于自首的规定。因为《最高人民法院关于处理自首和立功具体应用法律若干问题的解释》规定，犯罪事实或者犯罪嫌疑人"虽被发觉，但犯罪嫌疑人尚未受到讯问、未被采取强制措施时"，亲友主动"将犯罪嫌疑人送去投案的，也应当视为自动投案"。

在此，还有两个方面的内容需要进行补充，一个是涉及国家安全的刑事犯罪，一个是民事领域的亲属作证问题。这两个问题可谓是两个极端，一个触及古代所谓的"不赦"之罪，一个乃民事领域纠纷。其实，在当代法治文明社会，对于前者要超越古代"不赦"罪的观念，若非共同犯罪，对待案件中的被告亲属应该晓之以理，争取协同教育教化。对于后者则更适合鼓励当事人亲属出面和合调解，大可不必在民事案件中强制实施《民事诉讼法》第七十五条"凡是知道案件情况的单位和个人，都有义务出庭作证"的规定，因为《刑事诉讼法》第一百九十三条对待亲属证人已经规定了出庭豁免权。

参考文献

一、古籍文献类（按经、史、子、集分类）

1.〔战国〕公羊高，〔汉〕何休解诂，〔唐〕徐彦疏，李学勤主编：《春秋公羊传注疏》，北京大学出版社 1999 年版。

2.〔周〕左丘明传，〔晋〕杜预注，〔唐〕孔颖达正义，李学勤主编：《春秋左传正义》，北京大学出版社 1999 年版。

3.〔汉〕孔安国传，〔唐〕孔颖达疏，李学勤主编：《尚书正义》，北京大学出版社 1999 年版。

4.〔汉〕郑玄注，〔唐〕贾公彦疏，李学勤主编：《周礼注疏》，北京大学出版社 1999 年版。

5.〔汉〕郑玄注，〔唐〕孔颖达疏，李学勤主编：《礼记正义》，北京大学出版社 1999 年版。

6.〔汉〕毛亨传，〔汉〕郑玄笺，〔唐〕孔颖达疏，李学勤主编：《毛诗正义》，北京大学出版社 1999 年版。

7.〔汉〕赵岐注，〔宋〕孙奭疏，李学勤主编：《孟子注疏》，北京大学出版社 1999 年版。

8.〔汉〕董仲舒撰，〔清〕凌曙注：《春秋繁露》，中华书局 1975 年版。

9.〔魏〕何晏等注，〔宋〕邢昺疏，李学勤主编：《论语注疏》，北京大学出版社 1999 年版。

10.〔晋〕范宁集解，〔唐〕杨士勋疏，李学勤主编：《春秋穀梁传注疏》，北京大学出版社 1999 年版。

11.〔唐〕李隆基注，邢昺疏，李学勤主编：《孝经注疏》，北京大学出版社 1999 年版。

12.〔宋〕朱熹：《四书章句集注》，中华书局 1983 年版。

13.〔宋〕朱熹撰：《论语精义》卷七上，《四库全书》（一九八册，经部·四书类）。

14.〔宋〕朱熹撰：《四书或问》卷十八，《四库全书》（一九七册，经部·四书类）。

15.〔明〕高拱撰：《问辨录》卷七，〔明〕刘宗建撰《论语商》卷下，《四库全书》（二〇七册，经部·四书类）。

16.〔明〕刘宗周撰：《论语学案》卷七，《四库全书》（二〇七册，经部·四书类）。

17.〔清〕苏舆撰，钟哲点校：《春秋繁露义证》，中华书局 1992 年版。

18.〔清〕王聘珍撰，王文锦点校：《大戴礼记解诂》，中华书局 1983 年版。

19.〔清〕王先谦，吴格点校：《诗三家义集疏》，中华书局 1987 年版。

20.〔周〕左丘明著，尚学锋等译：《国语》，中华书局 2007 年版。

21.〔汉〕司马迁撰，〔南朝宋〕裴骃集解，〔唐〕司马贞索引，〔唐〕张守节正义：《史记》，中华书局 1959 年版。

22.〔汉〕班固撰，〔唐〕颜师古注：《汉书》，中华书局1962年版。

23.〔南朝宋〕范晔撰，〔唐〕李贤等注撰，〔唐〕李贤等注：《后汉书》，中华书局1965年版。

24.〔晋〕陈寿撰，〔宋〕裴松之注：《三国志》，中华书局1964年版。

25.〔后晋〕刘昫等撰：《旧唐书》，中华书局1975年版。

26.〔唐〕房玄龄撰：《晋书》，中华书局1974年版。

27.〔唐〕杜佑撰：《通典》，中华书局1988年版。

28.〔北宋〕司马光撰：《资治通鉴》，中华书局1956年版。

29.〔宋〕欧阳修、宋祁撰：《新唐书》，中华书局1975年版。

30.〔元〕脱脱等撰：《辽史》，中华书局1974年版。

31.〔清〕张廷玉等撰：《明史》，中华书局1974年版。

32.〔清〕徐松辑：《宋会要辑稿》，中华书局1957年版。

33.〔战国〕商鞅撰：《商君书》，贵州人民出版社1990年版。

34.〔战国〕商鞅撰，张觉校注：《商君书校注》，岳麓书社2006年版。

35.〔战国〕商鞅撰，蒋礼鸿：《商君书锥指》，中华书局1986年版。

36.〔战国〕商鞅撰，石磊译注：《商君书》，中华书局2009年版。

37.〔战国〕吕不韦编：《吕氏春秋》，海潮出版社2014年版。

38.〔汉〕刘安撰，顾迁译注：《淮南子》，中华书局2009年版。

39.〔汉〕桓宽撰，王利器校注：《盐铁论校注》，天津古籍出版社 1983 年版。

40.〔汉〕班固撰：《白虎通》，中华书局 1985 年版。

41.〔晋〕和凝撰，杨奉琨校：《疑狱集·折狱龟鉴校释》，复旦大学出版社 1998 年版。

42.〔唐〕刘肃：《大唐新语》，中华书局 1984 年版。

43.〔北宋〕王钦若等编：《册府元龟》，中华书局 2003 年版。

44.〔宋〕桂万荣编著，朱道初译注：《棠阴比事》，浙江古籍出版社 2018 年版。

45.〔明〕张四维辑：《名公书判清明集》，中华书局 1987 年版。

46.〔明〕李清著，陆有珣等注释：《折狱新语注释》，吉林人民出版社 1989 年版。

47.〔清〕王先慎集解，钟哲点校：《韩非子集解》，中华书局 2013 年版。

48.〔唐〕郑处诲、〔唐〕裴庭裕撰，田廷柱校点：《明皇杂录·东观奏记》，中华书局 1994 年版。

49.〔清〕黄六鸿：《福惠全书》，《四库未收书辑刊》第 3 辑第 19 册，北京出版社 1997 年版。

50.〔清〕袁枚著，周本淳标校：《小仓山房诗文集》，上海古籍出版社 1988 年版。

二、专著类

（一）国内著作

1. 〔唐〕长孙无忌等撰：《唐律疏议》，中华书局 1983 年版。

2. 〔宋〕窦仪等撰：《宋刑统》，法律出版社 1997 年版。

3. 〔明〕刘惟谦等撰：《大明律》，法律出版社 1999 年版。

4. 〔明〕李东阳等敕撰：《大明会典》，江苏广陵古籍刻印社 1989 年版。

5. 〔清〕祝庆祺等编：《刑案汇览三编》，北京古籍出版社 2004 年版。

6. 〔清〕朱拭等撰：《大清律集解附例》，昌平坂学问所 1752 年版。

7. 〔清〕吉同钧撰，栗铭徽点校：《大清现行刑律讲义》，清华大学出版社 2017 年版。

8. 〔清〕全士潮、张道源等纂辑，何勤华、张伯元、陈重业等点校：《驳案汇编》，法律出版社 2009 年版。

9. 高汉成：《〈大清新刑律〉立法资料汇编》（第 1 版），社会科学文献出版社 2013 年版。

10. 怀效锋点校：《大明律》，法律出版社 1999 年版。

11. 怀效峰：《清末法制变革史料》（第 1 版），中国政法大学出版社 2009 年版。

12. 何勤华：《中华民国刑法》（第 1 版），中国方正出版社 2006 年版。

13. 黄源盛：《汉唐法制儒家化传统》，原照出版社 2009 年版。

14. 李义冠：《美国刑事审判制度》，法律出版社 1999 年版。

15. 刘锦藻：《清朝续文献通考》，商务印书馆 1936 年版。

16. 马小红：《礼与法：法的历史连接》，北京大学出版社 2004 年版。

17. 瞿同祖：《中国法律与中国社会》，商务印书馆 2012 年版。

18. 瞿同祖：《中国封建社会》，商务印书馆 2015 年版。

19. 沈仲纬：《刑统赋疏》，《元代法律资料辑存》，浙江古籍出版社 1988 年版。

20. 田涛、郑秦点校：《大清律例》，法律出版社 1999 年版。

21. 王沛：《刑书与道术：大变局下的早期中国法》，法律出版社 2018 年版。

22. 王剑虹：《亲属拒证特权研究》，法律出版社 2010 年版。

23. 吴艳红：《明朝法律》，南京出版社 2016 年版。

24. 薛梅卿：《新编中国法制史教程》，中国政法大学出版社 1995 年版。

25. 徐复观：《中国思想史论集》，九州出版社 2014 年版。

26. 张荣铮等点校：《大清律例》，天津古籍出版社 1993 年版。

（二）国外著作

1. ［古希腊］柏拉图：《柏拉图全集》（第一卷），王晓朝译，人民出版社 2002 年版。

2. ［古希腊］亚里士多德：《政治学》，吴寿彭译，商务印书馆 1965 年版。

3. ［古希腊］亚里士多德：《尼各马可伦理学》，廖申白译注，商务印书馆 2017 年版。

4. ［古希腊］索福克勒斯：《安提戈涅》，载《罗念生全集》（第二卷），上海人民出版社 2004 年版。

5. ［古罗马］盖尤斯：《法学阶梯》，黄风译，中国政法大学出版社，1996 年版。

6. ［英］梅因：《古代法》，沈景一译，商务印书馆 1984 年版。

7. ［英］罗德里克·马丁：《权力社会学》，丰子义、张宁译，生活·读书·新知三联书店 1992 年版。

8. ［英］丹宁勋爵：《法律的正当程序》，李克强等译，法律出版社 2003 年版。

9. ［美］吴尔玺：《公法便览》，［美］丁韪良译，同文馆 1877 年刊印本。

10. ［美］艾伦、［美］库恩斯、［美］斯威夫特：《证据法：文本、问题和案例》，张保生等译，高等教育出版社 2006 年版。

11. ［法］卢梭：《社会契约论》，何兆武译，商务印书馆 1980 年版。

12. ［德］马克思、［德］恩格斯：《马克思恩格斯选集》（第 1 卷），人民出版社 2012 年版。

13. ［德］哈贝马斯：《论包容他者》，曹卫东译，上海人民出版社 2002 年版。

三、简牍文献及档案类

1. 睡虎地秦墓竹简整理小组：《睡虎地秦墓竹简》，文物出版社 1990 年版。

2. 张家山二四七号汉墓竹简整理小组：《张家山汉墓竹简〔二四七号墓〕：释文修订本》，文物出版社 2006 年版。

3. 喀什噶尔参赞大臣铁保，伊斯堪达尔《奏为审明英吉沙尔回犯乌舒尔挟嫌故杀残毁尸身一案按律正法事》，嘉庆十五年十二月二十一日，中国第一历史档案馆藏朱批奏折，档号：04-01-26-0023-084。

4. 乌什办事大臣奇成额，景昌《奏为审拟阿奇木伯克回子斯迪克图财谋毙阿布都拉依木一案事》，道光十一年八月二十六日，中国第一历史档案馆藏录副奏折，档号：03-3866-015。

5. 喀什噶尔参赞大臣永芹《奏为拿获私铸铜钱各犯审明定拟事》，道光三年六月十七日，中国第一历史档案馆藏朱批奏折，档号：04-01-35-1360-061。

6. 喀什噶尔参赞大臣永芹，布彦泰《奏为拿获私铸铜钱回犯并审明定拟事》，道光三年六月十七日，中国第一历史档案馆藏录副奏折，档号：03-9496-020。

四、论文类

1. 陈鹏飞：《"服制定罪"创制探原》，《现代法学》2015年第2期。

2. 范忠信：《中西法律传统中的"亲亲相隐"》，《中国社会科学》1997年第3期。

3. 胡谦、张文华：《论古代的亲属容隐制度》，《广西社会科学》2002年第5期。

4. 刘昕：《宋代政府对讼师教唆诬告行为的法律规制》，《湖南社会科学》2012年第3期。

5. 刘杨：《基本法律概念的构建与诠释——以权利与权力的关系为重心》，《中国社会科学》2018年第9期。

6. 刘昂：《论不完整意义上的亲属拒证权》，《证据科学》2014年第1期。

7. 陆华：《国家伦理的内涵解读》，《东南大学学报（哲学社会科学版）》2009年第1期。

8. 任勇：《从嵌入到断裂：中国社会认同的轨迹变迁》，《内蒙古社会科学（汉文版）》2009年第4期。

9. 王沛：《瑚生诸器与西周宗族内部诉讼》，《上海师范大学学报（哲学社会科学版）》2017年第1期。

10. 王志强：《〈名公书判清明集〉法律思想初探》，《法学研究》1997年第5期。

11. 王东平：《清代天山南路地区刑案审判中的"亲亲相隐"》，

《新疆大学学报（哲学·人文社会科学版）》2019 年第 6 期。

12. 魏道明：《中国古代容隐制度的流变》，《青海社会科学》2020 年第 3 期。

13. 俞荣根，蒋海松：《亲属权利的法律之痛——兼论"亲亲相隐"的现代转化》，《现代法学》2009 年第 3 期。

14. 俞荣根：《私权抗御公权——"亲亲相隐"新论》，《孔子研究》2015 年第 1 期。

15. 杨一凡：《明代榜例考》，《上海师范大学学报（哲学社会科学版）》2008 年第 5 期。

16. 郑定、马建兴：《略论唐律中的服制原则与亲属相犯》，《法学家》2003 年第 5 期。

五、英文文献

1. Burke, Peter J. "The Self: Measurement Requirements from an Interactionist Perspective." *Social Psychology Quarterly* 43, no. 1 (1980): 18–29.

2. Fawal, Joseph A. "Questioning the Marital Privilege: A Medieval Philosophy in a Modern Society." *Cumberland Law Review* 7 (1976–1977).

3. Kirschenbsum, Aaron. *Self-Incrimination in Jewish Law*. New York: Burning Bush Press, 1970.

4. Mandelbaum, Simcha. "The Privilege Against Self-Incrimination in Anglo-American and Jewish Law." *American Journal of Comparative Law* 5, no. 1 (1956): 115–119.

5. Thoits, P. A. "Personal Agency in the Accumulation of Role-Identities." Paper presented at The Future of Identity Theory and Research: A Guide for a New Century conference, Bloomington, IN, 2001.

六、工具和法律类

1.《法国刑法典，刑事诉讼法典》，罗结珍译，国际文化出版社 1997 年版。

2.《德国刑法典》，冯军译，中国政法大学出版社 2000 年版。

3.《德国刑事诉讼法典》，宗玉琨译，知识产权出版社 2013 年版。

4.《日本刑法典》（第二版），张明楷译，法律出版社 2006 年版。

5.《日本刑事诉讼法》，宋英辉译，中国政法大学出版社 2000 年版。

6.《意大利刑事诉讼法典》，黄风译，中国政法大学出版社 1994 年版。

7.《最新意大利刑法典》，黄风译，法律出版社 2007 年版。

8.《俄罗斯联邦刑法典》，黄道秀译，中国法制出版社 2004 年版。